Das Vertragswerk von Locarno und seine Bedeutung für die internationale Gemeinschaft nach 80 Jahren

Studien zum Öffentlichen Recht, Völker- und Europarecht

Herausgegeben von Prof. Dr. Eckart Klein

Band 13

PETER LANG
Frankfurt am Main · Berlin · Bern · Bruxelles · New York · Oxford · Wien

Marten Breuer/Norman Weiß (Hrsg.)

Das Vertragswerk von Locarno und seine Bedeutung für die internationale Gemeinschaft nach 80 Jahren

Ergebnisse eines interdisziplinären Rundtischgesprächs

PETER LANG
Internationaler Verlag der Wissenschaften

Bibliografische Information der Deutschen Nationalbibliothek
Die Deutsche Nationalbibliothek verzeichnet diese Publikation in der Deutschen Nationalbibliografie; detaillierte bibliografische Daten sind im Internet über <http://www.d-nb.de> abrufbar.

ISSN 1437-2037
ISBN 978-3-631-56461-5

www.peterlang.de

Vorwort

Das Vertragswerk von Locarno wurde am 16. Oktober 1925 als Schlußprotokoll der Konferenz von Locarno vereinbart; die feierliche Unterzeichnung der Abkommen fand am 1. Dezember 1925 in London statt. In Verbindung mit seiner Aufnahme in den Völkerbund (8. September 1926) wurde das Deutsche Reich so in die Friedensordnung der Nachkriegszeit integriert. Flankiert durch das finanzielle und wirtschaftliche Engagement der USA brach eine neue Phase der zwischenstaatlichen Beziehungen in Europa an. Diese Phase war allerdings nur kurz: "Europe's Locarno honeymoon did not last throughout the decade [...]" (*Jon Jacobson*, Locarno Diplomacy, Germany and the West 1925-1929, 1972, S. 386).

Die im folgenden wiedergegebenen Texte bilden das Ergebnis einer interdisziplinären Konferenz, die wir am 2./3. Dezember 2005 an der Universität Potsdam veranstaltet haben. Ziel war es, ausgewiesene Vertreter aus (Völkerrechts-)Historie, Politikwissenschaft und Völkerrecht achtzig Jahre später über „Locarno" zu Wort kommen zu lassen und die unterschiedlichen Disziplinen so miteinander ins Gespräch zu bringen. An die Hauptreferate schloß sich jeweils ein Kommentar an. Die lebhafte Diskussion, die sich um die Beiträge entspann, erschien uns als ein deutliches Zeichen dafür, daß der Gesprächsbedarf zum Vertragswerk von Locarno nach wie vor groß ist. Hieraus entstand letztlich die Idee, die Ergebnisse der Konferenz auch in gedruckter Form vorzulegen, wie jetzt geschehen.

Erfreulicherweise zeigten sich alle Autoren für unser Publikationsanliegen aufgeschlossen. Bis auf Wolf Heintschel von Heinegg, der infolge seiner Verpflichtungen als Dekan der Juristischen Fakultät der Universität Frankfurt/Oder leider keinen Beitrag liefern konnte, liegen alle anderen Referate – z.T. in deutlich erweiterter Form – vor. Burkhard Schöbener, der seinerzeit an der Teilnahme verhindert war, hat dankenswerterweise ebenfalls einen Text beigesteuert. Dem Gedanken der Interdisziplinarität sind wir bei der formalen Ausgestaltung dieses Bandes verbunden geblieben, indem wir auf die Zitiergewohnheiten der jeweiligen Fachrichtung Rücksicht genommen haben, auch auf Kosten eines gewissen Verlusts an Einheitlichkeit im Erscheinungsbild.

Unser Dank gilt der Deutschen Forschungsgemeinschaft, die die Veranstaltung als Rundtischgespräch gefördert hat, und der Deutschen Gesellschaft für die Vereinten Nationen, Landesverband Berlin-Brandenburg e.V., für finanzielle Unterstützung. Außerdem danken wir Eckart Klein für die Aufnahme des Buches in die von ihm herausgegebene Schriftenreihe.

Potsdam, im Juni 2007

Marten Breuer
Norman Weiß

Inhaltsverzeichnis

Die Nachkriegsordnung des Völkerbundes – Potential und Grenzen

Heinhard Steiger

I. Grundlegung

1. Ambivalenz

Das Potential des Völkerbundes von 1919 bestand darin, daß mit ihm erstmals der Versuch unternommen wurde, die Sicherung des Friedens in einem System gegenseitiger Sicherheit auf der Grundlage der Gleichberechtigung aller Staaten ohne Diskriminierung völkerrechtlich zu organisieren und zu institutionalisieren. Seine Grenzen lagen zum einen in der konkreten Ausgestaltung, die in weiten Teilen halbherzig war. Sie lagen zum zweiten in der mißlichen Konstruktion, den Völkerbundpakt als Teil I der Friedensverträge der Alliierten und Assoziierten Siegermächte mit den unterlegenen Gegnern, auch des Friedensvertrags von Versailles mit dem Deutschen Reich vom 28. Juni 1919, zu institutionalisieren.[1] Denn diese folgten einer anderen Friedenskonzeption als der Völkerbund. Der Locarno-Vertrag hatte die rechtliche und politische Funktion, diesen Zwiespalt für das Deutsche Reich jedenfalls zum Teil zu überwinden.

2. Wilsons 14 Punkte

Die Diskussion um einen Völkerbund als allgemeine zwischenstaatliche Friedensorganisation begann zwar schon ziemlich bald nach Ausbruch des Ersten Weltkrieges, aber sie erhielt politisches Gewicht durch die Aufnahme eines solchen Vorschlages in die 14 Punkte des amerikanischen Präsidenten Woodrow

---

[1] Das war ursprünglich nicht vorgesehen. Vielmehr sollte zunächst der Friedensvertrag mit Deutschland geschlossen und ausgeführt und erst danach der Völkerbund gegründet werden. Aber Wilson hat dann wohl eine andere Richtung eingeschlagen. *Léon Bourgeois*, L'œuvre de la Société des Nations (1920-1923), Paris 1923, S. 37; *Herbert Kraus*, Der Völkerbund und die Friedensverträge, Berlin 1920, S. 21 Fn. ** mit dem Text der entsprechenden Resolution der Konferenz vom 25.1.1919 und weiteren Verweisen.

Wilson vom 8. Januar 1918 für einen Friedensschluß und für eine allgemeine dauerhafte Friedensordnung in Europa und der Welt.[2] Punkt 14 lautet:

> *A general association of nations must be formed under specific covenants for the purpose of affording mutual guarantees of political independence and territorial integrity to great and small states alike.*

In den ersten sechs Punkten legte der amerikanische Präsident allgemeine Grundsätze dar, die innerhalb des Bundes gelten sollten, Verwerfung der Geheimdiplomatie, Offenlegung der Verträge, Freiheit der Meere, Gleichheit der Handelsbedingungen, Herabsetzung der Rüstungen, unparteiische Regelungen der kolonialen Ansprüche, aber nicht etwa Abschaffung der Kolonien. Es folgten in den Punkten sieben bis dreizehn Aussagen zu konkreten Friedensregelungen, Belgien, Elsaß-Lothringen, den Völkern der k. u. k. Monarchie, den italienischen Grenzen, den Regelungen auf dem Balkan, Polen, alles Vorstellungen, die eindeutig und ausschließlich zu Lasten der Zentralmächte Deutsches Reich und Österreich-Ungarn bzw. seiner beiden Nachfolgestaaten Österreich und Ungarn gingen bzw. gehen mußten, wenn sie verwirklicht werden sollten.

Schon Wilsons 14 Punkte enthielten also eine gewisse Spannung zwischen einem nicht-diskriminierenden Völkerbund mit Bestandsgarantie für seine Mitglieder und bestimmten Zielen zur staatlichen Neuordnung Europas gegenüber den Zentralmächten. Allerdings, von Kriegsschuld und Reparationen war keine Rede. Die Spannung steigerte sich dann konkret in der Ausgestaltung des Völkerbundes.

II. Strukturen des Völkerbundes

1. Mitgliedschaft

So folgte bereits die Festlegung der Mitgliedschaft einem widersprüchlichen Konzept. Sie unterschied zwischen ursprünglichen Mitgliedern und aufzunehmenden Mitgliedern. Die erste Gruppe zerfiel wiederum in zwei Untergruppen. Die ursprüngliche Mitgliedschaft wurde in Art. 1 und 2 VBS auf die Alliierten und Assoziierten Mächte in Annex 1 und die eingeladenen neutralen Mächte nach Annex 2 festgelegt. Beide Kategorien umfaßten europäische, amerikanische, asiatische und afrikanische Staaten. Die Mittelmächte aber waren nicht zugelassen, obwohl sie den Pakt des Völkerbunds als Teil I aller Friedensverträ-

---

2 Zur Entstehungsgeschichte *Walther Schücking/Hans Wehberg*, Die Satzung des Völkerbundes, Kommentar, 1. Aufl. Berlin 1921, S. 5 ff.

ge mit unterzeichnet und ratifiziert hatten.[3] Sie waren also Partner des Paktes, damit i. ü. auch an seine Regelungen gebunden, aber dem Völkerbund ohne Mitwirkungsrechte unterworfen. Es wurde eine „Passivmitgliedschaft" begründet.[4] Zwar änderte sich diese Lage nach und nach für die Ausgeschlossenen, für das Deutsche Reich jedoch erst 1926. Da die USA die Friedensverträge nicht ratifizierten, blieben sie außerhalb des Völkerbundes. Aus ganz anderen Gründen war auch die neu entstandene Sowjetunion zunächst nicht Mitglied. Andererseits fanden sich die britischen Dominions Kanada, Neuseeland, Australien, Südafrika sowie Britisch-Indien bereits unter den Gründungsmitgliedern, obwohl sie nach außen von Großbritannien abhängig waren, das auch die Ratifikationsurkunde für alle abgab und hinterlegte.[5] Gem. Art. 1 Abs. 2 konnte nicht nur jeder Staat, sondern auch jedes Dominion oder jede Kolonie *„qui se gouverne librement"* Mitglied werden. Zwei A-Mandate, Irak und Syrien, wurden im Laufe der Zeit aufgenommen.

Der Völkerbund setzte mit dieser weiten Mitgliedschaft einen Prozeß fort, der im 19. Jahrhundert mit der Ausdehnung der ursprünglich europäischen Völkerrechtsgemeinschaft auf die USA, die weiteren amerikanischen Staaten und dann auch auf asiatische Staaten begonnen hatte, unter anderem in den Haager Friedenskonferenzen von 1899 und 1907. Bereits am Krieg waren außer den europäischen Mächten auch die USA, lateinamerikanische Staaten, China, Japan, Siam beteiligt. Sie wurden daher auch Partner der Friedensverträge und Mitglieder des Völkerbundes. 1924 hatte der Völkerbund 25 europäische, 18 amerikanische, 6 asiatische, 3 afrikanische und 2 ozeanische Mitglieder. Die Europäer waren also zahlenmäßig in der Minderheit.

Jedoch realisierte sich dieses offene Konzept der Mitgliedschaft nicht. Es blieb im Gegenteil grundsätzlich bei der Zweiteilung der Welt, wie sie im 19. Jahrhundert entstanden war, in zivilisierte Staaten und barbarische oder unzivilisierte Völker, die als Kolonien der zivilisierten Staaten im Völkerrecht der souveränen Staaten keinen eigenen Rechtsstatus hatten.[6] Allenfalls die ältere

---

3 Zu den Gründen vielleicht in der in Fn. 1 genannten Resolution: *„Cette société dont la création ferait partie intégrale du Traité, devrait être ouverte à toute Nation civilisée à qui on pourrait se fier pour en favoriser les dessins."* Deutschland gehörte anscheinend nicht zu diesen *nations civilisées*; es war auch in offiziellen Dokumenten von der *„barbarie allemande"* u. ä. die Rede. Hier wurden Kategorien auf Deutschland übertragen, die im 19. Jahrhundert im „Völkerrecht der zivilisierten Staaten" auf halbzivilisierte Staaten in Asien und unzivilisierte Völkerschaften in Afrika angewandt wurden.

4 *Schücking/Wehberg*, Satzung (Fn. 2), S. 45.

5 American Journal of International Law (AJIL) 14 (1920), S. 245 ff.

6 *Wilhelm G. Grewe*, Epochen der Völkerrechtsgeschichte, 1. Aufl. Baden-Baden 1984, S. 520 ff.; *Heinhard Steiger*, Ius belli in der Völkerrechtsgeschichte – universelle Geltung

Zwischen-Kategorie der halbzivilisierten Staaten, insbesondere in Asien, war entfallen. Der Völkerbund wurde als „Politische Organisation der Kulturwelt" bezeichnet, der zwar prinzipiell darauf angelegt sei, sich auf „die gesamte Staatenwelt auszudehnen", zu denen die Kolonien aber eben nicht gehörten.[7] Es war auch kein Programm der allgemeinen Entkolonialisierung vorgesehen, so daß sie auch keine Aussicht hatten, zukünftig als Staaten in den Völkerbund aufgenommen zu werden.

Dieser Prozeß der mitgliedschaftlichen Universalisierung stieß zudem keineswegs nur auf Zustimmung. So konstatierte Carl Schmitt, einer der schärfsten Kritiker des Völkerbundes überhaupt, 1926 einen grundlegenden Mangel an Homogenität, da die Mitgliedstaaten sehr verschieden strukturiert waren. Die Homogenität der Mitglieder gehöre aber als seine tragende bündische Grundlage zur „Kernfrage des Völkerbundes".[8] In einem Aufsatz 1939 ging er noch darüber hinaus und geißelte die Entwicklung vom Europäischen Völkerrecht zum Internationalen Recht, die er um 1890 ansetzte, als einen Auflösungs- und Entleerungsprozeß, da dieses Internationale Recht in seiner Universalität keine konkrete Ordnung als Grundlage habe, keine solche gestalten könne.[9] Daran hielt er auch nach 1945 gerade für den Völkerbund fest, da es der „ideologische Anspruch eines unkritischen Universalismus" des Völkerbundes nicht zu einer konsistenten Raumordnung gebracht habe. Daran sei er zugrunde gegangen.[10]

2. *Organschaftlicher Aufbau*

Gem. Art. 2 VBS hatte der Völkerbund drei Organe, die Versammlung und den Rat als beschließende Organe, und das Ständige Sekretariat mit dem Generalsekretär und dem zugehörigen Personal als Assistenzorgan, Art. 3-6 VBS. Der Versammlung gehörten alle Mitgliedstaaten mit je einer Stimme an. Der Rat sollte sich aus den fünf Hauptmächten USA, Frankreich, Großbritannien, Italien und Japan als ständigen und vier weiteren Staaten als zugewählten Mitgliedern

---

oder Beschränkung auf „anerkannte Kulturvölker"?, in: T. Bruha/S. Heselhaus/T. Marauhn, (Hrsg.), Legalität, Legitimität und Moral, Tübingen 2006.

7 *Schücking/Wehberg*, Satzung (Fn. 2), S. 44 ff.

8 *Carl Schmitt*, Kernfrage des Völkerbundes, Berlin 1926, S. 63 ff.; wieder abgedruckt in: ders., Frieden oder Pazifismus? Arbeiten zum Völkerrecht und zur internationalen Politik 1924-1978, hrsg. von Günter Maschke, Berlin 2005, S. 73-128, dazu Anmerkungen des Herausgebers S. 128-193.

9 *Carl Schmitt*, Die Auflösung der europäischen Ordnung im „International Law" (1890-1939), Deutsche Rechtswissenschaft Bd. 5, Hamburg 1940, S. 267-278, Neuabdruck in: ders., Staat, Großraum, Nomos, Arbeiten aus den Jahren 1916-1969, hrsg. von Günter Maschke, Berlin 1995, S. 372-387.

10 *Carl Schmitt*, Der Nomos der Erde im Jus Publicum Europaeum, Köln 1950, S. 216 ff.

zusammensetzen. Da die USA den Vertrag nicht ratifizierten, entfiel deren Sitz, so daß der Rat zunächst nur acht Mitglieder mit je einer Stimme hatte. Beide Organe beschlossen gem. Art. 5 VBS einstimmig, soweit nichts anderes ausdrücklich vorgesehen war. Anderen Mitgliedern konnte ein ständiger Sitz übertragen werden. Das war 1926 für das Deutsche Reich gleich bei seinem Beitritt der Fall. Der Generalsekretär wurde vom Rat mit Zustimmung der Mehrheit der Versammlung auf Zeit berufen.

Zwar konnten sich die beiden Mitgliedsorgane mit allen Fragen beschäftigen, die in die Aufgabenbereiche des Völkerbunds fielen, „*rentrant dans la sphère d'activité de la Société ou affectant la paix du monde*", Art. 3 Abs. 2 und Art. 4 Abs. 4 VBS. Aber im zentralen Aufgabenbereich der Kriegsverhinderung und Streitschlichtung bestand eine primäre Zuständigkeit des Rates. Die Organe konnten eigentlich nur Empfehlungen geben, die i. d. R. einstimmig beschlossen werden mußten.

3. Strukturwandel des Völkerrechts

Mit der zur Universalität tendierenden Mitgliedschaft des Völkerbundes trat ein fundamentaler struktureller Wandel der Völkerrechtsordnung für die Welt und vor allem Europa ein. Bis 1914 waren es maßgeblich die europäischen Mächte gewesen, die die allgemeine Völkerrechtsordnung bestimmt hatten, wenn auch zunächst die USA und im Laufe des 19. Jahrhunderts die neuentstehenden lateinamerikanischen Staaten sowie Siam, Persien, China, Japan, Äthiopien und Liberia in diese Völkerrechtsordnung eintraten und z. B. auf den Haager Friedenskonferenzen von 1899 und 1907 mitwirkten. Die europäische Völkerrechtsordnung war ausschließlich von den europäischen Mächten gestaltet worden.

Bereits mit dem Weltkrieg hatte sich das grundlegend geändert, da zum ersten Mal in der europäischen Geschichte auch außereuropäische Mächte an dem Krieg gegen die Mittelmächte, insbesondere das Deutsche Reich, in Europa und außerhalb desselben teilgenommen hatten. Schon das stellte eine außereuropäische Einwirkung in europäische Auseinandersetzungen dar. Da dementsprechend diese außereuropäischen Mächte auch Partner der Friedensverträge waren, in denen zwar nicht nur, aber vornehmlich europäische Angelegenheiten geregelt wurden, gestalteten sie die staatlich-territoriale Neuordnung Europas und wirkten bei der Lösung der europäischen Konflikte mit, die bis dahin allein Sache der europäischen Staaten war. Durch die Mitgliedschaft im Völkerbund verstetigte sich diese außereuropäische Mitwirkung bei der Lösung der innereuropäischen Konflikte und der politischen und rechtlichen Gestaltung der europäischen Ordnung. Rechtlich war nicht nur die Vorherrschaft Europas in der Welt gebrochen, mochten europäische Mächte auch noch eine bestimmende Rolle spielen. Der eigentliche Strukturwandel bestand darin, daß Europa seine ausschließliche rechtliche Selbstbestimmung verloren hatte. Seine Ordnung war Teil der globalen Gesamtrechtsordnung geworden und wurde daher von allen mitbestimmt. Das Europäische Völkerrecht war in seinen beiden Dimensionen als Recht für Europa und als von Europa bestimmtes Recht für die Welt zu Ende. Es begann die Epoche des universellen Völkerrechts, das seine volle Entwicklung allerdings erst nach der Entkolonialisierung in der zweiten Hälfte des 20. Jahrhunderts erreicht.[11]

III. Ziele und Aufgaben

1. Allgemeines

Das zentrale Ziel lautete gemäß der im übrigen sehr knappen und lakonischen Präambel „*développer la coopération entre les Nations et [...] leur garantir la paix et la sûreté*". Diese Aufgabe bestand nicht nur gegenüber den Mitgliedern, sondern auch gegenüber Nicht-Mitgliedern. So war auch in anderen Bestimmungen von der „*paix du monde*" (Art. 3 und 4) oder der „*paix universelle*" die Rede.[12] Diese Ziele sollten durch vier Grundregeln für das Verhalten der Staaten erreicht werden:

> *accepter certaines obligations de ne pas recourir à la guerre, [...] entretenir au grand jour des relations internationales fondées sur la justice et l'honneur, [...] observer rigoureusement les prescriptions du Droit international, reconnues désormais comme règle de conduite effective des Gouvernements, [...] faire régner la justice et [...] respecter scrupuleusement toutes les obligations des Traités dans les rapports mutuels des peuples organisés.*

---

[11] *Heinhard Steiger*, Vom Völkerrecht der Christenheit zum Weltbürgerrecht, in: Paul-Joachim Heinig u. a. (Hrsg.), Reich, Regionen und Europa in Mittelalter und Neuzeit, Festschrift für Peter Moraw, Berlin 2000, S. 171-187, S. 182 ff. Diesen grundlegenden rechtlichen Strukturwandel der Völkerrechtsordnung bemerkt *Grewe*, Epochen (Fn. 6), S. 679 ff. nicht, da er den auch von ihm für 1918 festgestellten Bruch unter einer machtpolitisch-völkerrechtlichen Perspektive betrachtet und daher auf eine von ihm selbst als Übergangsphase bezeichnete anglo-amerikanische Doppelhegemonie abstellt, als deren Instrument er den Völkerbund begreift, S. 691 ff. Der epochale dauerhafte rechtliche Strukturwandel der Völkerrechtsordnung im Übergang zur universellen Geltung wird daher verkannt.

[12] Präambel der Satzung der ILO, die ebenfalls zum Vertragswerk von 1919 gehörte. Die *pax universalis/paix universelle* war schon das Ziel eines Friedens-Bündnisses zwischen den „Großmächten" von 1518 und 130 Jahre später der Verträge von Münster und Osnabrück von 1648; jedoch war damals der allgemeine Frieden Europas gemeint, jetzt wirklich der allgemeine Weltfrieden.

Es sind also zwei Strategien zur Sicherung des Friedens: Einschränkung des Rückgriffs auf den Krieg, noch nicht dessen Verbot, und strikte Beachtung des geltenden Rechts. Die Völkergemeinschaft wird als eine Rechtsgemeinschaft begriffen. Diese allgemeinen Bestimmungen der Präambel wurden im Pakt in verschiedener Hinsicht ausgestaltet.

Zu den Aufgaben des Völkerbundes gehörte danach der Minderheitenschutz vor allem in Europa, der in Einzelverträgen geregelt war; die Aufsicht über die Verwaltung der Mandate über die ehemaligen deutschen Kolonien und arabischen Gebiete der Türkei, Art. 22 VBS; die Errichtung eines Internationalen Gerichtshofes, Art. 14 VBS;[13] die Registrierung der Verträge und Hilfe bei deren Anpassung, Art. 18 und 19 VBS; Mitwirkung bei der Sicherung bestimmter „Menschenrechte", menschenwürdiger Arbeitsbedingungen, gerechter Behandlung der eingeborenen Bevölkerung in den Kolonien, Überwachung der Verträge betreffend den Frauen- und Kinderhandel, den Drogenhandel und den Waffenhandel, Sicherung der Kommunikationsfreiheiten wie des freien Handels, Art. 23 VBS. Der Aufgabenbereich war also recht weit gespannt, aber noch keineswegs so umfassend wie der der Vereinten Nationen. Noch fehlte es an einem allgemeinen, auch inhaltlich bestimmten Friedensbegriff, an Vorstellungen der internationalen Solidarität und den daraus sich ergebenden konkreten Aufgaben. Im Zentrum der Aufgaben stand aber ohne Zweifel die Kriegsvermeidung und Friedenssicherung im Rahmen des neuen Systems der „kollektiven Sicherheit". Ich konzentriere mich im folgenden auf diese.

2. Kollektive Sicherheit

Die Regelungen des Paktes für dieses zentrale Aufgabenfeld versuchen zum ersten Mal in der Geschichte des Völkerrechts ein Konzept der kollektiven Sicherheit praktisch-rechtlich zu organisieren.

Materielle Grundlage und Ausgangspunkt des Systems bildete die Garantie der territorialen Integrität und Unabhängigkeit aller Mitgliedstaaten in Art. 10 VBS. Er verpflichtete alle Mitgliedstaaten, diese gegenseitig und gemeinsam zu achten und gegen jeden äußeren Angriff aufrechtzuerhalten, *„respecter et [...] maintenir contre toute agression extérieure"*. Im Falle eines Angriffs hatte der Rat Vorschläge zu machen, wie dagegen vorzugehen sei, *„avise aux moyens d'assurer l'exécution de cette obligation"*. Art. 10 VBS enthielt damit eine Garantie der staatlichen und territorialen Ordnung zur Zeit des Inkrafttretens des

---

[13] Der Ständige Internationale Gerichtshof wurde gem. Art. 14 VBS im Jahr 1920 errichtet durch ein von der Versammlung des Völkerbundes verabschiedetes Statut vom 13.12.1920, unterzeichnet von den Staatenvertretern am 16.12.1920, in Kraft getreten am 21.9.1921, Beitritt des Deutschen Reiches am 28.2.1926, RGBl. 1927 II S. 227.

Vertrages und damit der bestehenden Staaten in ihrem jeweiligen Bestand. Die Reichweite dieser Garantie erwies sich als ein zentrales Problem der Arbeit des Völkerbundes.

Die Satzung stellte auf einer zweiten Ebene in den Art. 11 bis 15 VBS vier Grundregeln zur friedlichen Lösung kriegerischer oder kriegsdrohender Konflikte auf. Jeder friedensgefährdende Konflikt wurde gem. Art. 11 VBS zu einer allgemeinen Angelegenheit des Völkerbundes erklärt, wo immer er stattfand, ob ein Mitglied betroffen war oder nicht.[14] Die Mitglieder waren zum zweiten gem. Art. 12 und 13 VBS verpflichtet, eine friedliche Streitbeilegung ihrer Konflikte auf diplomatischem Wege, durch Schiedsgerichtsverfahren, durch gerichtliches Verfahren, wozu gem. Art. 14 VBS die Gründung des StIGH vorgesehen wurde, zu versuchen. Zum dritten konnten die Mitgliedstaaten aber auch statt dieser bilateralen Verfahren den Konflikt gem. Art. 15 VBS dem Völkerbundrat vorlegen, „*les Membres de la Société conviennent de le [le différend] porter devant le Conseil*". Dieser konnte zudem durch den Generalsekretär oder einen anderen Mitgliedstaat mit dem Streitfall befaßt werden. Der Rat sollte sich um eine Lösung des Konfliktes bemühen. Gelang dies nicht, sollte er einen Bericht mit Lösungsvorschlägen erarbeiten und beschließen. Der Rat konnte die Sache aber auch der Versammlung vorlegen, die dann genauso vorgehen konnte.

3. Rüstungsbeschränkung

Zur Herstellung kollektiver Sicherheit gehörte gem. Art. 8 und 9 VBS auch die Aufgabe, die Herabsetzung der Rüstungen, „*réduction des armements*", der Mitgliedstaaten auf ein Mindestmaß voranzutreiben.[15] Damit sollte für die Assoziierten und Alliierten Mächte nachgeholt werden, was den Mittelmächten in den Friedensverträgen auferlegt worden war.[16] Maßstab der Rüstungsreduktionen war „*[le] minimum compatible avec la sécurité nationale et avec l'exécution des obligations internationales imposé par une action commune*". Der Völkerbundrat sollte entsprechende Pläne für die einzelnen Staaten unter Beachtung ihrer jeweiligen Situation ausarbeiten und den Regierungen unterbreiten, die sie prüfen und darüber entscheiden sollten. Er setzt dafür eine Kommission ein. Die Annahme des Plans im Rat mußte einstimmig erfolgen. Es war also zwar eine

---

14 Dazu *Josef L. Kunz*, Die intrasystematische Stellung des Völkerbundpaktes, Leipzig 1931.

15 *Schücking/Wehberg*, Satzung (Fn. 2), S. 248 ff.

16 Für das Deutsche Reich enthielt bereits der Waffenstillstandsvertrag vom 11.11.1918 umfangreiche Abrüstungsauflagen, *Karl Strupp*, Documents pour servir à l'histoire du droit des gens, Bd. III, Berlin 1923, S. 229 ff. Sie wurden in Teil V Art. 159 bis Art. 213 FV erweitert und dauerhaft festgeschrieben. Sie waren aber ausdrücklich als „*préparation d'une limitation générale des armements de toutes les nations*" angelegt.

Ausarbeitung durch den Rat, aber kein Octroi vorgesehen. Die angenommenen Pläne sollten verbindlich sein und alle zehn Jahre überprüft werden. Die Mitgliedstaaten verpflichteten sich zudem, schon mit Inkrafttreten der Satzung gegenseitig Information über den Stand der Rüstungen *„de la manière la plus franche et la plus complète“* auszutauschen. Es ist bis zum Beginn des Krieges 1939 nicht zum Beschluß eines Planes gekommen, wohl aber ab 1935 unter Bruch des Versailler Vertrages zur Aufrüstung des Deutschen Reiches, das sich dafür u. a. auch darauf berief, daß die anderen Staaten ihren Pflichten zur Rüstungsbeschränkung nicht nachgekommen wären.

4. Friedliche Änderungen

Eine zentrale Frage für das System des Völkerbundes bestand darin, ob die Garantie des Art. 10 VBS absolute Geltung hatte, also auch friedlich vollzogene Territorialänderungen ausschloß, oder ob solche durch Vereinbarungen oder auf andere friedliche Weise zulässig und nur kriegerische Angriffe ausgeschlossen waren. Konnte insbesondere der Völkerbund selbst derartige „friedliche Änderungen“ anstoßen, vielleicht selbst beschließen und dann u. U. sogar durchsetzen? Nicht nur für Deutschland, das jedenfalls für gewisse territoriale Bestimmungen des Friedensvertrages vor allem an den Ostgrenzen die Revision anstrebte, war diese Frage von zentraler politischer Bedeutung, sondern auch für andere Mitgliedstaaten, wie die Streitfälle zwischen Schweden und Finnland um die Ålandinseln oder Polen und Litauen um Wilna zeigten, die diese Staaten vor den Völkerbund brachten.[17]

Schücking und Wehberg, die beide den Völkerbund grundsätzlich bejahten, sahen darin ein nur schwer zu lösendes Problem.[18] Sie waren der eingehend begründeten Auffassung, daß Art. 10 VBS nur gegen äußere Angriffe auf die genannten Schutzgüter gerichtet war und Gebietsänderungen durch Vereinbarungen, aber auch durch Schiedssprüche oder durch Vorschläge des Völkerbundes nicht ausschloß. Auch sahen sie in Art. 19 VBS eine Möglichkeit dazu ausdrücklich eröffnet. Denn dieser gab der Versammlung die Kompetenz, bestehende Vereinbarungen daraufhin zu überprüfen, ob sie gegebenenfalls unanwendbar geworden seien und der Weltfriede dadurch gefährdet werden könnte. Zwar wurde dadurch die *clausula rebus sic stantibus* anerkannt, aber andererseits wurde ihre Anwendung der Kompetenz der Staaten entzogen und in ein allgemeines Verfahren übergeleitet und so formalisiert. Nach Auffassung beider Autoren reichte das aber nicht, um auch „ethisch gerechtfertigten Ansprüchen auf Veränderungen im völkerrechtlichen Besitzstand“ gerecht zu werden. Gera-

---

[17] Zu den ersten Fällen: *Schücking/Wehberg*, Satzung (Fn. 2), S. 282 ff.
[18] *Schücking/Wehberg*, Satzung (Fn. 2), S. 273 ff.

de in bezug auf das Selbstbestimmungsrecht der Völker fehle eine rechtlich präzise Regelung. Es könne daher nicht wirksam werden. Sie plädierten für eine völkerrechtliche Adjudikation für solche Fälle. Sie wollten sie auf ethische Prinzipien, Naturrecht, eine allgemeine Gerechtigkeit gründen.

Nicht nur deutsche, an der Revision von Versailles interessierte Autoren vertraten die Zulässigkeit friedlicher Änderungen. Nach Jean Ray betrifft Art. 10 VBS die *protection possessoire*, d. h. die Garantie des territorialen Status quo gegen jede gewaltsame Veränderung unabhängig von der Legitimität oder *justice* der Veränderung.[19] In Art. 11 ff. gehe es um die *protection pétitoire*, d. h. eine gerichtliche (aber wohl auch politische) Bemühung um Anerkennung einer *pétition juste*. Er verweist auf eine Formulierung der 1. Kommission von 1921, die feststellt, daß friedliche Veränderungen des Status quo von 1919 durchaus möglich seien *„par divers moyens légitimes, et même par une guerre, lorsque les procédures pacifiques prévues au Pacte auront été épuisées*". Allerdings war diese letzte Konsequenz umstritten. Ray zitiert weiterhin zustimmend eine Entschließung des Institut des droit international von 1923, die zwar anerkennt, *„le recours aux procédures pacifiques, propres à leur donner éventuellement satisfaction, demeure réservé*", aber hinzufügt:

> *La garantie de l'Art. 10 s'applique à l'éventualité d'une agression même pleinement consommée et à celle d'un recours à la guerre qui n'impliquerait pas violation des engagements pris aux Art. 12, 13 et 15 du Pacte.*

Andere Autoren bestritten hingegen, daß über Art. 19 VBS eine friedliche Änderung der bestehenden territorialen Ordnung möglich sei. Insbesondere Carl Schmitt, der diese Frage in das Zentrum seiner Fundamentalkritik am Völkerbund stellte, erhob gegen diese Auslegung grundlegende Bedenken.[20] Er sieht in Art. 10 VBS die zentrale, den Völkerbund tragende, Garantiebestimmung des Status quo von 1919, die seiner Funktion und Tätigkeit Legitimität verleihe. Daher betrifft die Frage nach friedlichen Änderungen für ihn eben die „Kernfrage des Völkerbundes". Nach Schmitts konsequent durchbuchstabierter und zutreffender Auffassung wäre eine Änderung durch Schiedsverfahren oder Rechtsprechung nach rechtlichen Normen nicht möglich gewesen, weil die entsprechenden rechtsprechenden Organe immer darauf verwiesen werden würden, daß der Besitzstand von 1919 dem geltenden Recht entspreche und legitim im inhaltlichen Sinne sei. Das gelte auch für einen Vermittlungsvorschlag oder diktierten Vergleich, z. B. in bezug auf Eroberungen durch eine europäische Macht vor

---

[19] *Jean Ray*, Commentaire du Pacte de la Société des Nations, selon la politique et la jurisprudence des organes de la Société, Paris 1930, S. 346 ff.

[20] *Schmitt*, Kernfrage (Fn. 8), S. 23 ff.

1919.[21] Er prüft daher, ob es rechtliche, in der Satzung des Völkerbundes anerkannte Änderungsprinzipien gäbe, insbesondere in Art. 19 VBS selbst.[22] Verweise auf einen ethischen oder naturrechtlichen Anspruch oder eine geschichtliche Deutung des Rechts hält er nicht für tragfähig. Er kommt jedoch zu einem negativen Ergebnis. Das aber bedeutete in der Konsequenz, daß eine rechtliche Änderungsgrundlage nicht gegeben war. Schmitt weist zudem auf die Dissense zwischen französisch/belgischen und deutschen Interpretationen von Art. 10 und Art. 19 VBS hin. Die ersten schienen Art. 10 als Kern und Art. 19 VBS eher als Randbestimmung eines Bundes zu behandeln, die deutschen Autoren hingegen gäben Art. 19 VBS einen weiten Anwendungsbereich. So tauge das Verfahren nach Art. 19 VBS in der Praxis nicht zur Änderung der territorialen Bestimmungen.

Aus deutscher Sicht bedeutete das, daß eine Revision der territorialen Regelungen von Versailles nur durch politische Vermittlung und guten Willen erreicht werden konnte. Es zeigte sich aber, daß eben dies nicht möglich war, im Gegenteil. Deutschland mußte 1926 im Vertrag von Locarno die Westgrenzen von 1919 unverändert anerkennen.[23]

5. *Exekution – Sanktionen*

Die Exekution der Entscheidungen gerichtlicher Verfahren oder der Lösungsvorschläge des Rates bzw. der Versammlung in den Verfahren nach Art. 11 bis 15 und 19 VBS lag nicht mehr beim Völkerbund, sondern bei den Staaten. Sie konnten sich dabei auch des Mittels des Krieges bedienen. Allerdings gab es dafür Beschränkungen. Gem. Art. 12 Abs. 1 Satz 2 VBS durften sie erst drei Monate nach einer Schiedsgerichtsentscheidung, einem Urteil des StIGH oder einem Beschluß des Rates zum Kriege schreiten. Für den Fall, daß der Bericht des Rates gem. Art. 15 Abs. 3 VBS einstimmig bzw. von der Versammlung mit den Stimmen der Mitglieder des Rates und der Mehrheit der anderen Mitglieder beschlossen wurde, wobei die Stimmen der Konfliktparteien jeweils nicht zählten, kamen die Mitglieder überein, gegen keine Partei Krieg zu führen, die sich gemäß dem Beschluß verhielt. Wurde der Bericht vom Rat lediglich mehrheitlich oder von der Versammlung mit einer anderen Mehrheit beschlossen, hatte jeder Mitgliedstaat das Recht, über sein Verhalten selbst zu entscheiden. Krieg war also nicht völlig verboten, sondern legal, wenn bestimmte formelle und materielle Bedingungen eingehalten wurden.

---

[21] Ibid. S. 44 in bezug auf den Sudan.
[22] Ibid. S. 46 ff.
[23] Unten S. 31.

Daher wurde spiegelbildlich auf einer dritten Ebene gem. Art. 16 VBS jeder Krieg, der ohne diese Voraussetzungen begonnen wurde, als Vertragsbruch und als ein Krieg gegen alle Mitglieder des Völkerbundes bestimmt.[24] Der Vertrag selbst sah für diesen Fall bereits *ipso facto* unmittelbare Sanktionen vor, die von den Staaten ohne weitere Beschlußfassung des Rates zu treffen waren. Es waren alle Verbindungen mit diesem Staat und zwischen dessen Bewohnern und denen der anderen Staaten abzubrechen, unabhängig davon, ob es sich um einen Mitgliedstaat handelte oder nicht. Nach einer Vertragsänderung 1921 mußte jedoch der Rat den Vertragsbruch zunächst einstimmig ohne die Stimmen der Kriegsparteien feststellen. Diese Feststellung löste zunächst wirtschaftliche Zwangsmaßnahmen aus. Aber der Rat konnte gem. Abs. 2 auch gemeinsame militärische Maßnahmen empfehlen „*à faire respecter les engagements de la Société*" und die Mitglieder auffordern, dafür Streitkräfte zur Verfügung zu stellen.[25] Er konnte auch staatliche kriegerische Maßnahmen zulassen oder „ermächtigen". Da der Bund auch Sanktionen zur Abwehr einer Aggression nach Art. 10 VBS beschließen oder dazu die Staaten ermächtigen konnte, hatte er ein allgemeines Sanktionsrecht gegen illegale Kriege.[26] Ein vertragsbrüchiger Staat konnte auch aus dem Völkerbund ausgeschlossen werden.

Allerdings war umstritten, ob für die Mitgliedstaaten eine automatische Bündnispflicht gegenüber dem angegriffenen Staat bestand, ihm auch mit militärischen Mitteln zur Hilfe zu kommen, also in vom Völkerbundrat beschlossene oder ermächtigte kriegerische Maßnahmen gegen den Angreifer im Rahmen des Art. 10 wie des Art. 16 VBS einzutreten. Art. 16 VBS machte nicht nur neutralen Staaten, vor allem der Schweiz, Schwierigkeiten, weil sie durch entsprechende Beschlüsse des Völkerbundrates in einen Krieg gezogen werden konnten. Der Völkerbundrat bestätigte ihre Neutralität von 1815 insoweit.[27] Auch andere Staaten waren zu einer solchen automatischen Bündnispflicht nicht bereit. Kanada schlug daher sogar 1920 die Streichung des Art. 10 VBS vor. Als dies abgelehnt wurde, beantragte es, diese Verpflichtung zugunsten der Staaten durch eine Textänderung und -ergänzung zu lockern. Schließlich faßte die 4. Bundesversammlung 1923 eine interpretative Resolution, die jedem Mitgliedstaat die Entscheidung anheimstellte, inwieweit er sich an militärischen Maß-

---

24 Dazu *Raphaël A. Levitch*, La Collaboration dans l'Application des Sanctions prévues à l'Article 16 du Pacte de la Société des Nations, Paris 1938.

25 *Schücking/Wehberg*, Satzung (Fn. 2), S. 389 vertraten die Ansicht, daß militärische Maßnahmen nur beschlossen werden sollten, wenn wirtschaftliche Sanktionen nicht ausreichten. Sie erscheinen so als nachrangig.

26 *Schücking/Wehberg*, Satzung (Fn. 2), S. 278, 295.

27 Zur Neutralität der Schweiz: Erklärung des Völkerbundrates vom 13.2.1920, abgedr. in: *Bernhard Stettler*, Die Stellung der Schweiz im Sanktionssystem des Völkerbundes, Bern etc. 1977, S. 120 f.; *Schücking/Wehberg*, Satzung (Fn. 2), S. 390 ff.

nahmen beteiligen wollte. Da diese aber nur mit Mehrheit beschlossen worden war, war sie „nicht angenommen", so daß die Frage rechtlich offenblieb. Die Gründe für die kanadische Position lagen wohl vor allem darin, nicht automatisch in europäische Kriege hineingezogen zu werden, d. h. es ging auch um die Aufrechterhaltung der Monroe-Doktrin. Art. 21 VBS hatte diese zwar ausdrücklich vorbehalten, damit also auch die „Teilung" der Welt in mehrere Großräume. Aber nicht nur die USA, die u. a. aus derselben Sorge den Vertrag von Versailles und damit den Völkerbundpakt nicht ratifiziert hatten, sondern auch Kanada fürchtete offenbar, daß Art. 10 und 16 VBS sich gegenüber Art. 21 VBS als vorrangig erweisen könnten.[28] Da auch das Deutsche Reich bei seiner Aufnahme 1926 Vorbehalte gegen Art. 16 VBS hatte, wurde zu diesem Zeitpunkt eine Interpretation gefunden, die den einzelnen Staaten eine Letztentscheidung beließ, ob und inwieweit sie konkreten Maßnahmen Folge leisten wollten.[29] Diese Erosion der objektiven Pflichten barg die Gefahr in sich, daß Sanktionen nicht oder jedenfalls nicht wirksam zustande kamen. Im Grunde war damit die Garantie des Art. 16 VBS erheblich eingeschränkt, wenn nicht gar aufgehoben, weil die Sanktion nicht gewiß war.

Um wirklich einen universellen Weltfrieden zu sichern, erfaßte Art. 17 VBS auch die Nichtmitglieder. Sie konnten eingeladen werden, sich mit gleichen Rechten wie Mitglieder im Falle eines Konfliktes einem Verfahren vor dem Völkerbund zu unterwerfen. Lehnte das Nichtmitglied ab und eröffnete den Krieg, galt dieser als illegal mit den Folgen des Art. 16 VBS. Waren beide Konfliktparteien Nichtmitglieder und lehnten die Einladung ab, konnte der Rat alle Maßnahmen beschließen, die er für notwendig hielt. Sie wurden also Interventionen von außen unterworfen.

6. „Wendung zum diskriminierenden Kriegsbegriff"?

Die Völkerbundsatzung verbot somit den Krieg nicht allgemein, sondern unterschied legale und illegale Kriege. Die Unterscheidungskriterien waren formeller und materieller Art. Angriffe waren nach Art. 10 VBS bereits im Hinblick auf ihr Ziel illegal. Damit wurde der Begriff der „*agression*" zum Zentralpunkt der

---

28 *Schücking/Wehberg*, Satzung (Fn. 2), 2. Aufl. Berlin 1924, S. 451 ff.

29 Erklärung der Minister Belgiens, Frankreichs, Großbritanniens, Italiens, der Tschechoslowakei und Polens gegenüber dem Deutschen Reich von Locarno: „Nach dieser Auslegung sind die sich für Bundesmitglieder aus diesem Artikel ergebenden Verpflichtungen so zu verstehen, daß jeder der Mitgliedstaaten des Bundes gehalten ist, loyal und wirksam mitzuarbeiten, um der Satzung Achtung zu verschaffen und jeder Angriffshandlung entgegenzutreten in einem Maße, das mit seiner militärischen Lage verträglich ist und das seiner geographischen Lage Rechnung trägt.", Anlage F zum Vertrag, abgedr. in: Jahrbuch des öffentlichen Rechts der Gegenwart (JöR), Bd. XV (1927), S. 412.

Unterscheidung. Der Begriff der *agression* war durch konkrete Kriterien seiner Zielsetzung und nicht durch eine unbestimmte *iusta causa*, zu der letzten Endes jeder Rechtsbruch gehörte, definiert. Denn die territoriale Integrität wurde enger und spezifischer als heute verstanden und umfaßte die Garantie des territorialen Besitzstandes eines Staates. Art. 10 VBS sollte also gewaltsame Grenzveränderungen, Eroberung, Annexion, das „*droit de conquête*" beseitigen und abwehren, also nicht jeden beliebigen Angriff auf das Territorium eines anderen Staates, um z. B. einen Rechtsanspruch durchzusetzen oder als Repressalie.[30] Wird die wohl allgemeine oder doch überwiegende Meinung zugrundegelegt, daß auf friedlichem Wege territoriale Veränderungen vereinbart, auch durch Schiedsverfahren entschieden oder durch den Rat bzw. die Versammlung vorgeschlagen werden konnten, so wäre die Exekution eines solchen Entscheides oder Beschlusses auch mit kriegerischen Mitteln u. U. keine Aggression im Sinne des Art. 10 VBS gewesen.[31]

Die Satzung des Völkerbundes enthielt kein ausdrückliches Recht auf individuelle oder kollektive Selbstverteidigung gegen illegale Kriege. Mußte ein angegriffener oder überfallener Staat also erst Beschlüsse des Rates nach Art. 10 und 16 VBS abwarten, bevor er sich legal verteidigen durfte? In der Literatur wird diese Frage eigentümlicherweise nicht als solche erörtert.[32] Da nach Art. 10 VBS die Bundesmitglieder sich gegenseitig ihren territorialen Besitzstand und ihre politische Unabhängigkeit gegen Aggressionen garantierten, konnten nach einer Auffassung in der Literatur sie und damit erst recht der angegriffene Staat selbst auch ohne „Ermächtigung" durch den Rat auch mit militärischen Mitteln gegen Aggression vorgehen.[33] Da Art. 16 Abs. 2 VBS jedoch einen Beschluß des Rates voraussetzt, scheint für diesen Fall eines „Überfallkrieges" ein Selbstverteidigungsrecht zweifelhaft. Im Zusammenhang mit Art. 20 VBS, der die den Pflichten entgegenstehenden Verträge für nichtig erklärt, wird aber auch die Frage nach der Zulässigkeit von Defensivbündnissen gestellt. Sie sind für

---

30 *Schücking/Wehberg*, Satzung (Fn. 2), S. 274, da sonst Art. 11 ff. funktionslos wären. Es sei nur ein Unterfall des Krieges gemeint, nicht die bloße „Besitzstörung" aus anderen Gründen. Die Autoren sehen darin zum einen ein „Zurückbleiben hinter den Idealen des Rechts" und zum anderen die Aufforderung, die wahren Absichten des Angreifers möglichst lange zu verschleiern. So wurde die Besetzung Korfus durch italienische Truppen als Repressalie wegen der Ermordung italienischer Gesandter auf griechischem Boden im Völkerbundrat nicht nach Art. 10, sondern nach Art. 11 ff. VBS behandelt, *Schücking/Wehberg*, Satzung (Fn. 2), 2. Aufl. S. 492 ff.

31 So die oben S. 18 wiedergegebene Äußerung der 1. Kommission.

32 So fehlt schon der Begriff „Verteidigung" in dem Kommentar zur Völkerbundsatzung von *Schücking/Wehberg* völlig.

33 *Schücking/Wehberg*, Satzung (Fn. 2), S. 279.

Schücking/Wehberg zwar „immer etwas Bedenkliches“, weil sich in ihnen durchaus Offensivbündnisse verbergen können. Aber

> da der Völkerbund noch in seinen Anfängen steht [1921, der Verf.], sein Funktionieren auch in schweren Fällen noch nicht mit Sicherheit voraussehbar ist und die in Art. 16 vorgesehene Zwangsexekution nur einen unvollständigen Schutz gewährt,

seien sie noch statthaft.[34] Auch ein kollektives Verteidigungsrecht war danach auch für Fälle nach Art. 16 VBS gegeben. Auch diese Kriege waren somit legale Kriege. Darauf deutet auch Art. 8 VBS hin, der die Gewährleistung der eigenen Sicherheit als Grenze der Rüstungsbeschränkung nennt. Spätere Akte nennen aber das Verteidigungsrecht. Art. 2 des Genfer Protokolls über die friedliche Beilegung internationaler Streitigkeiten von 1924 sah ein allgemeines Kriegsverbot „*excepté le cas de résistance à des actes d'agression*“ vor.[35] In Art. 2 Nr. 1 des Garantievertrages von Locarno wurde das Selbstverteidigungsrecht ausdrücklich vorbehalten. Da er in Art. 7 gleichzeitig eine Bindung an den Völkerbundpakt enthielt, war dieses Recht wohl auch in dessen Gesamtsystem angelegt.

Liegt mit der Unterscheidung von legalem und illegalem Krieg die Institutionalisierung eines neuen formalisierten, positivierten Begriffs des „Gerechten Krieges“ vor, eine „Wendung zum *diskriminierenden Kriegsbegriff*“, die Carl Schmitt 1938 erörterte? Zwar war zu diesem Zeitpunkt der Briand-Kellog-Pakt in Kraft getreten, durch den Krieg als Mittel internationaler Politik generell ausgeschlossen werden sollte. Aber dieses Problem sei, so Schmitt, durch Wilsons Erklärungen zum Kriegseintritt der USA 1917

> in die Geschichte des neueren Völkerrechts eingetreten. [Die] moderne Geisteshaltung [brauche] für den gerechten Krieg bestimmte Verfahren juristischer und moralischer „Positivierung“. [Der Völkerbund sei,] wenn er überhaupt etwas Nennenswertes sein soll, im wesentlichen ein Legalisierungssystem, der das Urteil über den gerechten Krieg bei einer bestimmten Stelle monopolisieren und die mit der Wendung zum diskriminierenden Kriegsbegriff verbundene folgenschwere Entscheidung über Recht und Unrecht des Krieges bestimmten Mächte in die Hände geben [solle. Er sei] ein Mittel zur Vorbereitung [...] eines mit überstaatlichen und übernationalen Ansprüchen geführten „gerechten“ Krieges.[36]

---

[34] Ibid. S. 411.

[35] *Hans Wehberg*, Das Genfer Protokoll betr. die friedliche Erledigung internationaler Streitigkeiten, Vorlesung an der Haager Akademie für Völkerrecht 1925, Berlin 1927.

[36] *Carl Schmitt*, Wendung zum diskriminierenden Kriegsbegriff, München 1938, S. 1 f.; die Abhandlung ist wieder abgedruckt in: ders., Frieden oder Pazifismus?, Arbeiten zum Völkerrecht und zur internationalen Politik 1924-1978, hrsg. von Günter Maschke, Berlin

Seine Grundthese lautet, daß der klassische nichtdiskriminierende Kriegsbegriff des allgemeinen Völkerrechts, wie er seit dem 17. Jahrhundert entwickelt wurde, sich im Recht des Völkerbundes in einen diskriminierenden Kriegsbegriff verwandele. Da der klassische Kriegsbegriff in den dreißiger Jahren in der Praxis immer mehr zerfalle, sei der Völkerbund in eine Krise geraten. Schmitt stellt daher seine Thesen in die Erörterung der Vorschläge zur Reform des Völkerbundes, die diesen in Reaktion auf diese Krisis zu einer entwickelteren hierarchischen Ordnung ausbauen wollten.[37] Letzten Endes verneint Schmitt zwar, daß 1938 ein „diskriminierender Kriegsbegriff" bereits in das Völkerrecht Einzug gehalten habe. Aber er lastete dem Völkerbund und seinen Protagonisten an, daß sie eben dies versuchten.[38] Er unterschied also Völkerbundrecht und Völkerrecht. Da das Deutsche Reich am 14. Oktober 1933 aus dem Völkerbund ausgetreten war und auch seine Mitgliedschaft im Briand-Kellog-Pakt gekündigt hatte, war es nur an das allgemeine Völkerrecht gebunden. Schmitt unterscheidet in der Völkerbundsatzung drei Kriegsbegriffe, die nicht zu vereinbaren seien, die gebotene Exekution oder Sanktion, den geduldeten Krieg und den verbotenen Krieg.[39] Das aber sei nicht unter ein und demselben Begriff des Krieges faßbar, weil jeweils ganz andere Rechtsfolgen ausgelöst würden. Denn die Führung eines verbotenen Krieges sei dann ein Verbrechen, die Regierenden eines Staates hörten auf, ihren Staat zu repräsentieren und würden zu Kriegsverbrechern, Völker oder Staaten könnten als „Piraten" behandelt oder als „Räuberstaaten" gekennzeichnet werden.[40] Spätestens mit diesem Begriff wird die Aktualität dieser Thesen im Hinblick auf die vergleichbare Terminologie der „Schurkenstaaten" oder „out-law societies" unübersehbar.[41] Schmitt ist besorgt, daß die seit dem 17. Jahrhundert durch das Völkerrecht erreichte rechtliche Hegung und Bändigung des nichtdiskriminierenden, lediglich formell-legalen staatlichen Krieges in diesem diskriminierenden Krieg wieder verloren gehen könne.

Jedoch bleibt der legale Krieg an die Staaten als Kriegführende gebunden, d. h. legaler Krieg im Sinne des Völkerbundrechtes ist nur der von Staaten geführte

---

2005, S. 518-597. Ihm folgt u. a. *Grewe*, Epochen (Fn. 6), S. 728 ff. Er sieht darin eine gewisse Anknüpfung an Ideen der französischen Revolution.

37 *Schmitt* setzt sich dort mit Werken des französischen Völkerrechtlers *Georges Scelle* und des englischen Völkerrechtlers *Hersch Lauterpacht* auseinander.

38 Ibid. S. 41.

39 Ibid. S. 44.

40 Ibid. S. 46.

41 Diese Begriffe werden nicht nur in der Politik verwendet, sondern auch in der Theorie, z. B. von *John Rawls*, Law of peoples, Cambridge, Mass. 2001, „outlaw states", z. B. S. 48; dt. Das Recht der Völker, Berlin 2002, „Schurkenstaaten", z. B. S. 55, gegen deren „politische Programme", nicht erst Taten oder Angriffe, die den Schutz, die Sicherheit und Unabhängigkeit gefährden, sich die liberalen Staaten „verteidigen" dürfen.

Krieg. Andere Kriege sind Bürgerkriege, Rebellionen etc. Zwar tritt jedenfalls durch Art. 10 VBS ein materielles Element hinzu. Aber zum einen kann aus Art. 16 VBS geschlossen werden, daß unabhängig von diesem materiellen Kriterium alle Kriege, die nicht nach Art. 12 Abs. 2 und 15 VBS legal waren, aus rein formalen Gründen *ipso iure*, ausgenommen ein Verteidigungskrieg gegen einen Angriff, als illegal anzusehen waren, also doch allein formale Kriterien des Verfahrens maßgebend waren. Zum anderen stellte die Formalisierung der Entscheidung über die Legalität eines Krieges in einem Verfahren vor dem Völkerbundrat, in dem die Konfliktparteien nicht mitentscheiden durften, anders als Schmitt, folgt man seiner Formulierung, zu meinen scheint, eine weitere Hegung und Bändigung des Krieges dar, nunmehr bereits auf der Ebene der Kriegsbegründung und nicht erst und nur auf der Ebene der Kriegführung. Denn die Entscheidung für oder gegen den Krieg sollte dadurch dem Recht der Staaten, nach politischen Belieben bzw. Kalkül über einen Krieg „als Fortsetzung der Politik mit anderen Mitteln“ zu entscheiden, entzogen werden. Dieses Recht aber stellte die andere, negative Seite des lediglich formell-legalen nichtdiskriminierenden Krieges dar, das die großen kriegerischen Katastrophen des 20. Jahrhunderts ermöglicht hat.

So muß die Formalisierung der Entscheidung über Legalität und Illegalität eines Krieges nach bestimmten Kriterien durch Verfahren verbunden mit der Verlagerung von den einzelnen Staaten auf zentrale allgemeine Organe als der, gewiß noch nicht voll geglückte und immer wieder gefährdete, aber nicht prinzipiell untaugliche Versuch einer rechtlichen Objektivierung von Kriegsgründen und einer „Legalisierung durch Verfahren“ begriffen werden.

Es scheint Schmitt auch mehr um die genannten Folgen des diskriminierenden Kriegsbegriffes zu gehen. Da gilt es zu differenzieren. Zunächst sind Kriegsrecht, das die zwischenstaatliche Kriegführung, und Strafrecht, das das Vorgehen gegen Individuen betrifft, zu unterscheiden. Das zwischenstaatliche Kriegführungsrecht, *ius in bello*, ändert sich nicht. Dieses ist auch gegenüber dem rechtswidrig handelnden Aggressor einzuhalten, jedenfalls solange dieser sich selbst an das Kriegsrecht hält. Vor allem dürfen auch diese Kriege nicht als Strafkriege geführt werden, z. B. unter Mißachtung des Schutzes der Nichtkombattanten. Auch die Neutralität bleibt weiterhin, ebenfalls entgegen anderer, zumindest zweifelnder Aussagen rechtlich zulässig und politisch möglich, nicht nur in der Zwischenkriegszeit und im Zweiten Weltkrieg, sondern auch seitdem.[42]

---

[42] Für den Völkerbund grundsätzlich bejahend, aber im einzelnen differenzierend u. a. *Lassa Oppenheim/Hersch Lauterpacht*, International Law – A Treatise, Bd. 2, 6. Aufl. London 1940, S. 506 ff. Dazu auch *Rudolf L. Bindschedler*, Neutrality, Concept and General

Anders scheint es allerdings bei der Wiederherstellung des Friedens zu sein. Der Ausschluß des Deutschen Reiches von den Friedensverhandlungen, die Festlegung der alleinigen Kriegsschuld des Deutschen Reiches in Art. 231 des Versailler Vertrages, aus der die Forderung zunächst unbezifferter Reparationen für alle Verluste und Schäden, *„pertes et dommages“*, abgeleitet und mit der jede substantielle Veränderung des Vertragstextes gegenüber der deutschen Delegation abgelehnt wurde,[43] entsprachen nicht den bis dahin üblichen Formen des Friedensschlusses und belasteten das Reich insbesondere einseitig moralisch in bis dahin seit Beginn der Neuzeit nicht gekannter Weise. Die Auferlegung einseitiger Abrüstungsverpflichtungen und Rüstungsgrenzen, die vorübergehende Besetzung deutschen Staatsgebietes sowie andere Diskriminierungen des Reiches überstiegen nicht nur inhaltlich, sondern auch strukturell das bis dahin in Europa übliche Maß an Belastungen, die der Unterlegene eines Krieges hinnehmen mußte. Die großen Friedensschlüsse von 1648, 1713/15, 1814/15 waren wesentlich stärker auf Ausgleich zwischen den Parteien bedacht. Es gab eigentlich keine Sieger und Unterlegene, wenn auch einige Staaten stärker waren als andere und daher im gemeinsam ausgehandelten Friedensvertrag mehr für sich zu Lasten der Schwächeren durchsetzen konnten. Insofern hatte der „diskriminierende Kriegsbegriff“ auch erhebliche diskriminierende Folgen im Frieden. Nach 1945 waren die Folgen für Deutschland noch einmal wesentlich gravierender. Dieses hatte jedoch seinerseits zumindest während des Krieges das völkerrechtliche Kriegführungsrecht fundamental und allgemein gebrochen und auch im klassischen Sinne keinen legalen Krieg geführt.

Der diskriminierende, die Kriegsschuld einführende Kriegsbegriff führte im Versailler Vertrag außerdem zu einer völligen Umkehr der vorhergehenden völkerrechtlichen Praxis der Bewertungen der Handlungen der Individuen, die an der Kriegführung wesentlich beteiligt waren. Die alten Friedensverträge enthielten grundsätzlich eine Amnestieklausel, durch die alle Handlungen während des Krieges auf allen Seiten dem Vergessen und Vergeben anheim gegeben wurden.[44] Vattel und Kant waren sogar der Auffassung, daß die Amnestie unab-

---

Rules, in: Rudolf Bernhardt (Hrsg.), Encyclopedia of Public International Law, Bd. III, Amsterdam etc. 1997, S. 549 ff. Die Frage stellt sich unter der SVN nur, wenn der Sicherheitsrat unter Kap. VII zwingend militärische Maßnahmen anordnet. Jedoch sieht Art. 48 SVN ausdrücklich vor, daß Staaten von der Durchführung der vom Sicherheitsrat beschlossenen Maßnahmen ausgenommen werden können.

43 Antwort der Friedenskonferenz der Alliierten und Assoziierten Mächte vom 16.6.1919, in: *Strupp*, Documents (Fn. 16), Bd. IV, Berlin 1923, S. 83 f.

44 Dazu *Jörg Fisch*, Krieg und Frieden im Friedensvertrag, Stuttgart 1979, S. 35 ff.; *Heinhard Steiger*, Friedensschluß und Amnestie in den Verträgen von Münster und Osnabrück, in: Krieg und Frieden im Übergang vom Mittelalter zur Neuzeit, hrsg. von Heinz Duchhardt und Pierre Monnet, Mainz 2000, S. 207-245.

dingbar zum Friedensschluß gehöre, so daß sie auch dann mit einem solchen verbunden sei, wenn sie nicht ausdrücklich im Vertrag enthalten sei.[45] Um des zukünftigen Friedens willen sollten die Rechtsbrüche der Vergangenheit zwar nicht geleugnet, aber „vergessen und vergeben" sein. Im Versailler Vertrag wurde der entgegengesetzte Weg gewählt. Kaiser Wilhelm II. sollte gem. Art. 227 VBS wegen „*offense suprême contre la morale internationale et autorité sacrée des traités*" vor einem von den fünf Hauptmächten eingesetzten Gericht angeklagt werden. Da sich die Niederlande weigerten, ihn auszuliefern, kam es nicht dazu. Andere Personen sollten gem. Art. 228 VBS vor alliierten Gerichten wegen Verstößen gegen die „*lois et coutumes de la guerre*" angeklagt werden. Diese Ansätze sind in den Prozessen von Nürnberg und Tokio, über die Tribunale für Jugoslawien und Ruanda bis zum Internationalen Strafgerichtshof weiterentwickelt worden. Aber alles dies waren und sind rechtlich vereinbarte und geordnete Verfahren, in denen grundsätzlich nach den üblichen Regeln eines fairen Strafverfahrens vorgegangen wurde und wird. Die Angeklagten wurden und werden nicht zu rechtlosen Personen, zu aus der Gesellschaft ausgeschlossenen „out-laws". Es ist allerdings nicht zu leugnen, daß diese strafrechtlichen Drohungen die Kriegführenden dazu drängen können, einen Krieg zu Lasten der Menschen auch dann noch fortzusetzen, wenn er eigentlich abgebrochen und Frieden geschlossen werden müßte.

Die mit dem Völkerbund einsetzende Wendung zu einer Unterscheidung von formell und materiell legalen und illegalen Kriegen ist also in ihren Folgen zweifellos ambivalent, wie es aber auch der klassische Begriff des nur formell-legalen Krieges war.

7. *Verhältnis zu sonstigen Verträgen*

Die Satzung des Völkerbundes unternahm zum ersten Mal in der Geschichte des Völkerrechts den Versuch, eine Hierarchie von Normen aufzustellen. Gem. Art. 20 Abs. 1 VBS anerkennen, „*reconnaissent*", die Mitglieder des Völkerbundes „*que le présent Pacte abroge toutes obligations ou ententes inter se incompatibles avec ses termes*". Außerdem verpflichteten sie sich, in Zukunft keine solchen mehr einzugehen oder abzuschließen. Das betraf vor allem die Bestimmungen aus Art. 10 und 16 VBS. Gemäß Absatz 2 mußten die Mitglieder für die Aufhebung der entsprechenden Verträge sorgen. Die Völkerbundsatzung beanspruchte also Vorrang. Allerdings galt die Bestimmung nur für Verträge zwischen Mitgliedern. Denn nur für diese konnte sie einen solchen vor anderen vertraglichen Verpflichtungen begründen. Nach Schücking/Wehberg waren die widersprechenden Vertragsbestimmungen zwischen Mitgliedstaaten ohne weite-

45 Nachweise bei *Steiger*, ibid. S. 245 Fn. 156.

res nichtig, Absatz 2 diene nur der Rechtsklarheit.[46] Bei Verträgen zwischen einem Mitgliedstaat und einem Nichtmitglied sei hingegen das Mitglied zur sofortigen Einleitung von Verhandlungen nach Absatz 2 verpflichtet. Im einzelnen bedeutete das u. a., daß Sanktionen nach Art. 16 VBS im Falle eines illegalen Krieges Verpflichtungen aus Handelsverträgen etc. vorgingen.[47] Allerdings scheint fraglich, ob diese nichtig oder nur für die Zeit der Sanktionen unanwendbar waren.

Außerdem mußten gem. Art. 18 VBS alle Verträge bei dem Völkerbund registriert werden, um verbindlich werden zu können, „*ne sera obligatoire avant d'avoir été enregistré*", was aber natürlich ebenfalls nur für Mitgliedstaaten galt.

Von besonderer Bedeutung war das Verhältnis der Satzung des Völkerbundes zu den Regelungen der Friedensverträge. Hier war aber das Verhältnis eher umgekehrt.

IV. Völkerbund – Europäische Friedensordnung

1. Grundverhältnis Friedensverträge und Völkerbund

Die Aufgabe des Völkerbundes, den Frieden in der Welt zu sichern, setzte die Friedensschlüsse von 1919 und 1920 und die daraus erwachsene Neuordnung in der Welt und insbesondere in Europa voraus. Das ergibt sich nicht nur aus der Garantie des Art. 10 VBS, sondern vor allem daraus, daß der Völkerbundpakt Teil I der Friedensverträge bildete und der Völkerbund in deren Sicherung und Vollzug einbezogen war.

Diese Verknüpfung brachte der ständige Vertreter Frankreichs beim Völkerbund Léon Bourgeois in der ersten Sitzung des Völkerbundrates deutlich zum Ausdruck:

> *Il y a dans le mandat confié à la Société des Nations deux tâches bien distinctes: l'une, de nécessité immédiate, l'autre, de l'évolution et d'avenir. La première tend à l'exécution pratique des clauses du traité de paix,* [d. h. des Friedensvertrages von Versailles mit dem Deutschen Reich]. *Alors seulement pourra s'entreprendre cette grande tâche de demain, dont le préambule du pacte a définit le caractère avec tant de force,* [das ist] *développer la coopération entre les nations et [...] leur garantir la paix et la sûreté* [oder auch] *la paix universelle.* [Dafür sei es notwendig] *que la situation de tous ces États ait d'abord était fixée dans les limites de droit que prescrit le traité de paix,*

---

[46] *Schücking/Wehberg*, Satzung (Fn. 2), S. 410.
[47] Nachweise ibid.

wie es in Art. 10 VBS geschehen sei. Es ging Bourgeois also zunächst und vor allem um die Durchführung der territorialen Neuordnung, wie sie in dem Friedensvertrag zugunsten Frankreichs, Belgiens, Dänemarks und für die Errichtung der neuen Staaten Polen, Tschechoslowakei, sowie durch die Zerschlagung Österreich-Ungarns vorgesehen war.[48]

2. *Verknüpfungen*

Die Verknüpfungen betrafen vor allem territoriale Regelungen des Versailler Friedensvertrages (FV): die Verwaltung des Saargebietes gem. Art. 48 ff. FV durch eine Kommission des Völkerbundes bis zu der für 1936 vorgesehenen Volksabstimmung; das Protektorat über die Freie Stadt Danzig, wahrgenommen durch einen Hohen Kommissar des Völkerbundes gem. Art. 102 FV; die Zustimmung zu einer Veränderung des Status Österreichs als unabhängiger souveräner Staat, insbesondere zu einer Vereinigung mit dem Deutschen Reich, Art. 80 FV, auf Grund dieser Vorschrift verhinderte der Völkerbundrat 1931 die deutsch-österreichische Zollunion; die Entscheidung über die unter Überwachung des Völkerbundes durchgeführten Volksabstimmungen in Eupen-Malmedy, Art. 34 FV; die Begründung von Mandaten unter der Aufsicht des Völkerbundes über die deutschen Kolonien sowie die arabischen Teile des osmanischen Reiches gem. Art. 22 FV/VBS.

Weitere Zuständigkeiten betrafen Konflikte bei der Nutzung etc. internationalisierter Verkehrswege, Oder, Elbe, Memel, Donau, Eisenbahnen und Kieler Kanal, Art. 376, 386 FV; die Entwaffnung der Mittelmächte, Art. 213 FV; die Pflichten des Deutschen Reiches in der Zoll- und Handelspolitik und andere einseitige Pflichten gegenüber den Siegermächten, Art. 280 FV.

Es gab zudem eine bemerkenswerte Verknüpfung in bezug auf die Verfahren. So bestanden Ausnahmen vom Einstimmigkeitsprinzip im Rat gem. Art. 5 VBS, soweit der Friedensvertrag andere Mehrheiten für dessen Entscheidungen vorsah, z. B. Art. 213 FV bzgl. der Abrüstungskontrolle in Deutschland.

Aus diesen Verknüpfungen entstand eine Spannung in der Wahrnehmung der Aufgaben durch den Völkerbund zwischen dem allgemeinen System des Völkerbundes und dem Sicherungssystem des Friedensvertrages. Denn grundsätzlich hatte das eigene Sicherungssystem für den Friedensvertrag Vorrang vor dem allgemeinen Friedenssicherungssystem des Völkerbundes. Dafür war zuständig der Oberste Rat der Alliierten Mächte, in dem die Hauptmächte vertreten waren. 1921 versuchte das Deutsche Reich, die aus seiner Sicht rechtswidrige Beset-

---

[48] *Bourgeois*, L'œuvre (Fn. 1), S. 14.

zung von Duisburg, Ruhrort und Düsseldorf durch französische Truppen vor den Rat zu bringen. Aber der Rat nahm sich der Frage nicht an. Anders in Oberschlesien. Dort legte der Rat auf Grund eines Ersuchens des Obersten Rates der Alliierten selbst vom 12. August 1921 einen Vorschlag zur Grenzregelung in Oberschlesien mit dessen Aufteilung zwischen Polen und dem Reich vor, den der Oberste Rat annahm. In beiden Fällen wirkte sich offensichtlich die Identität der betroffenen alliierten Staaten als Mitglieder des Obersten Rates und des Völkerbundrates maßgeblich aus. Der Rat war kein gegenüber diesen unabhängiges oder auch nur selbständiges Organ einer „dritten" Ebene. Bei den weiteren Besetzungen von Reichsgebiet durch Frankreich und Belgien ab dem 11. Januar 1923 zur Sicherung und Durchsetzung der Reparationsforderungen versuchte die Reichsregierung offenbar gar nicht erst, den Völkerbund einzuschalten. Diese Vorgänge richteten sich ausschließlich nach dem Versailler Vertrag. In § 18 Annex II zu Teil VIII des Friedensvertrages hatte Deutschland anerkennen müssen, daß entsprechende Durchsetzungsakte gegen einen bewußten Verstoß, „*manquement volontaire*", gegen die Reparationsverpflichtungen, nicht als „*acte d'hostilité*" anzusehen seien, auch wenn Grundsätze des Völkerbundes, vor allem die Garantie der territorialen Unversehrtheit und der politischen Unabhängigkeit nach Art. 10 VBS im Spiele waren.[49]

Außerdem waren die genannten Diskriminierungen des Deutschen Reiches durch den Friedensvertrag von Versailles mit den allgemeinen Prinzipien der Präambel schwer vereinbar. Die Schweiz, die als Mitglied am Vollzug der Friedensverträge, soweit dies dem Völkerbund zukam, mitwirkte, obwohl sie nur deren Teile I und XIII ratifiziert hatte, sprach von einer „delikaten Lage" und beschwor „den Geist der höheren Unparteilichkeit, des Ernstes und der Gerechtigkeit [...] der dem Völkerbund eigen ist". In Deutschland führte die Verknüpfung des Völkerbundes mit dem Vollzug des Friedensvertrages dazu, daß nach anfänglicher großer Zustimmung zu dem Projekt die Reichsregierungen und die sie tragenden Parteien, aber auch ein nicht geringer Teil der Öffentlichkeit und der Wissenschaft dem Völkerbund und einer Aufnahme skeptisch bis ablehnend gegenüberstanden.[50]

---

49 *Strupp*, Documents (Fn. 16), abgedruckt im Anschluß an Art. 244 S. 345 ff., S. 357.

50 Jüngst dazu *Joachim Wintzer*, Deutschland und der Völkerbund 1918-1926, Paderborn etc. 2006, der eingehend die Stadien der Stellung der Reichsorgane, Parteien, Verbände, gesellschaftlichen Gruppen und der öffentlichen Meinung in der Presse zum Völkerbund zwischen Völkerbundsbegeisterung 1918, Enttäuschung 1919 und allmählicher politischer Annäherung bis zum Beitrittsgesuch vom Februar 1926 untersucht und darstellt.

V. Das Vertragswerk von Locarno

Das Vertragswerk von Locarno vom 16. Oktober 1925, feierlich unterzeichnet aber am 1. Dezember 1925, bestand aus einem Eingangsprotokoll mit fünf Verträgen im Anhang und einer Erklärung zu Art. 16 VBS.[51] Teilnehmer der Konferenz und Unterzeichner des Eingangsprotokolls waren das Deutsche Reich, Großbritannien, Frankreich, Belgien, Italien, Polen und die Tschechoslowakei. Zwar waren die Vertragspartner der fünf Verträge verschieden, aber das Vertragswerk bildete eine rechtliche Einheit und konnte nur als solche von allen angenommen werden. Es wurde ergänzt durch Beistandsverträge Frankreichs mit Polen und der Tschechoslowakei. Möglich geworden war der Abschluß dieses Vertragswerkes aber erst, als durch den am 30. August 1924 abgeschlossenen Vertrag zur Regelung der Reparationen, den sogenannten Dawes-Plan, zum ersten Mal mit dem Reich als Partner eine feste völkerrechtliche Regelung zu diesem zentralen Nachkriegskonflikt Deutschlands mit früheren Kriegsgegnern getroffen worden war.

Der erste Vertrag, der sogenannte Rheinpakt oder Westpakt, wurde zwischen den ersten fünf genannten Staaten abgeschlossen. Er enthielt in Art. 1 die Garantie des Status quo des territorialen Besitzstandes von 1919 an den Westgrenzen Deutschlands und der entmilitarisierten Zonen im Reich durch alle fünf Vertragspartner. In Art. 2 verpflichteten sich Frankreich, Belgien und das Deutsche Reich, also nicht alle Vertragspartner, gegenseitig „*à ne se livrer de part et d'autre à aucune attaque ou invasion et à ne recourir de part et d'autre en aucun cas à la guerre*“. Allerdings wurden in Absatz 2 Nr. 1 bis 3 das Selbstverteidigungsrecht, die Aktion gem. Art. 16 VBS oder eine Aktion auf Grund einer Entscheidung der Versammlung oder des Rates des Völkerbundes vorbehalten. Es war also mehr als nur ein Nichtangriffspakt, sondern der völlige Verzicht auf einseitigen Krieg aus welchem Grunde auch immer zwischen den Parteien, d. h. über Art. 12 Abs. 1 VBS hinaus auch nach einem Verfahren gem. Art. 11 bis 15 VBS. In entsprechender Ergänzung wurden in Art. 3 Verfahren zur friedlichen Streitbeilegung durch Rechtsprechung oder Vergleichsverfahren, evtl. durch den Völkerbundrat vereinbart. Rechtliche Streitfragen waren einer Vergleichskommission, einem Schiedsverfahren oder dem StIGH zu unterbreiten. Alle anderen Streitfragen mußten vor die Vergleichskommission gebracht werden. Der Völkerbundrat war gem. Art. 4 und 5 einzuschalten, wenn eine Partei der Ansicht war, daß die vorgenannten Pflichten durch eine andere Partei verletzt würden. So hatte der Völkerbund eine gewisse Garantiefunktion erhalten, allerdings ohne

---

[51] *Karl Strupp*, Das Werk von Locarno, Berlin-Leipzig 1926; *Hermann J. Held*, Unter dem Friedensvertrag von Versailles nach Locarno und Genf, in: Jahrbuch des öffentlichen Rechts der Gegenwart, Bd. XV (1927), S. 313-451; zur Geschichte vor allem *Peter Krüger*, Die Außenpolitik der Republik von Weimar, Darmstadt 1985, S. 207 ff.

daß dessen andere Mitglieder oder er selbst an dem Vertrag beteiligt gewesen wären.

Die vier anderen Verträge waren Schieds- und Vergleichsverträge des Deutschen Reiches jeweils mit Belgien, Frankreich, Polen und der Tschechoslowakei, durch die Pflichten aus Art. 2 ausgestaltet wurden. Ähnliche Schiedsverträge hatte das Reich vorher mit anderen Staaten abgeschlossen, u. a. der Schweiz. Die Regelungen waren in allen vier Verträgen identisch und entsprachen im Ergebnis den bereits dargestellten Varianten.[52]

Das Vertragswerk von Locarno änderte also nichts an den territorialen Regelungen des Versailler Vertrages. Im Gegenteil, es bestätigte sie im Westen durch eine individuelle und gemeinsame Garantie endgültig. Das Reich verzichtete auf deren Revision. Allerdings bot gerade dies auch die Chance, den Grenzen nach und nach ihre emotionale Bedeutung zu nehmen und sie immer durchlässiger zu machen. In der Europäischen Union ist dieser Zustand inzwischen hergestellt. Für die Ostgrenzen geschah dies nicht. Art. 6 des Garantievertrages stipulierte zudem ausdrücklich, daß durch diesen Vertrag die Rechte und Pflichten aus dem Versailler Vertrag nicht berührt würden. Dasselbe galt für den Vertrag über den Dawes-Plan. Zudem bestimmte Art. 7 des „Rheinpaktes", daß der Vertrag nicht in der Weise interpretiert werden dürfe, „als beschränke er die Aufgabe des Völkerbundes, die zur wirksamen Wahrung des Weltfriedens geeigneten Maßnahmen zu ergreifen."[53]

Der Vorrang des Völkerbundpaktes wurde somit zwar bestätigt. Jedoch veränderte das Vertragswerk von Locarno Deutschlands Stellung innerhalb der Nachkriegsordnung sowohl im moralischen als auch im rechtlichen Sinne grundlegend.[54] Denn das Reich trat anschließend dem Völkerbund mit einem ständigen Sitz im Rat bei. Das Vertragswerk bedeutete in bezug auf den Westen, daß das „Sonderregime" gegenüber dem Deutschen Reich aus dem Friedensvertrag von Versailles in das allgemeine System des Völkerbundes überführt wurde. Das Reich war nicht mehr einseitigen Aktionen der Westmächte ausgeliefert. Damit war es grundsätzlich wieder als gleichberechtigtes Mitglied in den Kreis der Mächte zurückgekehrt.

---

52 In den beiden Verträgen mit Polen und der Tschechoslowakei Art. 1 und 2 für die Rechtsstreitigkeiten und Art. 17 für sonstige Streitigkeiten.

53 *Strupp*, Werk (Fn. 51), S. 60 ff.

54 Dazu nachdrücklich *Strupp*, Werk (Fn. 51), S. 53 ff.: „fundamentale Wandlung [...], die Europas Mentalität, wenigstens an den leitenden Stellen, durchmacht".

VI. Schlußfolgerungen

1. Potentiale

Innerhalb der Entwicklung des modernen Völkerrechts lag das Potential des Völkerbunds in dem Versuch, zum ersten Mal überhaupt ein organisiertes und institutionalisiertes System kollektiver Sicherheit zu schaffen. Es wurde ein politisches Forum rechtlich institutionalisiert, auf dem alle Konflikte zwischen den Mitgliedstaaten ohne deren Zustimmung von allen Mitgliedern aufgegriffen und in den Organen nach bestimmten im vorhinein festgelegten und akzeptierten Regeln und Verfahren behandelt, friedliche Lösungsvorschläge entwickelt, unterbreitet und ausgehandelt werden konnten. Die Kompetenzen der Versammlung wie des Rates, sich jeder Situation anzunehmen, die geeignet sein konnte, den Weltfrieden zu gefährden, eröffnete zudem Möglichkeiten, materielle Probleme der Friedenssicherung aufzunehmen. Das war im klassischen Völkerrecht nicht ohne weiteres zulässig gewesen, sondern konnte eine unzulässige Intervention darstellen. Der Völkerbund war gewissermaßen die auf Dauer gestellte und organisierte internationale Konferenz, die in Europa im 19. Jahrhundert mehrfach zur Regelung internationaler Konflikte ad hoc in wechselnder Besetzung, häufig erst nach längerem diplomatischen Bemühen zusammengetreten war.

Die gegenseitige Garantie der Mitglieder in ihrem territorialen Bestand und ihrer Unabhängigkeit war bis dahin in dieser allgemeinen Form nicht Bestandteil des Völkerrechts und, trotz der aufgezeigten Mängel in bezug auf die Probleme der „friedlichen Veränderung", ein Fortschritt. Das gilt auch für die Übernahme der Pflichten der Mitgliedstaaten zur friedlichen Streitbeilegung, zur Einschränkung ihres überkommenen Rechts zum Kriege und der Vereinbarung kollektiver Sanktionsmöglichkeiten der Gesamtgemeinschaft für den Fall, daß Mitglieder diese Einschränkungen und Pflichten nicht einhielten. Es bestand zu Beginn anscheinend auch ein gewisses Potential zur Weiterentwicklung dieses Systems. Denn 1924 unternahmen die Mitgliedstaaten den Versuch, die Regelungen zur friedlichen Streitbeilegung durch das genannte Protokoll zur friedlichen Streitbeilegung auszubauen, das weit über den Pakt hinausging. Es sah neben dem bereits erwähnten allgemeinen Kriegsverbot in Art. 2 in Art. 3 die obligatorische Gerichtsbarkeit des StIGH, in Art. 4 einen Ausbau des Verfahrens nach Art. 15 VBS einschließlich verbindlicher Anordnungen des Rates, in Art. 10 die Bestimmung des Angreifers nach formalen Kriterien und Sanktionen, in Art. 11 eine Verpflichtung zur Teilnahme an Sanktionen und verschiedene andere Pflichten vor. Das Protokoll war zwar von den Großmächten unterzeichnet worden, trat aber nie in Kraft. Es zeigt jedoch, daß in den ersten Jahren noch ein recht wirksamer Wille vorhanden war, das System zum Erfolg zu führen.[55] Seine Ansätze wurden z. T. für die Strukturen der Satzung der Vereinten Nationen nach einem noch verheerenderen Krieg vorbildhaft.

Ein wichtiges Potential bildete das Recht der Versammlung nach Art. 3 VBS, sich mit jeder Frage zu befassen, die in das Aufgabenfeld des Völkerbundes fiel oder den Weltfrieden betraf, für seine Aktivitäten, den Frieden zu fördern. Denn dieses Feld war durch die Präambel sehr weit abgesteckt und umfaßte vor allem auch allgemeine Kooperationen zwischen den Mitgliedern. Damit ging es nicht nur um die Vermeidung von Gewalt, sondern auch um die Entwicklung eines inhaltlichen Friedenszustandes.

Zu den Potentialen des Völkerbundes kann wohl auch die Gründung des Ständigen Internationalen Gerichtshofes gezählt werden, vielleicht der erfolgreichste Schritt der neuen Ordnung in der Praxis. Art. 19 VBS hatte zwar die Tendenz, den Frieden auch materiell zu sichern. Aber sein Potential war doch sehr gering, da die Maßstäbe dazu fehlten. Zum grundlegenden Potential des Völkerbundes zählte schließlich m. E. auch seine prinzipielle mitgliedschaftliche Ausrichtung auf Universalität. Aber gerade dieses Potential wurde nicht genutzt. Daraus erwuchs schließlich seine zentrale Begrenzung.

2. Grenzen

Denn da der Völkerbundpakt ein Vertrag war wie jeder andere völkerrechtliche Vertrag auch, banden er und die Beschlüsse seiner Organe trotz Art. 17 VBS nur seine Mitglieder und als *res inter alios acta* nicht diejenigen Staaten, die den Völkerbundpakt nicht ratifiziert hatten.[56] Daher wirkte sich die begrenzte Mitgliedschaft als strukturelle rechtliche wie politische Grenze seiner Wirksamkeit aus. Vorstellungen von einem allgemeinen *ius cogens* oder *ius erga omnes* waren nicht Bestandteil des damaligen Völkerrechts, geschweige denn durchsetzbar.

Aber auch das System der kollektiven Sicherheit selbst wies strukturelle Grenzen auf. Der Versuch der Autoren des Paktes, ohne vollständiges Kriegsverbot auszukommen, sondern statt dessen zwischen legalen und illegalen Kriegen zudem nach verschiedenen Kriterien zu differenzieren, machte das System unsicher, weil ungewiß. Auch das Fehlen eindeutiger Exekutionsregelungen nach Art. 12 VBS begrenzte die Wirksamkeit des Völkerbundes. Die Aufweichung der Pflichten zur Teilnahme an den Sanktionen der Art. 10 und 16 VBS zog dem

[55] Zu dem Protokoll insgesamt *Wehberg*, Genfer Protokoll (Fn. 35), passim.

[56] *Schücking/Wehberg*, Satzung (Fn. 2), S. 168 ff.; Fall Ostkarelien, StIGH Gutachten vom 23.7.1923, Cour Permanente de Justice Internationale, série B, Avis 5, S. 23 ff.

System zudem noch einige der sowieso schon wenigen Zähne. Die Staaten waren offenbar noch nicht bereit, die Souveränität der Mitgliedstaaten im Hinblick auf Krieg und Frieden zu beschränken. Zwar wurde 1928 im Briand-Kellog-Pakt ein Verzicht auf Krieg als Mittel zur Lösung internationaler Streitfälle vereinbart. Aber zum einen kam er außerhalb des Völkerbundes zustande und wurde nicht in sein System eingebunden, zum anderen band auch er nur die Partner. Die europäischen Mitgliedstaaten schienen hinsichtlich ihrer Sicherheit dem System jedenfalls nicht wirklich zu vertrauen; denn obwohl die ursprüngliche Idee Wilsons war, daß es keine Sonderbündnisse mehr neben dem Völkerbund geben sollte, schlossen sie eine Fülle gegenseitiger Bündnisse zur Erhöhung ihrer Sicherheit.[57]

Auch das Erfordernis der Einstimmigkeit der Beschlüsse des Rates wie der Versammlung beeinträchtigte rechtlich die Handlungsfähigkeit des Völkerbundes. Beide Organe waren, wie heute der Sicherheitsrat und die Vollversammlung der Vereinten Nationen, als Staatenorgane politische Organe und handelten politisch. Die Mitglieder brachten ihre je eigenen staatlichen Verbindungen, Interessen, Beziehungen in die jeweiligen Fälle mit ein und entschieden selbstverständlich wie heute auch politisch, mochten sie sich auch auf das Völkerrecht berufen. Die Lösungsvorschläge waren daher, ebenso wie heute, zumindest auch an diesen eigenen Interessen und Beziehungen orientiert. Aber selbst wenn Lösungsvorschläge einstimmig zustande kamen, verpflichteten sie die Streitparteien nicht zur Befolgung.

Eine weitere Grenze der Wirksamkeit des Völkerbundes für die zukünftige Entwicklung bildete die Beibehaltung des Systems der Kolonien, d. h. der Zweiteilung der Welt in souveräne Staaten und rechtlose Völker. Daran änderte das Mandatssystem für die ehemaligen deutschen Kolonien und die arabischen Gebiete des Osmanischen Reiches im vorderen Orient nichts. Denn dieses öffnete lediglich für die A-Mandate eine Perspektive. Die anderen wurden in das alte Kolonialsystem eingegliedert. Lediglich Art. 23 VBS umfaßte einige Regelungen zum Schutz der Arbeiter, Frauen, Kinder, der Behandlung der Menschen in den abhängigen Territorien, den Waffenhandel, Grundsätze eines freien Austausches und Handels.

3. *Gesamtwürdigung*

Die Kernfrage des Völkerbundes aus heutiger Sicht war, ob er rechtlich strukturell hinreichend organisiert war, eine universelle Friedensordnung zu gewährlei-

[57] Nachweise solcher Beistandsverträge bei *Strupp*, Documents (Fn. 16), Bd. V, Berlin 1923, S. 255 ff.

sten und die Politik durch inhaltliche und verfahrensmäßige Vorgaben auf den Weg zu bringen, diese weiter zu entwickeln. Diese Fähigkeit des Völkerbundes war wohl beschränkt. Sie wurde auch durch den Locarno-Vertrag und den Briand-Kellog-Pakt nicht wesentlich verbessert, jedenfalls nicht auf Dauer. Es ist jedoch ohne Untersuchung der tatsächlichen Wirksamkeit des Völkerbundes nicht möglich, die Potentiale und Grenzen des Völkerbundes zutreffend zu beurteilen.[58] Seine Schwächen in den Konflikten der dreißiger Jahre, u. a. Äthiopien, dessen Annexion durch Italien er 1935/36 entgegen Art. 10 VBS nicht verhindern konnte und später sogar anerkannte,[59] Österreich, Spanien, Tschechoslowakei und sein endgültiges Scheitern im Kriegsausbruch am 1. September 1939 legen den Schluß nahe, daß die rechtlich-institutionellen Potentiale seines Handelns jedenfalls gering und deren Grenzen sehr eng waren. Bereits damals war daher Gegenstand kontroverser Erörterungen, ob dem mit einem stärkeren institutionellen Ausbau internationaler Organisation bis hin zu einer Weltrepublik entgegengewirkt werden konnte.[60] In der Verwiesenheit auf diesen politischen Willen der Mitgliedstaaten, sich im System des Völkerbundes zu halten, lag die eigentliche Grenze des Völkerbundes. Er schwächte sich offenbar im Laufe der Zeit immer mehr ab, bis hin zu den Austritten in den dreißiger Jahren, die zur Suche nach Lösungen für die Konflikte außerhalb des Systems führten, wobei die Garantie des Art. 10 VBS ebenfalls, z. B. in der tschechoslowakischen Krise, nicht mehr geachtet wurde.

In historischer Perspektive war der Völkerbund unter den Bedingungen und Möglichkeiten der Zeit eine angemessene Fortentwicklung der institutionellen Friedenssicherung. Diese war von ihren Voraussetzungen zu einem größeren Schritt nicht in der Lage. Jedes Recht, auch das Völkerrecht, spiegelt immer nur den allgemeinen Bewußtseinszustand der Gesellschaft, die es hervorbringt. Das war damals noch eindeutig die Gesellschaft der souveränen Kulturstaaten. Denn das Dogma fast ungebundener staatlicher Souveränität, wie es sich im 19. Jahr-

---

[58] Soweit festzustellen war, gibt es bis heute keine umfassende Untersuchung und Würdigung des Völkerbundes. *Grewe*, Epochen (Fn. 6) widmet ihm gerade einmal vier Seiten unter der tendenzbestimmten Überschrift „Völkerbund und Kellog-Pakt als Instrumente der angelsächsischen Doppelhegemonie“ (S. 691-694). Die Darstellungen von *Paul Barandon*, „Völkerbund“, in: Wörterbuch des Völkerrechts, begr. von Karl Strupp, hrsg. von Hans Jürgen Schlochauer, Dritter Band, Berlin 1962, S. 597-611 und *Clive Parry*, League of Nations, in: Rudolf Bernhardt (Hrsg.), Encyclopedia of International Public Law, Bd. III Amsterdam etc. 1997, S. 177-186 begnügen sich weithin mit einer Darstellung seiner Geschichte und Konstruktion. Außerdem gibt es einige verstreute Aufsätze.

[59] Zur Bedeutung für den Völkerbund *Schmitt*, Nomos (Fn. 10), S. 215 f.

[60] *Georges Scelle*, Précis du droit des gens, 2 Bde. Paris 1932 und 1934, Bd. 1, Teil I, Kapitel 3 Le phénomène fédératif, S. 187 ff.; *ders.*, Die juridisch-politischen Grundlagen einer Völkerbundreform, in: Völkerbund und Völkerrecht, 1 (1934) S. 5-13, S.10 ff.; gegen ihn *Schmitt*, Wendung (Fn. 36), S. 528 ff.

hundert entwickelt hatte, war herrschend und noch nicht zu brechen.[61] So wird man den Völkerbund und sein System der Friedenssicherung durch kollektive Sicherheit als eine erste Stufe der institutionellen Weltorganisation begreifen müssen. Sein Hauptverdienst lag darin, dieses Konzept zum ersten Mal in die Praxis umzusetzen, nachdem es in der Theorie von Pierre Dubois um 1300, d. h. dem Beginn der Auflösung der Vorstellung einer hierarchischen Ordnung der *respublica christiana* bis zu Immanuel Kant, d. i. am Beginn der Moderne der ungebundenen staatlichen Souveränität, immer wieder theoretisch erörtert worden war.[62] Dahinter kann die Organisation des Weltfriedens nicht mehr zurück. Der institutionalisierte und organisierte Ausgleich zwischen Souveränität und Gemeinsamkeit als Bedingung der Möglichkeit einer funktionierenden zwischenstaatlichen Friedensordnung ist ein altes Problem des Völkerrechts, das auch in der Gegenwart noch der Lösung harrt. Da auch die zweite Stufe, die UNO, den Anforderungen noch nicht genügt, dauert die Diskussion, wie diese zu einer dritten Stufe entwickelt werden kann, in Rechtswissenschaft, Philosophie und Theologie auch in der Gegenwart an.[63]

---

61 Zur Gegenwart *Heinhard Steiger*, Geht das Zeitalter des souveränen Staates zu Ende?, in: Der Staat 41 (2002), S. 331-357.

62 *Pierre Dubois*, De recuperatione terre sancte, um 1300, Teil I cap. VII § 12, engl. The recovery of the Holy Land, übers. und eingel. von Walther I. Brandt, New York 1956, S. 78 ff.; Dubois schlug die Errichtung eines Schiedsgerichtes vor, dessen Richter vom Konzil ernannt werden sollten und gegen dessen Entscheidungen Berufung zum Papst eingelegt werden konnte; *Immanuel Kant*, Zum ewigen Frieden, 1795. Weitere Entwürfe bei *Kurt v. Raumer*, Ewiger Friede, Friedensrufe und Friedenspläne seit der Renaissance, Freiburg/München 1953; *Hans-Jürgen Schlochauer*, Die Idee des ewigen Friedens, Bonn 1953.

63 Bereits *Grenville Clark* und *Louis B. Sohn*, World Peace through World Law, Cambridge, Mass. 1958, dt. Weltfrieden durch ein neues Weltrecht, Frankfurt a. M. 1961; *Otfried Höffe*, Demokratie im Zeitalter der Globalisierung, 1. Aufl. München 1999; dazu *Heinhard Steiger*, Brauchen wir eine Weltrepublik?, in: Der Staat, 42 (2003), S. 249-266; jüngst *Heinz-Gerhard Justenhoven*, Internationale Schiedsgerichtsbarkeit. Ethische Norm und Rechtswirklichkeit, Stuttgart 2006, S. 236 ff.

Die Nachkriegsordnung des Völkerbundes – Potential und Grenzen

Burkhard Schöbener

Völkerbund, Cecil-Plan, Genfer Protokoll, Locarno-Verträge, Briand-Kellogg-Pakt – alles gedacht als Bausteine für ein weltumspannendes Friedenssicherungssystem, wie es bis dahin noch keines gegeben hatte, und wie es katastrophaler nicht hätte enden können: in den Verheerungen und Verwüstungen des Zweiten Weltkrieges! Damit könnte es eigentlich sein Bewenden haben: Das System des Völkerbundes hatte den Praxistest nicht bestanden, weil es die Katastrophe nicht verhindert hatte; vielleicht aber auch gar nicht verhindern konnte? Die Konsequenz, die man aus diesem Versagen zog, bestand jedenfalls nicht darin, das mit dem Völkerbund erstmals initiierte System kollektiver Sicherheit als solches in Frage zu stellen, sondern lediglich – durch Gründung des neuen, auf prinzipiell denselben Wirkmechanismen beruhenden Systems der Vereinten Nationen – die als fehlerhaft erkannten Normen und Organisationsstrukturen zu verändern, will heißen: zu verbessern.

I. Vorbemerkung

Die Effizienz eines Systems, wie es der Völkerbund begründete und die Vereinten Nationen noch heute bilden, ist abhängig vor allem von der richtigen Austarierung der Gewichte im Spannungsdreieck von kollektiver Sicherheit – Kriegs- bzw. Gewaltverbot – Selbstverteidigung. Je effizienter das System kollektiver Sicherheit sich erweist, desto mehr wird es nicht nur als legitimes Friedenssicherungssystem Akzeptanz finden, sondern auch das Kriegs- bzw. Gewaltverbot effektuieren und die Notwendigkeit zur Inanspruchnahme des Rechts der Selbstverteidigung zurückdrängen.

Die Unterscheidung von Krieg und Frieden als kategoriale völkerrechtliche Differenzierung für zwei Rechtsbegriffe, die sich (jedenfalls in der traditionellen Lehre[1]) wechselseitig ausschließen, graduelle Abstufungen mithin nicht zu-

---

1 Zur Existenz eines *status mixtus* zwischen Krieg und Frieden allerdings *Schwarzenberger*, Jus pacis ac belli? Prolegomena to a Sociology of International Law, American Journal of International Law [AJIL] 37 (1943), S. 460 (474 ff.).

lassen, gehörte zu den Grundaxiomen des klassischen Völkerrechts. Das gilt unabhängig davon, wie immer man „Krieg“ abstrakt definiert.[2] Es war jedenfalls in der Zwischenkriegszeit weithin üblich, den Krieg als denjenigen Zustand der Beziehungen zwischen (mindestens) zwei Staaten zu qualifizieren, unter dem die Geltung des normalen Völkerrechts – des sog. allgemeinen Friedensrechts – zwischen ihnen suspendiert ist.[3] Überdies wurde ganz überwiegend angenommen, dass dieser Zustand notwendig mit der Anwendung militärischer Gewalt einhergehen musste.[4] Allerdings kannte das Völkerrecht in der Zeit des Völkerbundes auch noch den Friedenszustand nicht berührende militärische Selbsthilfemaßnahmen (Repressalien), die jedoch in ihrer Abgrenzung zur Auslösung des Kriegszustands (und damit auch des Kriegsrechts) schwierige Rechtsfragen aufwarfen.[5] Der chinesisch-japanische Mandschureikonflikt ist dafür der deutlichste Beleg (dazu noch weiter unten).

II. Ausgangspunkt: das liberum ius ad bellum

Dass mit der Errichtung des Völkerbundes als eines neuartigen, auf Universalität und Kollektivität angelegten Friedenssicherungssystems die Zeit des klassischen Völkerrechts zu Ende ging,[6] gehört mittlerweile zu den Gemeinplätzen völkerrechtshistorischer Epochenbildung. Der große Bruch mit dem bisherigen Völkerrecht bestand in der grundsätzlichen Abwendung von einem Recht zum Kriege. Dies ist durchaus als eine fundamentale Leistung der Völkerbundära anzuerkennen. Die völkerrechtliche Grundeinstellung zum *ius ad bellum* hatte sich

---

2 Zur unterschiedlichen Definition des Krieges vgl. *Berber*, Lehrbuch des Völkerrechts II, 2. Aufl. 1969, S. 1 ff., m.w.N.

3 Vgl. *Berber* (Fn. 2), S. 3. Ähnlich bereits *Heilborn*, Das System des Völkerrechts, 1896, S. 322 („Suspension gewisser allgemeiner durch andere spezielle – kriegsrechtliche – Normen“).

4 Vgl. *Verdross*, Völkerrecht, 5. Aufl. 1964, S. 432 f., der den Krieg als einen „zwischenstaatlichen Gewaltzustand unter Abbruch der friedlichen Beziehungen“ versteht; differenzierend *Berber* (Fn. 2), S. 3. Überblick über die noch bis in die 1970er Jahre geführte Diskussion über den Kriegsbegriff: *Räber*, Das Recht zum Krieg im 20. Jahrhundert und die Auswirkungen auf den Kriegsbegriff, Diss. Zürich 1975, S. 4 ff. Diese Diskussion ist heute weithin irrelevant geworden, weil jedenfalls das humanitäre Völkerrecht den Kriegszustand nicht mehr als Anwendungsvoraussetzung kennt, sondern an den (internationalen) bewaffneten Konflikt anknüpft; vgl. *Hobe/Kimminich*, Einführung in das Völkerrecht, 8. Aufl. 2004, S. 499; *Ipsen*, in: ders. (Hrsg.), Völkerrecht, 5. Aufl. 2004, § 65 Rn. 5 ff.

5 Vgl. *Grewe*, Epochen der Völkerrechtsgeschichte, 1984, S. 733 ff. (Repressalien als Kriegsersatz und Mittel der Kriegsverschärfung); *Räber* (Fn. 4), S. 78 ff., mit umfassenden Nachweisen zur Diskussion in der Zwischenkriegszeit.

6 Vgl. *Grewe*, Was ist „klassisches“, was ist „modernes“ Völkerrecht?, in: FS für Wolfgang Preiser, 1983, S. 111 (117).

entscheidend gewandelt. Gerade im 18. und 19. Jahrhundert hatte sich ein von jeder Rechtfertigungsnotwendigkeit befreites *liberum ius ad bellum* durchgesetzt, die „Freiheit zum Kriege". Völkerrechtliche Beschränkungen bestanden allenfalls in formaler Hinsicht (Kriegserklärung) sowie (seit Ende des 19. Jahrhunderts) durch die in den Haager Abkommen niedergelegten Kriegsführungsregeln (*ius in bello*), insbesondere durch die Haager Landkriegsordnung als Anhang zum IV. Haager Abkommen (1907).

Nicht in der Vermeidung, sondern in der Hegung (Eingrenzung) des Krieges[7] bestand das vorrangige Ziel. Die Kriegsgründe waren irrelevant. Wer hätte einen gerechten Grund für den Beginn eines Krieges (*iusta causa*) auch mit allseits verbindlicher Wirkung feststellen sollen? August Wilhelm Heffter[8] wies noch 1888 darauf hin, dass

> auch der ungerechte Krieg[9] in seinen Wirkungen dem gerechten tatsächlich gleichsteht. Denn es gibt keinen irdischen Richter, von welchem ein Ausspruch über Gerechtigkeit oder Ungerechtigkeit eines Krieges mit Unfehlbarkeit zu erwarten wäre.

Dieser Gesichtspunkt wurde später auch von Otto Kimminich[10] als zentraler Grund für die rechtliche Indifferenz hervorgehoben:

> Das klassische Völkerrecht [...] beruhte von vornherein auf der Prämisse, daß es müßig sei, über die Frage nach der „Gerechtigkeit" eines Krieges zu sinnieren. Da es ohnehin keine rechtliche und moralische Instanz mehr gab, die eine solche Streitfrage mit verbindlicher Kraft hätte entscheiden können [...], wäre es sinnlos gewesen, dieser Frage noch weiter praktisches Gewicht beizulegen. Zwar fehlte es auch unter der Geltung des klassischen Völkerrechts nicht an Rechtfertigungen für einen jeden Krieg. Aber sie waren juristisch irrelevant. Mit dieser Indifferenz trug das Völkerrecht den Realitäten der Neuzeit Rechnung, in der die Einheit des christlichen Abendlandes, die in Kaiser und Papst sichtbare Manifestationen gefunden hatte und als Versuch, zum Schluß wohl nur noch als Widerschein, einer universalen Friedensordnung zu bewerten ist, endgültig zerbrochen war.

Auch die beiden Haager Friedenskonferenzen von 1899/1907 hatten keine Aufweichung oder gar Beseitigung des *ius ad bellum* zum Ziel; dies wäre auch utopisch gewesen. Vielmehr ging es vor allem darum, das *ius in bello*, das

---

7 Vgl. dazu *Schmitt*, Der Nomos der Erde im Völkerrecht des Jus Publicum Europaeum, 1950, S. 43 f. und passim.

8 *Heffter*, Das Europäische Völkerrecht der Gegenwart, 8. Auf. 1888, S. 245.

9 Zwar wurde auch noch im 18. und 19. Jahrhundert die Frage nach der *iusta causa* des Krieges gestellt, dies aber nur in einem politischen oder ethisch-moralischen Kontext, ohne daraus rechtliche Konsequenzen abzuleiten; vgl. *Kunde*, Der Präventivkrieg – Geschichtliche Entwicklung und gegenwärtige Bedeutung, 2006, S. 76, m.w.N.

10 *Kimminich*, Frieden und Sicherheit im Spiegel der Völkerrechtsliteratur, in: FS für Karl Carstens I, 1984, S. 381 (382 f.).

eigentliche Kriegsrecht, näher zu regeln und zu humanisieren[11] sowie Abkommen zur friedlichen Beilegung internationaler Streitigkeiten auszuarbeiten.[12] In Art. 1 des III. Haager Abkommens betreffend den Beginn der Feindseligkeiten (1907) erkannten die Vertragsparteien an, dass Feindseligkeiten zwischen ihnen nicht beginnen dürften ohne eine vorangehende Benachrichtigung entweder in Form einer mit Gründen versehenen Kriegserklärung oder eines Ultimatums mit bedingter Kriegserklärung. Das Fehlen der Kriegserklärung änderte jedoch nichts am Entstehen des Kriegszustands, wenn die materiellen Voraussetzungen des Krieges vorlagen,[13] wozu aber nach verbreitetem Verständnis gehörte, dass zumindest eine der beiden Konfliktparteien anlässlich der militärischen Auseinandersetzungen den Willen hatte, den Friedenszustand zu suspendieren, um erst dadurch den völkerrechtlichem Kriegszustand entstehen zu lassen.[14]

Allein das II. Haager Abkommen (1907) – die sog. Drago-Porter-Konvention[15] – enthielt ein beschränktes Verbot der Anwendung von Waffengewalt: Untersagt war den Vertragsstaaten die Eintreibung von Vertragsschulden mit Hilfe militärischen Zwanges, außer wenn sich der Schuldnerstaat weigerte, den Streit einem Schiedsgericht vorzulegen oder dessen Schiedsspruch zu erfüllen. Bemerkenswert ist an dieser Konvention, dass sie nicht auf den „Krieg" abstellt, sondern auf die Anwendung militärischer Gewalt schlechthin, wodurch auch unterhalb der Schwelle des Krieges angesiedelte Maßnahmen erfasst wurden.

In der Haager Konvention zur friedlichen Erledigung internationaler Streitfälle (I. Haager Abkommen, auch Friedensabkommen genannt) (1907)[16] verpflichteten sich die Vertragsstaaten lediglich, „im Falle einer ernsten Meinungsverschiedenheit oder eines Streites, bevor sie zu den Waffen greifen, die guten

---

11 Insbesondere: Abkommen betreffend die Gesetze und Gebräuche des Landkrieges (IV. Haager Abkommen) nebst Anlage (Haager Landkriegsordnung), RGBl. 1910, S. 107.

12 Zu den beiden Konferenzen vgl. *Dülffer*, Regeln gegen den Krieg? Die Haager Friedenskonferenzen 1899 und 1907 in der internationalen Politik, 1981; *ders.*, Die Haager Friedenskonferenzen von 1899 und 1907 im internationalen Staatensystem, Die Friedens-warte [FW] 74 (1999), S. 98 ff. Keinen Erfolg verzeichneten die Konferenzen bei den ursprünglich beabsichtigten Rüstungsbeschränkungen; vgl. *Dahm*, Völkerrecht II, 1961, S. 331.

13 *Berber* (Fn. 2), S. 89; *Hobe/Kimminich* (Fn. 4), S. 522 f.

14 Zur Diskussion in der Zwischenkriegszeit über die Maßgeblichkeit des (einseitigen) Parteiwillens vgl. *Räber* (Fn. 4), S. 87.

15 RGBl. 1910, S. 59. Benannt ist die Konvention nach dem argentinischen Außenminister Luis M. Drago und dem US-amerikanischen Verhandlungsführer Horace Porter. Vgl. zu dieser Konvention: *Benedek*, Drago-Porter Convention (1907), in: Bernhardt (Hrsg.), Encyclopedia of Public International Law [EPIL] I, 1992, S. 1102 f.

16 RGBl. 1910, S. 5.

Dienste oder die Vermittlung einer befreundeten Macht oder mehrerer befreundeter Mächte anzurufen, soweit dies die Umstände gestatten werden" (Art. 2). Außerdem sollten am Streit nicht beteiligte Mächte berechtigt sein, vor und während der Feindseligkeiten von sich aus ihre guten Dienste oder ihre Vermittlung anzubieten (Art. 3). Die Anrufung internationaler Schiedsinstanzen (u.a. des Ständigen Schiedshofes, vgl. Art. 41 ff.) war nicht obligatorisch. Dass die Konvention von einem *ius contra bellum* noch weit entfernt war, verdeutlichen nachdrücklich Art. 1 und vor allem Art. 7. Art. 1 lautet:

> Um in den Beziehungen zwischen den Staaten die Anrufung der Gewalt soweit wie möglich zu verhüten, erklären sich die Vertragsmächte einverstanden, alle ihre Bemühungen aufwenden zu wollen, um die friedliche Erledigung der internationalen Streitfragen zu sichern.

Und Art. 7 bestimmt unmissverständlich:

> Die Annahme der Vermittlung kann [...]nicht die Wirkung haben, die Mobilmachung und andere den Krieg vorbereitende Maßnahmen zu unterbrechen, zu verzögern oder zu hemmen. Erfolgt sie nach Eröffnung der Feindseligkeiten, so werden von ihr [...] die im Gange befindlichen militärischen Unternehmungen nicht unterbrochen.

In diesen Formulierungen – wie auch in den sonstigen Konferenzergebnissen – fand die grundsätzliche völkerrechtliche Zulässigkeit des Krieges ihren eindeutigen Ausdruck.

Das I. Haager Abkommen steht paradigmatisch für den später auch in der Völkerbundsatzung (VBS) unternommenen Versuch, das freie Kriegsführungsrecht verfahrensrechtlich durch die stärkere Einbindung in ein internationales System der friedlichen Streitbeilegung zu begrenzen, von einer materiellrechtlichen Einschränkung jedoch, mit Ausnahme der Drago-Porter-Konvention, abzusehen. Nach Art. 37 Abs. 2 des Abkommens umfasste die Anrufung der Schiedsgerichtsbarkeit lediglich die Verpflichtung, sich nach Treu und Glauben dem Schiedsspruch zu unterwerfen. Eine etwaige zwangsweise Vollstreckung des Schiedsspruches sah das Abkommen ebenso wenig vor wie einen Weltschiedsvertrag, der den Staaten die friedliche Streiterledigung zur Pflicht gemacht hätte. Nicht einmal der Versuch zur friedlichen Streiterledigung wurde obligatorisch gemacht.[17]

Ähnlich verhielt es sich mit den 1913/14 von den Vereinigten Staaten mit 23 Staaten (u.a. Frankreich, Großbritannien, Russland) abgeschlossenen bilateralen

---

[17] *Schücking/Wehberg*, Die Satzung des Völkerbundes, 2. Aufl. 1924, S. 3.

Bryan-Verträgen.[18] In diesen Verträgen verpflichteten sich die Vertragsstaaten zwar, ihre Streitigkeiten, die nicht auf diplomatischem Weg beigelegt werden konnten, einer ständigen Untersuchungskommission zu unterbreiten, die dann innerhalb eines Jahres ihren Untersuchungsbericht vorzulegen hatte, wodurch zumindest der Versuch friedlicher Streiterledigung aller zwischenstaatlicher Streitigkeiten obligatorisch wurde. Im Untersuchungszeitraum war den Parteien zudem ein Übergang zu Feindseligkeiten untersagt. Der Bericht, in dem lediglich Tatsachen festgestellt werden durften, war für die Streitparteien hingegen nicht verbindlich. Nach Ablauf der Frist – die in ähnlicher Form später in Art. 12 VBS Eingang gefunden hat: sog. Cooling-off-Phase[19] – blieb es den Streitparteien unbenommen, nunmehr die Auseinandersetzung mit militärischer Gewalt auszutragen.

III. Das System kollektiver Sicherheit nach der Völkerbundsatzung

Eine generelle Neuausrichtung erfuhr die völkerrechtliche Friedenssicherung durch ihre institutionelle Verankerung im Völkerbund als neuartigem System der kollektiven Friedenssicherung. Obwohl einzelne Entwürfe der Völkerbundsatzung ein generelles Kriegsverbot vorsahen (vorgelegt von den Regierungen von Deutschland und Italien),[20] fand dieser Vorstoß bei der großen Mehrheit der Staaten noch kein Gehör.[21] Auch die in der Präambel der Völkerbundsatzung enthaltene Erwägung, dass es zur Gewährleistung des internationalen Friedens und der internationalen Sicherheit u.a. wesentlich sei, „bestimmte Verpflichtungen zu übernehmen, nicht zum Kriege zu schreiten“, begründete noch keine unmittelbare rechtliche Verpflichtung der Vertragspartner und schon gar kein Kriegsverbot, wie Hans Wehberg nachdrücklich betonte:

---

18 Die Verträge mit fünf anderen Staaten wurden lediglich unterzeichnet, nicht aber ratifiziert. Benannt sind die Verträge nach dem damaligen US-Außenminister William J. Bryan. Zu den Einzelheiten vgl. *Schlochauer*, Bryan Treaties (1913/14), in: Bernhardt (Hrsg.), EPIL I, 1992, S. 509 ff.; *Dahm* (Fn. 12), S. 334, 449 f.

19 Zu diesem Zusammenhang vgl. *Schücking/Wehberg* (Fn. 17), S. 505 ff.

20 *Räber* (Fn. 4), S. 55; näher dazu *Schücking/Wehberg* (Fn. 17), S. 502.

21 Dazu *Schücking/Wehberg* (Fn. 17), S. 161: „Daß ein Völkerbund, der den Krieg zwischen Bundesstaaten nur in bestimmten Fällen verbietet, also indirekt die Möglichkeit des Krieges zwischen Mitgliedern des Völkerbundes noch offen läßt, das wahre Ideal des Völkerbundes keineswegs verwirklichen kann, ist ohne weiteres klar. Aber die Staatsmänner der Pariser Konferenz glaubten, daß man sich mit einem bescheideneren Anfang begnügen müsse.“

Der Krieg, auch der Angriffskrieg, wird in der Satzung nicht unbedingt verboten. Aber wenigstens auf einen teilweisen Verzicht des bisher unbeschränkten Kriegsführungsrechts haben sich die Mitglieder des Bundes einlassen müssen.[22]

I. Funktionsbedingungen und Grundannahmen

Das System kollektiver Sicherheit, teilweise auch als Generalpakt oder Allgemeinpakt bezeichnet,[23] sollte an die Stelle des nach dem Wiener Kongress die europäische Sicherheitspolitik des 19. Jahrhunderts beherrschenden Mächtegleichgewichts der Großmächte (Preußen, Österreich, Russland, Frankreich, Großbritannien) treten. Die Balance-of-power-Konzeption hatte offensichtlich die „Urkatastrophe des 20. Jahrhunderts" (George F. Kennan), den Ersten Weltkrieg, ebenso wenig wie Nichtangriffspakte, Verteidigungsbündnisse und Rückversicherungsverträge verhindern können.[24] Getragen von der Verve während des Krieges entstandener pazifistischer Bewegungen vor allem in den Vereinigten Staaten und in Großbritannien[25] musste eine neue Konzeption gefunden werden. Dies war umso schwieriger, weil der Kriegseintritt der Vereinigten Staaten offenkundig gemacht hatte, dass das europäische Konzert der Mächte um einen weiteren Machtfaktor erweitert worden war. Europäische Sicherheitsfragen erhielten dadurch zwangsläufig universelle Bedeutung.

Das Vorhaben eines weltweit ausgerichteten Systems der kollektiven Friedenssicherung beruhte auf einzelnen Funktionsbedingungen,[26] deren Realitätsbezug sich jedoch erst in der Praxis des Völkerbundes erweisen musste. Zu diesen Funktionsbedingungen gehörten vor allem:

(1) Das System musste *universell* ausgerichtet sein, um der Erkenntnis hinreichend Rechnung zu tragen, dass Kriege sich in einzelnen Teilen der

---

22 *Wehberg*, Völkerbundsatzung, 3. Aufl. 1929, S. 23.

23 So etwa *Schmitt*, Über die innere Logik der Allgemeinpakte auf gegenseitigen Beistand (1935), in: ders., Frieden oder Pazifismus? – Arbeiten zum Völkerrecht und zur internationalen Politik 1924-1978 (hrsg. von G. Maschke), 2005, S. 447 ff.

24 Zur schon sprichwörtlichen Bündnispolitik Bismarcks vgl. *Canis*, Bismarcks Außenpolitik 1870-1890, 2004.

25 Insbesondere die League to Enforce Peace (USA), die British League of Nations Society (GB), in Deutschland seit 1918 die Deutsche Gesellschaft für Völkerrecht sowie z.B. in den Niederlanden der Anti-Orloog-Raas; vgl. *von Freytagh-Loringhoven*, Die Satzung des Völkerbundes, 1926, S. 3.

26 Zu den politischen und rechtlichen Voraussetzungen für das Funktionieren eines Systems kollektiver Sicherheit vgl. auch *Kimminich*, Das Problem der Friedenssicherung im Völkerrecht des 20. Jahrhunderts, in: Picht/Eisenbart (Hrsg.), Frieden und Völkerrecht, 1973, S. 295 (327 ff.) (zum Völkerbund); *Streinz*, Wo steht das Gewaltverbot heute?, Jahrbuch des öffentlichen Rechts der Gegenwart [JöR] n.F. 52 (2004), S. 219 (234) (zu den Vereinten Nationen).

Welt nicht mehr (ein-) „hegen" ließen, sondern auch Staaten in anderen Weltregionen mehr oder weniger stark in Mitleidenschaft ziehen oder sogar zu Kriegsparteien machen konnten. Gerade der Erste Weltkrieg hatte dafür den Beweis geliefert. Außerdem büßte das Völkerrecht seit dem Übergang vom 19. zum 20. Jahrhundert erheblich von seiner bislang europäischen Prägung (*Ius Publicum Europaeum*) ein, woraus auch für den Völkerbund die notwendigen Konsequenzen zu ziehen waren.[27]

(2) Das System bedurfte einer organisatorisch-institutionellen Verselbständigung in Form des Völkerbundes, der mit Organen auszustatten war, durch welche die Staaten *gemeinsam* und mit *einheitlichen Maßnahmen* den zwischenstaatlichen Frieden sicherten. Zu diesem Zweck musste der Völkerbund mit der *Befugnis* zur Vornahme von (ggf. auch militärischen) *Zwangsmaßnahmen* gegen den kriegführenden Staat versehen werden, der die rechtlichen Maßgaben der Völkerbundsatzung nicht eingehalten hatte.[28]

(3) Für ein nach (völker-)rechtlichen Regeln handelndes System war es zudem erforderlich, dass die Einsatzvoraussetzungen kollektiver militärischer Maßnahmen inhaltlich so genau definiert waren, dass man sie auch in politisch prekären Lagen zur Anwendung bringen konnte. Das setzte eine hinreichend klare Bestimmung der Begriffe „Krieg" und „Angreifer" bzw. „Angriff" voraus. Dies ist in der Völkerbundsatzung – wie noch zu zeigen sein wird – nicht gelungen.[29]

(4) Das System hatte ein *obligatorisches Verfahren* zur *friedlichen Austragung zwischenstaatlicher Streitigkeiten* vorzusehen. Danach musste zumindest der *Versuch* friedlicher Streiterledigung gemacht werden.[30]

---

27 Zu dieser Entwicklung vgl. *Steiger*, oben S. 10 ff. (Mitgliedschaft im Völkerbund), S. 13 f. (Strukturwandel des Völkerrechts).

28 Zur Diskussion dieser Frage in den VBS-Entwürfen vgl. *Schücking/Wehberg* (Fn. 17), S. 602 ff.

29 Deutlich *Kimminich*, Das Problem (Fn. 26), S. 329: „An der mangelnden Definition des Angriffs scheiterte schließlich das Kriegsverhütungsrecht der Völkerbundsatzung." Resümierend (S. 330 f.): „So fehlten der Völkerbundsära alle drei Grundvoraussetzungen für die friedenserhaltende Kraft eines Systems der kollektiven Sicherheit (Funktionsfähigkeit der internationalen Organisation, Globalität des Systems, Definition des Angriffs)."

30 In diesem Sinne hatte schon *Schücking*, Die völkerrechtliche Lehre des Weltkriegs, 1918, S. 205, gefordert: „Kein Staat darf mehr die Fackel des Krieges entzünden, ohne daß wenigstens vorher der Versuch zu einem gütlichen Ausgleich gemacht worden wäre."

Die rechtsnormativen Funktionsbedingungen, und damit die Funktionsfähigkeit des kollektiven Systems insgesamt, waren jedoch ihrerseits abhängig von bestimmten Grundannahmen über das Verhalten und die Interessenwahrnehmung der Bundesmitglieder,[31] die nicht ohne weiteres unterstellt werden konnten und die – wie sich schon bald nach Inkrafttreten der Völkerbundsatzung zeigte – auch nicht der Wirklichkeit der internationalen Beziehungen entsprachen:

(1) Um die *Universalität des Systems* zu garantieren, war es erforderlich, dass möglichst alle Großmächte in ihm vertreten waren. Denn nur dann ließ sich ein (auch militärisches) Machtpotential aufbauen, wie es für ein einheitliches und effektives Vorgehen unerlässlich ist. Der Völkerbund blieb von einer Universalität weit entfernt, zumal die Vereinigten Staaten ihm niemals beitraten und Deutschland (1926-1933) und die Sowjetunion (1934-1940) ihm nur kurzzeitig angehörten. Das Gründungsmitglied Japan trat 1934 aus dem Völkerbund aus, Italien 1937.[32]

(2) Um ein *gemeinsames Vorgehen* zu ermöglichen, war es notwendig, dass die Bundesmitglieder (zumindest diejenigen, die auch bereit waren, die militärischen Zwangsmaßnahmen durchzuführen) ihre eigenen politischen, ggf. auch wirtschaftlichen und militärischen Interessen einem (wie auch immer definierten) „gemeinsamen Interesse" unterordneten. Dies setzt voraus, dass alle Bundesmitglieder darauf vertrauen können, dass das Eingriffsinstrumentarium einheitlich angewendet und nicht von einzelnen Staaten zur Verfolgung eigener Interessen missbraucht wird. Gleichzeitig gehört es aber zu den grundlegenden Einsichten in die Grenzen der Funktionsfähigkeit eines solchen Systems, dass eine als Rechtsbrecher in Erscheinung tretende Großmacht regelmäßig aufgrund ihrer militärischen Stellung gar nicht als Ziel kollektiver Maßnahmen in Betracht kommt.

(3) Um eine *effektive* und *einheitliche Anwendung der Zwangsmaßnahmen* zu bewirken, war es neben der Gewährleistung eines universellen, auf ein gemeinsames Handeln gerichteten Systems (s.o.) erforderlich, dass das völkerrechtliche Regelwerk ein *Ausscheren* einzelner Bundesmitglieder *nicht zulassen* durfte. Dabei stellte sich aber ein Grundproblem, das auch in der Bundesversammlung schon frühzeitig artikuliert wurde. Es wurde

---

31 Vgl. zu diesen teilweise wenig realistischen Grundannahmen (für das System der Vereinten Nationen): *Gareis/Varwick*, Die Vereinten Nationen – Aufgaben, Instrumente und Reformen, 4. Aufl. 2006, S. 82 ff. (Das Prinzip der kollektiven Sicherheit: Grenzen und Möglichkeiten).

32 Vgl. *Dülffer*, Völkerbund, in: Volger (Hrsg.), Lexikon der Vereinten Nationen, 2000, S. 609 (610), mit weiteren Zahlen zur Mitgliederentwicklung.

nämlich als unmöglich angesehen, die Interessen der einzelnen Staaten gegenüber dem rechtsbrüchigen Staat vertreten zu lassen, wenn sich sämtliche Bundesmitglieder im Kriegszustand mit ihm befanden. Außerdem werde die Wiederherstellung friedlicher Beziehungen mit dem rechtsbrüchigen Staat auf diese Weise erschwert.[33]

Schon dieser Überblick über Funktionsbedingungen und (teilweise unrealistische) Grundannahmen belegt die Brüchigkeit des neuen, durch den Völkerbund ins Leben gerufenen Friedenssicherungskonzepts. Hinzu kam der vor allem von Carl Schmitt erhobene Vorwurf der mangelnden Homogenität der mitgliedschaftlichen Verfasstheit des Völkerbundes,[34] auf den hier nicht weiter eingegangen wird.[35]

2. *Einzelfragen des Friedenssicherungskonzepts*

Im Folgenden sollen einzelne Aspekte des kollektiven Sicherheitssystems, wie es im Rahmen des Völkerbundes[36] errichtet wurde, einer näheren Betrachtung zugeführt werden. Dies erlaubt einen Einblick in das damals neuartige Friedenssicherungskonzept, in seine – verglichen mit dem klassischen Völkerrecht – konzeptionelle Andersartigkeit, aber auch in seine rechtsnormativen Defizite sowie die macht- und strategiepolitischen Widerstände.

a) Krieg und Bedrohung mit Krieg als Angelegenheit des ganzen Bundes (Art. 11 Abs. 1 VBS)

Bei dem neu geschaffenen System der kollektiven Sicherheit (Art. 10 ff. VBS) ging es im Kern darum, wie Art. 11 Abs. 1 VBS ausdrücklich feststellte,

> daß jeder Krieg und jede Bedrohung mit Krieg, mag davon unmittelbar ein Bundesmitglied betroffen werden oder nicht, eine Angelegenheit des ganzen Bundes ist, und daß dieser die zum wirksamen Schutz des Völkerfriedens geeigneten Maßnahmen zu treffen hat.

---

33 Vgl. *Schücking/Wehberg* (Fn. 17), S. 621.

34 *Schmitt*, Die Kernfrage des Völkerbundes (1926), in: ders., Frieden oder Pazifismus? – Arbeiten zum Völkerrecht und zur internationalen Politik 1924-1978 (hrsg. von G. Maschke), 2005, S. 73 (115 ff.).

35 S. dazu *Steiger*, oben S. 12.

36 Auf eine detaillierte Darstellung der Entstehung des Völkerbundes, seiner Aufgaben und Organe sowie seiner Vorschriften zur kollektiven Friedensicherung wird hier angesichts der umfassenden Ausführungen von *Steiger*, oben S. 9 ff. (dort auch zur Rüstungsbeschränkung als Teil des Sicherheitskonzepts, S. 16 f.) verzichtet.

Mit dieser Regelung war, wie Hobe/Kimminich[37] nachdrücklich hervorheben,

> ein Grundpfeiler des klassischen Völkerrechts, nämlich das aus der Souveränität abgeleitete Recht der (souveränen) Staaten zum Krieg (*ius ad bellum*), zum Einsturz gebracht worden. Die Entscheidung für den Krieg, die im klassischen Völkerrecht allein Sache des zum Krieg schreitenden Staates gewesen war, wurde jetzt ausdrücklich zur Angelegenheit der organisierten Völkerrechtsgemeinschaft erklärt. [Das bedeutete] die Herausnahme einer bestimmten, bisher als rein politische Entscheidung begriffenen Aktion aus dem Bereich der ausschließlichen Zuständigkeit des Staates. Im klassischen Völkerrecht hatte die Entscheidung über Krieg und Frieden konkrete Rechtsfolgen; sie selbst aber war eine politische, von keiner höheren Instanz nachprüfbare Entscheidung. Jetzt wurde sie zur Rechtsfrage, die einer Nachprüfung durch eine internationale Instanz unterworfen war.

Der Krieg war nicht mehr länger die „Privatangelegenheit" der Streitparteien.[38] Die Staatengemeinschaft war damit aber nicht nur für die Gewährleistung der Verfahrensgarantien und etwaige Sanktionen in der Pflicht, sondern nicht minder für die Kriegsverhinderung.[39]

Die für das neue Friedenssystem des Völkerbundes bahnbrechende Bedeutung dieser Vorschrift ist erst im Laufe der Jahre zutage getreten.[40] Der erste Absatz wurde in seinem ganzen Gewicht verdeutlicht durch einen Bericht des belgischen Delegierten Louis de Brouckère im Jahr 1926, in dem der Vorrang des Art. 11 vor einem Ergreifen von Sanktionen auf der Grundlage des Art. 16 VBS hervorgehoben wurde: Die Anstrengungen des Völkerbundes müssten in erster Linie auf die Verhinderung des Krieges gerichtet werden. Aufgrund dieses Berichtes wurden dann vom Ratsausschuss Richtlinien zur Anwendung des Art. 11 aufgestellt, die von der Völkerbundversammlung und dem Rat 1927 genehmigt und als „wertvoller Wegweiser" angesehen wurden. Dies war ein deutliches Signal insbesondere an den Rat, seiner Verantwortung für die Kriegsverhütung unabhängig von der Einhaltung der nachfolgenden Verfahrensregelungen des

---

[37] *Hobe/Kimminich* (Fn. 4), S. 46; ähnlich bereits *Kimminich*, Frieden und Sicherheit (Fn. 10), S. 387, 391; *ders.*, Das Problem (Fn. 26), S. 310.

[38] *Roscher*, Der Briand-Kellogg-Pakt von 1928 – Der „Verzicht auf den Krieg als Mittel nationaler Politik" im völkerrechtlichen Denken der Zwischenkriegszeit, 2004, S. 39.

[39] Vgl. *Wehberg*, Völkerbundsatzung (Fn. 22), S. 65, 77; *ders.*, Die Ächtung des Krieges, 1930, S. 69 ff. (zum de Brouckère-Bericht); *Roscher* (Fn. 38), S. 40; generell zur Kriegsverhütung im Völkerbund: *Göppert*, Der Völkerbund, 1938, S. 207 ff.

[40] Gleichwohl kam Art. 11 in der Praxis des Völkerbundes schon vergleichsweise früh zur Anwendung, nämlich z.B. bei der Ålandfrage (1920), der oberschlesischen Grenzfrage (1921), bei der Frage nach der völkerrechtlichen Stellung des Memelgebietes (1923) sowie in der polnisch-tschechoslowakischen Grenzfrage (1923/24). Andererseits diente die Vorschrift einzelnen Staaten auch dazu, vergleichsweise unbedeutende Streitigkeiten vor den Völkerbund zu bringen; vgl. dazu *Kimminich*, Das Problem (Fn. 26), S. 313, 318.

kollektiven Sicherheitssystems nachzukommen.[41] Von diesem Instrument hat der Völkerbund allerdings nicht in dem erforderlichen Umfang Gebrauch gemacht.

b) Verhängung von Zwangsmaßnahmen gegen den Rechtsbrecher (Art. 16 VBS)

Hinzu trat Art. 16 VBS, der „Zwangsvollstreckungsartikel"[42] für den Fall, dass die in Art. 12, 13 und 15 VBS vorgesehenen Mittel der friedlichen Streitbeilegung[43] missachtet wurden. Auch diese Vorschrift war ein Novum in der Geschichte des Völkerrechts, das kollektive Zwangsmaßnahmen bis dahin nicht gekannt hatte.[44] Zu Beginn des Völkerbundes stand Art. 16 VBS, jedenfalls in der rechtswissenschaftlichen Befassung, sehr viel stärker im Blickpunkt als Art. 11 VBS. Der Grund lag in der für das Völkerrecht beinahe revolutionären Idee eines kollektiven Sanktionssystems. „Es wirkte", so hat es Otto Kimminich[45] einmal beschrieben,

> geradezu schockierend, daß sich eine internationale Organisation gegen die Maßnahmen eines einzelnen Staates wendete, die er als in seinem nationalen Interesse liegend ergriffen hatte. Aber die Sanktionen des Art. 16 sind nur denkbar auf der Grundlage der prinzipiellen Entscheidung des Art. 11, daß eben der Krieg nicht mehr allein Sache der an ihm unmittelbar beteiligten Staaten ist.

Das betreffende Bundesmitglied wurde bei einer Missachtung der Art. 12, 13 und 15 „ohne weiteres so angesehen, als hätte es eine Kriegshandlung gegen alle anderen Bundesmitglieder begangen", d.h. ein unter solchen Voraussetzungen begangener Kriegsakt wurde *ipso facto* als Kriegsakt gegen alle Bundesmitglieder qualifiziert. Auch die Sanktionen selbst traten (jedenfalls nach unbefangenem Textverständnis) teilweise automatisch ein, nämlich die Pflicht zum unverzüglichen Abbruch aller Handels- und Finanzbeziehungen, die Pflicht, den eigenen Staatsangehörigen jeden Verkehr mit den Staatsangehörigen[46] des vertragsbrüchigen Staates zu untersagen und alle finanziellen, Handels- und persönlichen Verbindungen zwischen den Staatsangehörigen dieses Staates und denen

---

41 *Wehberg*, Die Ächtung des Krieges, 1930, S. 69 ff.

42 So *Schücking/Wehberg* (Fn. 17), S. 602; *Roscher* (Fn. 38), S. 38. Gebräuchlich war auch die Bezeichnung „Bundesexekution", vgl. *Wehberg*, Völkerbundsatzung (Fn. 22), S. 118.

43 Dazu näher *Steiger*, oben S. 16.

44 Vgl. dazu *Kimminich*, Das Problem (Fn. 26), S. 313; zur kontroversen Diskussion über die Notwendigkeit einer internationalen Exekution im Vorfeld der VBS vgl. *Schücking/Wehberg* (Fn. 17), S. 616 f.

45 *Kimminich*, Das Problem (Fn. 26), S. 313.

46 Zu den Bestrebungen, das Wort „Staatsangehörige" durch „alle auf dem Staatsgebiet wohnende Personen" zu ersetzen, vgl. *Wehberg*, Völkerbundsatzung (Fn. 22), S. 121 f.

jedes anderen Staates, gleichviel ob Bundesmitglied oder nicht, abzuschneiden (Art. 16 Abs. 1 S. 2 VBS). Daneben war der Rat verpflichtet, den verschiedenen beteiligten Regierungen vorzuschlagen, mit welchen Land-, See- oder Luftstreitkräften jedes Bundesmitglied seinen Teil zu der bewaffneten Macht beizutragen hatte (Art. 16 Abs. 2 VBS).

Der Grundgedanke des durch Art. 16 VBS eingerichteten Systems der Bundesexekution ging dahin, „daß im Falle eines nach der Satzung verbotenen Angriffskrieges die anderen Mitglieder des Völkerbundes gegen den Angreifer wirtschaftliche und militärische Maßnahmen ergreifen sollen.“[47] Die vagen Formulierungen ließen aber schon bald Meinungsverschiedenheiten über das inhaltliche Verständnis der Norm aufkommen:

(1) Unklar war zunächst, wem die Befugnis zur Feststellung des Vorliegens der Voraussetzungen des Art. 16 VBS zukam.[48] In der Bundesversammlung setzte sich rasch die (souveränitätsschonende) Ansicht durch, dass jedes Mitglied selbst über diese Frage zu entscheiden habe. Dem Völkerbundrat wurde durch Resolutionen der Bundesversammlung lediglich die Befugnis zuerkannt, ein Gutachten zu erstatten.[49] Mit dem Fehlen einer Entscheidungsbefugnis war dem Völkerbundrat aber auch die Verantwortung für die internationale Friedenssicherung (jedenfalls im Sanktionsbereich) genommen.

(2) Die Verpflichtung zur Vornahme von Wirtschaftssanktionen (Art. 16 Abs. 1 S. 1 VBS) war zwar so formuliert, dass an der „Verpflichtungsautomatik“ keine vernünftigen Zweifel bestehen konnten („ohne weiteres“; engl./frz. Text: „ipso facto“), doch wurde auch insoweit der

---

47 *Wehberg*, Völkerbundsatzung (Fn. 22), S. 118.

48 Grundsätzlich zur Bedeutung der Frage „*Quis judicabit?*“ für die Entscheidung zwischen Krieg und Frieden im Völkerbund: *Schmitt*, Über die innere Logik (Fn. 23), S. 449 f.; *ders.*, Die Kernfrage (Fn. 38), S. 123; *ders.*, Der Völkerbund (1930/31), in: ders., Frieden oder Pazifismus? – Arbeiten zum Völkerrecht und zur internationalen Politik 1924-1978 (hrsg. von G. Maschke), 2005, S. 333 (342).

49 Ausführlich dazu *Schücking/Wehberg* (Fn. 17), S. 618 ff. In Art. 16 VBS sollte deshalb u.a. ein neuer Absatz 2 eingefügt werden mit folgendem Wortlaut: „Es steht dem Rate zu, ein Gutachten darüber zu erstatten, ob ein Bruch der Völkerbundsatzung vorliegt oder nicht. Bei der Beschlußfassung des Rates über diese Frage werden die Stimmen der Mitglieder, die beschuldigt sind, zum Kriege geschritten zu sein, sowie derjenigen, gegen die der Krieg unternommen worden ist, nicht mitgezählt.“ Obgleich dieser Absatz niemals in der Völkerbundära geltendes Recht geworden ist, war sie „nach Auffassung der Mehrheit der Mitglieder des Völkerbundes nur eine Erläuterung zu Art. 16 und kann daher schon heute als geltendes Recht angesprochen werden“; so *Wehberg*, Völkerbundsatzung (Fn. 22), S. 119.

Normtext innerhalb kurzer Zeit von der Rechtspraxis der Versammlung verdrängt. Die einseitige Kriegshandlung des rechtsbrüchigen Staates könne, so die Versammlung, keinen Kriegszustand bewirken; vielmehr werde damit lediglich die Berechtigung der anderen Staaten zur Kriegserklärung hervorgerufen, die dann erst zum Kriegszustand führe. Ein Automatismus entspreche auch nicht der Idee des Völkerbundes, den Weltfrieden nach Möglichkeit aufrechtzuerhalten; insoweit sollte der Völkerbund zumindest zu Beginn versuchen, den Krieg zu verhindern und den Frieden durch wirtschaftlichen Druck zu sichern. Entschied sich ein Bundesmitglied zu einer Kriegserklärung, dann bedurfte es dafür aber auch keines vorherigen Gutachtens des Völkerbundrates.[50] Auch durch diese rechtspraktische Handhabung der Völkerbundsatzung wurde das System kollektiver Sicherheit unterminiert, da damit ein wesentlicher Grundgedanke eines solchen Systems, nämlich die Niederwerfung des Rechtsbrechers durch das Übergewicht gemeinsam vorgehender Staaten (vgl. auch Art. 16 Abs. 3 VBS), von vornherein in Frage gestellt war.

(3) Hinsichtlich der militärischen Maßnahmen gegen den rechtsbrüchigen Staat (Art. 16 Abs. 2 VBS) ist schon aus dem Wortlaut ersichtlich („Rat verpflichtet, [...] vorzuschlagen"), dass die Bundesmitglieder an den Vorschlag des Völkerbundrates nicht rechtlich gebunden waren. Jeder Staat war vielmehr frei in der Entscheidung, ob er die Wirtschaftssanktionen für ausreichend erachtete oder fähig und willens war, darüber hinaus auch militärische Maßnahmen gegen den Rechtsbrecher nach Maßgabe des Vorschlags zu ergreifen. Auch wenn dies in der zeitgenössischen Literatur teilweise anders gesehen wurde, so war diese Rechtspflicht doch so ungewiss artikuliert,[51] dass es letztlich auf dasselbe Ergebnis hinauslief.

Unabhängig von diesen Verständnisschwierigkeiten war aber auch die Bereitschaft der Bundesmitglieder, Art. 16 VBS ins Werk zu setzen, d.h. durch diese Norm eröffnete (auch) militärische Reaktionsmöglichkeiten wahrzunehmen, denkbar gering. Anwendung fand die Vorschrift nur ein einziges Mal, nämlich nach der militärischen Eroberung Abessiniens (Äthiopiens) durch Italien 1935/36 – und auch das nur halbherzig. Lediglich einzelne Embargomaßnahmen gem. Art. 16 Abs. 1 VBS wurden aktiviert, das bereits beschlossene Erdöl-

---

50 Umfassende Darstellung bei *Schücking/Wehberg* (Fn. 17), S. 621 f.; dort auch (S. 622) eingehende Kritik.

51 Vgl. *Wehberg*, Völkerbundsatzung (Fn. 22), S. 123: „Nach der richtigen Auffassung muß das Bestehen einer solchen Verpflichtung bejaht werden. Aber selbst unter dieser Voraussetzung läßt der Artikel 16 den Mitgliedern des Völkerbundes einen außerordentlich weiten Spielraum. [...] Die letzte Entscheidung trifft jeder Staat selbst nach Maßgabe seiner Kräfte." Ähnlich *Schücking/Wehberg* (Fn. 17), S. 632.

embargo gegen Italien aber gar nicht erst in Kraft gesetzt.[52] Die Bundesexekution nach Art. 16 Abs. 2 VBS entfiel völlig; in der ganzen Zeitspanne der Existenz des Völkerbundes wurde sie nicht ein einziges Mal vollzogen.

Gerade das Versagen im Abessinien-Konflikt diskreditierte das Vertrauen in die Problemlösungsfähigkeit des durch den Völkerbund errichteten kollektiven Friedenssicherungssystems endgültig auch in den Augen der wohlmeinenden Staaten.

> Obwohl der Überfall [Italiens] der Völkerbundsatzung, dem Briand-Kellogg-Pakt und den Freundschaftsvertrag [mit Abessinien], die Italien allesamt wenige Jahre zuvor feierlich unterzeichnet hatte, unverblümt Hohn sprach, sah die Welt, dass der Vertragsbrecher seine Beute am Ende behalten konnte. Das versetzte der politischen Verbindlichkeit des Systems der kollektiven Sicherheit den Todesstoß – ein Ende, das der Völkerbund selbst natürlich noch nicht sah.[53]

Und Carl Schmitt spottete schon damals:

> Eine merkwürdige „Gesellschaft", in der man Mitglied sein und doch einem anderen Mitglied in aller Form die Anerkennung versagen kann, wie das z.B. Jugoslawien und die Schweiz gegenüber der Sowjetunion tun, die als ständiges Ratsmitglied sogar ein führendes Mitglied ist. In keinem noch so unpolitischen Klub ist etwas derartiges rechtlich denkbar. Und jetzt hat ein Völkerbundsmitglied ein anderes vernichtet, und der Völkerbund soll weitergehen, als sei er immer noch mit sich identisch.[54]

c) Rechtmäßigkeit des Krieges und Selbstverteidigungsrecht

Die Auswirkungen des kollektiven Friedenssicherungssystems auf die Zulässigkeit des Krieges waren lediglich von beschränkter Tragweite. Von einem generellen Kriegsverbot war man noch weit entfernt; nicht einmal der Angriffskrieg wurde ausnahmslos untersagt. Ein (Angriffs-) Kriegsverbot bestand für die Mitglieder des Völkerbundes[55] allein in den folgenden Fällen:[56]

---

[52] Vgl. *Roscher* (Fn. 38), S. 43, dort auch (S. 248 ff.) ausführlich zu diesem Fall eines offenen Vertragsbruchs durch Italien.

[53] *Roscher* (Fn. 38), S. 255.

[54] *Schmitt*, Die siebente Wandlung des Genfer Völkerbundes – Eine völkerrechtliche Folge der Vernichtung Abessiniens (1936), in: ders., Frieden oder Pazifismus? – Arbeiten zum Völkerrecht und zur internationalen Politik 1924-1978 (hrsg. von G. Maschke), 2005, S. 469 (470).

[55] Zur Anwendung der Vorschriften der Völkerbundsatzung auf Nichtmitglieder vgl. *Räber* (Fn. 4), S. 57.

[56] Nach *Wehberg*, Völkerbundsatzung (Fn. 22), S. 93 f. Zusätzlich ordnet Wehberg noch den Fall dem Kriegsverbot zu, wenn der Krieg gegen einen Staat unternommen wurde, hinsichtlich dessen der Rat bzw. die Bundesversammlung anerkannt hatte, dass er nach

(1) wenn der Streitfall nicht vorher der Schiedsgerichtsbarkeit oder der Vermittlung des Rates unterbreitet worden war (Art. 12 Abs. 1 S. 1 VBS);

(2) wenn nach dem (rechtlich verbindlichen) Spruch des Schiedsgerichts oder der (rechtlich unverbindlichen) Erstattung des Berichts des Völkerbundrates nicht der Ablauf der dreimonatigen Frist abgewartet worden war (Art. 12 Abs. 1 S. 2 VBS, sog. „Cooling-off-Phase");

(3) wenn der Krieg gegen einen Staat unternommen wurde, der sich einem Schiedsspruch gefügt hatte (Art. 13 Abs. 4 VBS);

(4) wenn er gegen einen Staat unternommen wurde, der sich einem einstimmig beschlossenen Bericht des Rates bzw. einem mit qualifizierter Mehrheit beschlossenen Bericht der Bundesversammlung gefügt hatte (Art. 15 Abs. 5 und 10 VBS).

Der Begriff des Krieges erfasste allerdings allein den Angriffskrieg, nicht aber den Verteidigungskrieg, d.h. das Recht auf kriegerische Selbsthilfe. Der Verteidigungskrieg war zwar in der Satzung nicht ausdrücklich geregelt, sollte aber nach allgemeinem Verständnis neben der Bundesexekution auch weiterhin zulässig sein.[57] Außerdem richtete sich das Angriffsverbot nach dem eindeutigen Wortlaut des Art. 10 VBS nur gegen einen „äußeren Angriff", worunter nicht nur Kriege verstanden wurden, die im Widerspruch zu den in Art. 12 ff. VBS aufgestellten Grundsätzen begonnen wurden, sondern Kriege jeder Art, vorausgesetzt, dass ihr Ziel auf eine gewaltsame Besitzveränderung („Unversehrtheit des Gebietes und die bestehende politische Unabhängigkeit") gerichtet war.[58] Nicht erfasst wurden vom Verbot des Angriffskrieges, weil nicht „von außen" kommend, der unter Gewaltanwendung durchgeführte politische Umsturz in ei-

---

internationalem Recht ausschließlich für den Streitfall zuständig war (Art. 15 Abs. 8 und 10 VBS); ebenso *Schücking/Wehberg* (Fn. 17), S. 589. Diese Einordnung wurde u.a. von *Kelsen*, Zur rechtstechnischen Revision des Völkerbundstatutes, Zeitschrift für öffentliches Recht [ZöR] XVII (1937), S. 401 (462 ff.), bestritten, für den Art. 15 Abs. 8 VBS „gewiß eine der verfehltesten Bestimmungen des Statuts" darstellte (462).

57 *Wehberg*, Völkerbundsatzung (Fn. 22), S. 94; *Schücking/Wehberg* (Fn. 17), S. 632; vgl. zudem ebd., S. 605 f.: „Hervorgehoben sei, daß im Falle eines unmittelbaren Angriffs der bedrohte Staat nicht verpflichtet sein sollte, zu warten, bis ihm der Bund zu Hilfe käme, sondern zur Selbsthilfe berechtigt sein sollte, wie in verschiedenen Entwürfen ausdrücklich bestimmt war."

58 *Schücking/Wehberg* (Fn. 17), S. 461; *Göppert* (Fn. 39), S. 455.

nem Staat (Revolution) sowie die Abspaltung (Sezession) eines sich für unabhängig erklärenden Gebietsteiles eines Staates.[59]

Aus Art. 10 VBS ließ sich aber kein eigenständiges Verbot des Angriffskriegs herleiten. Seine Bedeutung lag vielmehr darin, dass ein Krieg selbst dann, wenn die verfahrensrechtlichten Vorschriften eingehalten worden waren (s.o.), ein verbotener Krieg war, wenn die in Art. 10 VBS besonders geschützten Rechtsgüter, also die Unversehrtheit des Gebietes und die bestehende politische Unabhängigkeit, bedroht oder sogar verletzt wurden. Insbesondere nach ihrer Entstehungsgeschichte sollte die Vorschrift aber nur den reinen Annexionskrieg untersagen.[60] Enthalten war also lediglich ein Verbot der gewaltsamen Veränderung des Status quo. Ob die Vorschrift auch einen *peaceful change* ausschließen sollte, war hingegen bis zuletzt umstritten.[61]

Die Völkerbundsatzung enthielt somit ein kombiniertes (partielles) Kriegsverbot, bestehend aus formellen und materiellen Hürden. Ein Krieg war dann verboten, wenn entweder die formellen Voraussetzungen (Streitschlichtungsverfahren) nicht eingehalten worden waren oder wenn er (unabhängig von den Verfahrensregeln) gegen die materiellen Maßgaben des Art. 10 VBS verstieß.[62] Darin eine Aufnahme der Lehre vom gerechten Krieg (*bellum justum*) in das Recht des Völkerbundes erkennen zu wollen,[63] ging aber sicher zu weit.[64] Die

---

59 *Schücking/Wehberg* (Fn. 17), S. 461. Unter dem Gesichtspunkt der Kriegsverhütung (Art. 11 VBS) konnten sich die Gremien des Völkerbundes aber durchaus auch mit einem Bürgerkrieg befassen, wie es beim spanischen Bürgerkrieg (1936) der Fall war; vgl. *Kimminich*, Das Problem (Fn. 26), S. 314.

60 Art. 10 VBS wurde insoweit restriktiv interpretiert. Denn mit jedem Angriffskrieg geht eigentlich eine Verletzung der territorialen Unversehrtheit (Integrität) einher. Wie *Schücking/Wehberg* (Fn. 17), S. 459, aber darlegen, war aufgrund der Entstehungsgeschichte der Norm eine einschränkende Auslegung angezeigt und wohl auch allgemein akzeptiert: „Die Tendenz des Art. 10 geht in Wahrheit nur dahin, für die Zukunft dauernde Grenzveränderungen auf gewaltsamem Wege auszuschließen. Er nimmt also einen Unterfall des Krieges vorweg, indem er die Kriegführung zu Zwecken territorialer Eroberung oder politischer Unterwerfung durch eine kollektive Besitzgarantie zu verhindern sucht und erstreckt sich nicht auf die Fälle bloßer Besitzstörung, falls dies zu anderen politischen Zwecken erfolgt, z.B. zur Erlangung günstiger Handelsbeziehungen."

61 Für die Möglichkeit friedlicher Veränderungen des Staatsterritoriums: *Wehberg*, Völkerbundsatzung (Fn. 22), S. 73 f.; *Schücking/Wehberg* (Fn. 17), S. 460; anders die Auslegung von *Schmitt*, Die Kernfrage des Völkerbundes (Fn. 34), S. 93 ff. Ausführlich zu dieser Frage: *Steiger*, oben S. 17 ff.

62 Vgl. *Whitton*, La neutralité et la Société des Nations, Recueil des Cours [RdC] 17 (1927 II), S. 453 (477).

63 So insbesondere *Whitton* (Fn. 62), S. 555; *Le Fur*, La théorie du droit naturel, RdC 18 (1927 III), S. 259 (313); *Redslob*, Traité de droit des gens, 1950, S. 267 f.

Satzung enthielt sich vielmehr jeder Differenzierung in (materiell) gerechte und ungerechte Kriege. Sie legte nur verpflichtende Verfahrensregeln fest, deren Nichteinhaltung zur Rechtswidrigkeit (Illegalität) des Krieges führte; eine wie auch immer geartete inhaltliche Bewertung der Kriegsziele war damit (abgesehen von Art. 10 VBS) nicht verbunden. Und die Besitzstandsgarantie des Art. 10 VBS gründete ihrerseits nicht in hehren naturrechtlichen Legitimationsgründen, sondern in der schlichten Einsicht, dass ein „wahrer Völkerbund" die gegenseitige Garantie der Mitglieder für die Unversehrtheit ihres Gebietes und ihre politische Unabhängigkeit gegenüber gewaltsamen Veränderungen voraussetzt. „Deshalb ist der Grundgedanke des [...] Art. 10 ein notwendiger Bestandteil der Völkerbundsatzung."[65] Als zutreffender erweist sich die Qualifizierung der einschlägigen Vorschriften der Satzung als positivrechtliches Konzept des formell gesetzmäßigen Krieges (*bellum legale*), wie es Josef L. Kunz[66] formuliert hat:

> The basis of distinction was not, as in the classic doctrine, between just und unjust wars, but between legal and illegal wars. The concept of *bellum legale* replaced the concept of *bellum justum*.

IV. Versuche zur Weiterentwicklung des Kriegsverbotes in der Zwischenkriegszeit

Freilich ließ man in den zwanziger Jahren nichts unversucht, die durch die Beschränkung auf ein partielles Kriegsverbot entstandenen „Lücken und Grauzonen im normativen Bereich"[67] zu beheben.

1. Cecil-Plan für einen Beistandspakt (1922-1924)

Noch ohne greifbaren Erfolg blieb ein Plan zur Weiterentwicklung des Völkerrechts durch einen Beistands- bzw. Garantiepakt, den Lord Robert Cecil[68] als Mitglied der Abrüstungskommission des Völkerbundes 1922 vorlegte. Der Ent-

---

64 Vgl. nur *Nußbaum*, Just War – A Legal Concept?, Michigan Law Review [MichLRev.] 42 (1943), S. 453 (477 f.); zusammenfassend zur Diskussion: *Roscher* (Fn. 38), S. 43 f.; *Räber* (Fn. 4), S. 61 f.

65 *Wehberg*, Völkerbundsatzung (Fn. 22), S. 73.

66 *Kunz*, Bellum Justum and Bellum Legale, AJIL 45 (1951), S. 528 (532); zuvor bereits *ders.*, Statisches und dynamisches Völkerrecht, FS für Hans Kelsen, 1931, S. 217 (238 f.).

67 *Gareis/Varwick* (Fn. 31), S. 89.

68 Lord Robert Cecil (1864-1958), brit. Außenpolitiker und Vertreter im Völkerbund. 1937 erhielt er den Friedensnobelpreis.

wurf sah einen „Vertrag über gegenseitige Hilfeleistung“ vor.[69] Ausgangspunkt der Überlegungen war die Tatsache, dass die meisten Regierungen zu nachhaltigen Rüstungsbeschränkungen (vgl. Art. 8 VBS) nicht bereit waren, ohne zuvor hinreichende Garantien für ihre Sicherheit zu erhalten. Nach dem Plan Lord Cecils sollten sich die Vertragspartner Beistand leisten gegen jeden Angriffskrieg, nicht nur gegen den von der Satzung verbotenen Angriffskrieg (Art. 1 Abs. 1 des Vertragsentwurfs); zudem wurde der Angriffskrieg als ein „internationales Verbrechen“ gebrandmarkt.[70] Eine solche Beistandspflicht sollte allerdings abhängig sein von der Einhaltung in den Einzelheiten noch zu vereinbarender Abrüstungsmaßnahmen. Abrüstungs- und Garantievertrag sollten auf diese Weise miteinander verbunden werden. Neben der allgemeinen Garantie gegenüber einem Angriff sah das Projekt noch spezielle Garantieverträge vor zum Schutz solcher Staaten, die infolge ihrer geographischen Lage, des Verhaltens anderer Mächte oder aus einem sonstigen Grund besonders bedroht erschienen. Der Plan scheiterte, weil er nur von 18 Staaten angenommen wurde[71] und der Garantievertrag deshalb niemals in Kraft trat. Die Gründe für diese ablehnende Haltung der Staaten dürften nicht zuletzt in den Widersprüchlichkeiten und Verwerfungen gelegen haben, die der Garantievertrag im Verhältnis zur Völkerbundsatzung bewirkt hätte.[72]

2. *Genfer Protokoll (1924)*

Nicht anders erging es dem Genfer Protokoll (GP), durch das die 5. Völkerbundversammlung am 2. Oktober 1924 den Versuch unternahm, die Satzung im Bereich des gesamten Friedens- und Sicherheitssystems zumindest für die Bundesmitglieder grundlegend umzugestalten, die dem Protokoll beigetreten wären. Das Protokoll für die friedliche Erledigung internationaler Streitigkeiten[73] – wie es offiziell hieß – sollte das Satzungsrecht für die Vertragspartner ergänzen; gleichzeitig hätten sich die Vertragspartner des Protokolls verpflichtet, auf eine entsprechende Änderung der Satzung hinzuwirken (Art. 1 GP).

---

69 Ausführlich zu diesem Plan: *Schücking/Wehberg* (Fn. 17), S. 422 ff. (mit Wortlaut des Vertragsentwurfs, S. 426 ff.)

70 Wortlaut des Art. 1 Abs. 1: „Les Hautes Parties contractantes affirment que la guerre d'aggression constitue un crime international et prennent l'engagement solennel de ne pas se rendre coupables de ce crime.“

71 *Roscher* (Fn. 38), S. 45; *Wehberg*, Die Ächtung (Fn. 41), S. 21.

72 Dazu deutlich *Schücking/Wehberg* (Fn. 17), S. 431 f.; *Schücking*, Garantiepakt und Rüstungsbeschränkung, 1924, S. 10 ff.

73 Text abgedruckt bei *Wehberg*, Das Genfer Protokoll, 1927, S. 159 ff.

Das Protokoll enthielt ein Verbot des (Angriffs-) Krieges (Art. 2 GP), ergänzend aber auch ein Verbot jeder Handlung, die eine Angriffsdrohung gegen einen anderen Staat darstellen könnte (Art. 8 Abs. 1 GP). In inhaltlicher Anknüpfung an den Entwurf des Beistandspaktes (Cecil-Plan) erklärte das Protokoll jeden Angriffskrieg zu einem internationalen Verbrechen (Präambel, dritter Absatz).[74] Außerdem normierte Art. 10 GP eine Definition des Angreifers. Angreifer war danach jeder Staat, „der unter Verletzung der in der Satzung [des Völkerbundes] oder im gegenwärtigen Protokoll vorgesehenen Verpflichtungen zum Kriege schreitet".[75] Das war jedoch nur das Grundprinzip, das durch zwei Ausnahmen eingeschränkt wurde (Art. 2 GP). Das Angriffsverbot sollte nämlich keine Geltung beanspruchen

(1) für „den Fall des Widerstandes gegen Angriffsakte, oder

(2) wenn sie [i.e. die Signatarstaaten] in Übereinstimmung mit dem Rat oder der Versammlung des Völkerbundes handeln, gemäß den Bestimmungen der Satzung und des vorliegenden Protokolls".[76]

Lag ein rechtswidriger Angriff vor, dann sollten die Art. 11-16 GP zur Anwendung kommen, die – auf der Grundlage von Art. 16 VBS (s.o.) – ein differenziertes Sanktionssystem vorsahen. Dazu gehörte gem. Art. 11 GP auch, dass alle Vertragsstaaten sich verpflichteten, unverzüglich Sanktionen aller Art (ggf. auch unter Einschluss militärischer Maßnahmen[77]) gegen den Angreifer vorzunehmen. Gemeint war damit ein Sanktionsautomatismus, der den Bundesmitgliedern keinen eigenen Beurteilungsspielraum mehr beließ. Dem Rat oblag es, die Durchführung der Maßnahmen durch Beschluss zu regeln. Dass durch diesen Automatismus die Bundesmitglieder in Kriege hätten gezwungen werden können,[78] deren Legalität und Legitimität sie anders als der Völkerbundrat beurteilten, war ein wesentlicher Grund für die Nichtratifizierung durch Großbritannien (s.u.). Nicht von ungefähr machte der Sanktionsautomatismus in

---

[74] Ob damit bereits ein Straftatbestand für eine individuelle strafrechtliche Verantwortlichkeit geschaffen oder lediglich ein völkerrechtliches Delikt gemeint war, wurde ganz überwiegend und zu Recht im letzteren Sinne verstanden; vgl. *Roscher* (Fn. 38), S. 48. Zu der Debatte vgl. im Übrigen die Beiträge von *Wehberg*, Genfer Protokoll (Fn. 73), S. 40 f., einerseits, *Schmitt*, Nomos (Fn. 7), S. 247 ff., andererseits.

[75] Keine Einigkeit konnte zu der Frage erzielt werden, was aber unter einem „Zum-Kriege-Schreiten" zu verstehen sei. Der Vorlagebericht zum Protokoll sah eine Definition als nicht möglich an, wollte die Entscheidung darüber aber auch nicht dem Völkerbundrat überlassen. Vgl. dazu ausführlich *Kimminich*, Das Problem (Fn. 26), S. 329 f.

[76] Insbesondere Sanktionskriege nach Art. 16 Abs. 2 VBS sollten damit weiterhin möglich sein und nicht dem Verbot des Angriffskrieges unterliegen; vgl. *Roscher* (Fn. 38), S. 47.

[77] *Roscher* (Fn. 38), S. 48.

[78] Vgl. dazu *Kimminich*, Das Problem (Fn. 26), S. 330.

seiner Gesamtheit auf Hans Wehberg „den Eindruck einer Höllenmaschine".[79] Dieser Vorwurf war umso mehr berechtigt, als es – trotz aller Bemühungen – nicht gelungen war (vielleicht auch gar nicht gelingen konnte), die Begriffe des Angreifers und des Angriffs näher zu bestimmen. Die Hoffnung, durch eine Formalisierung des Angriffsbegriffs jedweden Rückgriff auf die Kriegsursachen ausblenden zu können, erwies sich doch als allzu trügerisch. Wehberg[80] hat dies im Hinblick auf die Bemühungen des Cecil-Plans sowie des Genfer Protokolls bereits frühzeitig und deutlich zum Ausdruck gebracht:

> Man hat aber [...] erkannt, daß es kaum möglich ist, eine befriedigende Definition dessen zu geben, was ein Angriff bedeutet. Insbesondere braucht die erste Grenzüberschreitung nicht immer von dem Angreifer auszugehen.

Neben dem Verbot des Angriffskrieges enthielt das Genfer Protokoll ein obligatorisches zweispuriges Streitbeilegungssystem, das einerseits die obligatorische Zuständigkeit des StIGH begründete (Art. 3 GP) und andererseits das Verfahren vor dem Völkerbundrat gem. Art. 15 VBS präzisierte (Art. 4 GP).[81]

Zwar wurde das Protokoll nach vergleichsweise kurzer Beratung (ein Monat) von der Bundesversammlung einstimmig angenommen (47 Staaten),[82] doch kam es nicht zu den erforderlichen Ratifizierungen. In Großbritannien fand sich für die Ratifizierung keine Mehrheit, da Großbritannien nicht bereit war, allgemeine Garantien über die in der Satzung enthaltenen Verpflichtungen hinaus zu übernehmen und sich einem fast unbeschränkten Schiedssystem zu unterwerfen,[83] außerdem standen einer Ratifizierung in Großbritannien grundlegende Bedenken gegen die (allzu formale) Definition des Angriffs und des Angreifers entgegen.[84]

---

79 *Wehberg*, Genfer Protokoll (Fn. 73), S. 131; ähnlich der Schwede Vilhelm Lundstedt, der darin eine „Mine enormen Ausmaßes" sah (zitiert nach *Roscher* [Fn. 38], S. 48).

80 *Wehberg*, Völkerbundsatzung (Fn. 22), S. 120; vgl. dazu auch die zur Nichtratifizierung des Genfer Protokolls in Großbritannien erhobenen Bedenken (unten Fn. 84).

81 Zum Streitbeilegungssystem vgl. *Roscher* (Fn. 38), S. 49.

82 *Roscher* (Fn. 38), S. 46.

83 S. dazu *Wehberg*, Genfer Protokoll (Fn. 73), S. 36; *ders.*, Völkerbundsatzung (Fn. 22), S. 62; *Grewe* (Fn. 5), S. 730; *Fischer*, in: Ipsen (Fn. 4), § 59 Rn. 5.

84 Vgl. nur die amtliche Erklärung der englischen Regierung vom 12.3.1925: „It may be desirable to add that, besides the obvious objections to those clauses already indicated, their great obscurity, and the inherent impossibility of distinguishing, in any paper definition, military movements genuinely intended for defence, and only for defence, from movements with some ulterior aggressive purpose, must always make them a danger to the unwary rather than a protection to the innocent. They could never be accepted as they stand." Zitiert nach *Schmitt*, Nomos (Fn. 7), S. 254 (dort Fn. 1). Aus denselben Gründen sprach Sir Austen Chamberlain 1927 im House of Commons davon, dass die im Genfer Protokoll aufgeführten, rein formalen Definitionen des Angriffs und des Angreifers „zum Fallstrick für den Unschuldigen, zum Wegweiser für den Schuldigen" würden; vgl.

Mit der Ablehnung des Protokolls durch Großbritannien war das Protokoll politisch gescheitert, so dass es auch in anderen Staaten nicht mehr zur Ratifikation kam und es letztlich nicht in Kraft trat. Trotz seines Scheiterns gilt das Genfer Protokoll dennoch als der „wichtigste generelle Fortbildungsversuch" der Völkerbundsatzung,[85] und dies vor allem deshalb, weil sein Inhalt (neben dem Cecil-Plan) „auf die Entwicklung namentlich der Lehre vom rechtswidrigen Angriff befruchtend gewirkt hat".[86]

3. *Die Locarno-Verträge (1925) und der Völkerbund*

Waren die Anstrengungen zur Verbesserung des vom Völkerbund aufgerichteten Systems kollektiver Sicherheit durch eine Präzisierung des Kriegsbegriffs und den Ausbau des Streitbeilegungssystems vorerst – und wie wir heute wissen: endgültig – gescheitert, richteten sich die politischen Bemühungen in West- und Mitteleuropa nun darauf, den deutsch-französischen Gegensatz zu überwinden, das französische Sicherheitsbedürfnis zufriedenzustellen und Deutschlands internationale Isolation zu überwinden. Deutschland hatte spätestens nach der Besetzung des Ruhrgebietes (1923) zudem ein großes Interesse an der Außerstreitstellung seiner Westgrenze und der Entmilitarisierung des Rheinlands und versuchte deshalb, Frankreich für den Plan eines „Paktes der am Rhein interessierten Mächte"[87] zu gewinnen, was auch gelang. Nach nur zehntägiger Verhandlungszeit wurde das Schlussprotokoll paraphiert (16. Oktober 1925), die Verträge selbst dann am 1. Dezember 1925 förmlich unterzeichnet.[88] Vertragspartner waren Belgien, Deutschland, Frankreich, Großbritannien und Italien. Auf eine Darstellung des Inhalts des Vertragswerks von Locarno kann hier unter

---

Schmitt, ebd., S. 254 f., *Grewe* (Fn. 5), S. 730. *Schmitt*, ebd. S. 255, merkt dazu an: „In diesem viel zitierten Wort kommt das tiefe Dilemma zum Ausdruck, das zwischen den juristischen Bemühungen um ein rechtliches Verbot des Angriffs und den moralischen Forderungen einer sofortigen Abschaffung des Krieges besteht."

85 *Berber* (Fn. 2), S. 34.

86 So *Barandon*, Das Kriegsverhütungsrecht des Völkerbundes, 1933, S. 15. Auch *Schücking/Wehberg*, Die Satzung des Völkerbundes, 1. Band, 3. Aufl. 1931, S. 176, sprechen von dem „berühmte[n] Genfer Protokoll [...], das, auch wenn es nicht ratifiziert worden ist, in alle Zukunft hin einen Meilenstein und einen Wegweiser für die Rechtsentwicklung innerhalb des Völkerbundes bilden wird."

87 So die Formulierung im Memorandum Stresemanns vom 9.2.1925 an Frankreich; vgl. *H. Bernhard* (Hrsg.), Gustav Stresemanns Vermächtnis, Der Nachlaß (in Auswahl) in drei Bänden, 1932/33, Bd. II, S. 62 f.

88 Die Ratifikationsurkunden wurden am 14.9.1926 in Genf hinterlegt, das Vertragswerk ist damit in Kraft getreten; vgl. RGBl. 1925 II S. 975; 1926 II S. 583; abgedruckt auch bei: *Wehberg*, Völkerbundsatzung (Fn. 22), S. 162 ff.

Verweis auf die umfassende Erörterung im Beitrag von Heinhard Steiger[89] verzichtet werden.

Was brachte Locarno Neues? Im Unterschied zur Satzung des Völkerbundes begründete das Vertragswerk ein regionales Sicherheitssystem, das aber keineswegs außerhalb des Friedenssicherungssystems der Genfer Liga stehen sollte. Das Inkrafttreten des Vertragswerks war nämlich dadurch bedingt, dass das Deutsche Reich Mitglied des Völkerbundes wurde (Art. 10 Abs. 2 des Westpaktes), was durch einen einstimmigen Beschluss der 7. Bundesversammlung am 8. September 1926 geschah.[90] Außerdem wurde ausdrücklich klargestellt: Der Vertrag,

> der der Sicherung des Friedens dienen soll und der Völkerbundssatzung entspricht, kann nicht so ausgelegt werden, als beschränke er die Aufgabe des Völkerbundes, die zur wirksamen Wahrung des Weltfriedens geeigneten Maßnahmen zu ergreifen [Art. 7 des Westpaktes].

In Art. 2 Abs. 1 des Westpaktes verpflichteten sich Deutschland und Belgien ebenso wie Deutschland und Frankreich gegenseitig, „in keinem Falle zu einem Angriff oder zu einem Einfall oder zum Kriege gegeneinander zu schreiten“. In dem Bestreben, die offenkundigen Schwächen des Begriffs des (Angriffs-) Krieges zu beheben, wurden der Angriff (*attaque*) sowie der Einfall (*invasion*)[91] zusätzlich in den Vertragstext aufgenommen, ohne dass beide Begriffe – die zweifellos aber Situationen unterhalb der Schwelle des Krieges erfassen sollten – in ihren Inhalten klar geworden wären. Auf diese Weise vermied man die begriffliche Enge, die mit dem Erfordernis eines „Kriegszustands“ im völkerrechtlichen Sinne zwangsläufig verbunden war.

Diese Bestimmung fand jedoch keine Anwendung (Art. 2 Abs. 2 Westpakt), wenn es sich handelte

> (1) um die Ausübung des Rechtes zur Verteidigung, d.h. des Rechtes zum Widerstand gegen eine Verletzung der Verpflichtung des vorstehenden Absatzes oder eines Verstoßes gegen die Art. 42 und 43 des Vertrages von Versailles,[92]

---

[89] *Steiger*, oben S. 31 f.

[90] Vgl. *Wehberg*, Völkerbundsatzung (Fn. 22), S. 37.

[91] Erfasst werden sollte über den Begriff des „Einfalls“ die zulässige Repressalie in der Form der nichtkriegerischen Besetzung fremden Staatsgebiets; vgl. *Wehberg*, Der Pakt von Locarno, in: Strupp (Hrsg.), Wörterbuch des Völkerrechts und der Diplomatie, Bd. 3, 1929, S. 977 (983).

[92] Weiter heißt es: „[...], sofern ein solcher Verstoß eine nicht provozierte Angriffshandlung darstellt und wegen der Zusammenziehung von Streitkräften in der entmilitarisierten Zone ein sofortiges Handeln notwendig ist.“ In Art. 42 und Art. 43 des Versailler Ver-

(2) um eine Aktion auf Grund des Artikel 16 der Völkerbundsatzung,[93]

(3) um eine Aktion, die auf Grund einer Entscheidung der Versammlung oder des Rates des Völkerbundes oder aufgrund des Artikel 15 Abs. 7 der Völkerbundsatzung erfolgt.[94]

Art. 4 Nr. 2 des Westpaktes ging über die Verpflichtungen der Völkerbundsatzung zur Hilfsgewährung an einen angegriffenen Staat deutlich hinaus, weil die Entscheidung darüber, ob eine Verletzung des Paktes vorlag, nunmehr allein der Völkerbundrat zu treffen befugt war, die Entscheidung also nicht mehr – wie noch in Art. 16 VBS (s.o.) – in der Hand der einzelnen Bündnispartner lag. Die Signatarmächte (insbesondere Großbritannien und Italien) waren nach einer entsprechenden Anzeige durch den Völkerbundrat verpflichtet, *sofort* ihren Bei-

---

trages wurde es Deutschland untersagt, auf dem linken Ufer des Rheins und auf dem rechten Ufer westlich einer 50 km östlich des Stroms verlaufenden Linie Befestigungen beizubehalten oder anzulegen und (ständig oder zeitweise) Streitkräfte zu sammeln oder zu unterhalten. Nach Art. 44 des Versailler Vertrages galt jeder Verstoß Deutschlands gegen eine der beiden vorgenannten Bestimmungen „als eine feindselige Haltung [...] und als Versuch einer Störung des Weltfriedens."

93 Die deutsche Delegation hat insoweit jedoch gewisse Klarstellungen im Hinblick auf die Völkerbundsatzung verlangt, weil sie befürchtete, über Art. 16 VBS zur Mitwirkung an gemeinsamen Aktionen des Völkerbundes gegen andere Staaten gezwungen zu werden, zumal Art. 17 VBS dem Völkerbund das Recht einräumte, auch gegen Nichtmitglieder vorgehen zu dürfen. In Anlage F zum Locarno-Vertrag wurde deshalb folgende klarstellende Erklärung der Vertragspartner Deutschlands aufgenommen: „Die Deutsche Delegation hat gewisse Klarstellungen hinsichtlich des Art. 16 VBS verlangt. Wir sind nicht zuständig, im Namen des Völkerbundes zu sprechen. Wir zögern aber nicht, nach den in der Versammlung und den Kommissionen des Völkerbundes bereits gepflogenen Beratungen und nach den zwischen uns ausgetauschten Erläuterungen Ihnen die Auslegung mitzuteilen, die wir unsererseits dem Art. 16 geben. *Nach dieser Auslegung sind die sich für die Bundesmitglieder aus dem Artikel ergebenden Verpflichtungen so zu verstehen, daß jeder der Mitgliedstaaten des Bundes gehalten ist, loyal und wirksam mitzuarbeiten, um der Satzung Achtung zu verschaffen und um jeder Angriffshandlung entgegenzutreten, in einem Maße, das mit seiner militärischen Lage verträglich ist und das seiner geographischen Lage Rechnung trägt*" (Hervorhebung B.Sch.). Dieses Verständnis des Art. 16 VBS beließ auch Deutschland hinreichend Beurteilungsspielraum, ob und ggf. wie man sich an militärischen Zwangsmaßnahmen gegen andere Staaten beteiligen würde. Dies entsprach zudem einer Note des Völkerbundrates vom 15.3.1925, in der es hieß: „Es wird Deutschland selbst zustehen, zu sagen, bis zu welchem Grade es in der Lage wäre, den Empfehlungen des Völkerbundsrates zu entsprechen." Die Note des Völkerbundrates ist abgedruckt bei: *Schmitt*, Der Völkerbund und das politische Problem der Friedenssicherung (1930), in: ders., Frieden oder Pazifismus? – Arbeiten zum Völkerrecht und zur internationalen Politik 1924-1978 (hrsg. von G. Maschke), 2005, S. 281 ff., 318 (319).

94 Weiter heißt es: „[...], vorausgesetzt, daß sich die Aktion in diesem letzten Falle gegen einen Staat richtet, der zuerst zum Angriff geschritten ist."

stand zu leisten. Im Falle einer „flagranten Verletzung" des Art. 2 des Westpaktes oder eines „flagranten Verstoßes" gegen Art. 42 oder Art. 43 des Versailler Vertrages waren die Signatarmächte zur sofortigen Beistandsleistung, also ohne vorherige Entscheidung des Völkerbundrates, verpflichtet, soweit „ein sofortiges Handeln geboten" war.

Eine nicht unwesentliche Relativierung erfuhr das Selbstverteidigungsrecht des angegriffenen Staates, da das eigentlich in Art. 2 Abs. 2 Ziff. 1 als Selbstverständlichkeit enthaltene Recht zum Verteidigungskrieg nunmehr grundsätzlich von einer entsprechenden Entschließung des Völkerbundrates abhängig gemacht wurde (Art. 4 Abs. 1). Dieser allein sollte entscheiden, ob ein Angriff vorlag und demgemäß Verteidigungsmaßnahmen ergriffen werden durften. In der pazifistischen völkerrechtlichen Literatur fand dieser Ansatz durchaus Befürworter:

> Nur in dem Falle, daß der Rat das Vorhandensein eines Angriffskrieges [...] bejaht, darf der angegriffene Staat den Verteidigungskrieg beginnen. Dadurch, daß sich zunächst der Völkerbundrat mit der Angelegenheit befassen muß, wird der leichtfertige Beginn eines Verteidigungskrieges unterbunden. [...] Wenn der angegriffene Staat nicht mehr selbst über das Vorliegen eines Angriffskrieges zu entscheiden hat [...], dann führt [er] den so genannten „Verteidigungskrieg" nur noch als Organ des Völkerbundes.[95]

Etwa zeitgleich hatte auch im Völkerbundrat eine Diskussion eingesetzt, die in ihrer Tendenz ebenfalls die rechtmäßige Wahrnehmung des Selbstverteidigungsrechts an eine Ermächtigung durch den Völkerbund binden wollte.[96]

Das Vertragswerk von Locarno enthielt überdies eine umfassende Verpflichtung zur friedlichen Beilegung von Streitigkeiten: Deutschland und Frankreich bzw. Deutschland und Belgien verpflichteten sich, alle Fragen, bei denen die Parteien über ihre beiderseitigen Rechte stritten, einem Schiedsgericht vorzulegen, alle

---

95 *Wehberg*, Der Pakt von Locarno, in: Strupp (Hrsg.), Wörterbuch des Völkerrechts und der Diplomatie, Bd. 3, 1929, S. 977 (984).

96 Anlass war ein Grenzzwischenfall zwischen bulgarischen und griechischen Wachtposten im Oktober 1925 (vgl. dazu *Roscher* [Fn. 38], S. 202 f.), aufgrund dessen der französische Außenminister Briand in seiner Funktion als Vorsitzender des Völkerbundrates auf die Auswirkungen von Konflikten hinwies, auf die man sich unter dem „Vorwande rechtmäßiger Selbstverteidigung" einlasse. *Wehberg*, Völkerbundsatzung (Fn. 22), S. 99, hat die Worte Briands (ebd., S. 98 f.) in ihrer Wirkung so bewertet: „Verschiedentlich sind diese Worte so ausgelegt worden, als ob Selbstverteidigung nur in dem Falle verboten sein sollte, daß der Völkerbundrat imstande sei, dem bedrohen Staate zu helfen. *Aber in Wahrheit ist damals erklärt worden, daß dem Völkerbundrat in allen Fällen die ausschließliche Verteidigung der Rechte eines Staates obliege*" (Hervorhebung B.Sch.). Diese Schlussfolgerung ist angesichts des Anlasses der Briand'schen Rede und der deutlichen Hervorhebung des Falles einer missbräuchlichen Berufung auf das Verteidigungsrecht alles andere als zwingend.

anderen (nicht-rechtlichen) Fragen einer Vergleichskommission zu unterbreiten. Gleichzeitig anerkannten sie die rechtliche Verbindlichkeit der Entscheidung des Schiedsgerichts; der Vorschlag der Vergleichskommission sollte hingegen, wenn ihm die beiden Streitparteien nicht zustimmten, vor den Völkerbundrat gebracht werden, der gemäß Art. 15 VBS darüber zu befinden hatte (vgl. Art. 3 WP, Art. 1 und 17 der jeweiligen Schiedsverträge). Kam der Völkerbundrat nicht zu einer einstimmigen Entscheidung, dann waren die Parteien frei, zum Kriege zu schreiten (vgl. Art. 15 Abs. 7 VBS).[97]

Aufgrund seiner im Vergleich zum Cecil-Plan sowie zum Genfer Protokoll völkerrechtlichen Verbindlichkeit fand das Vertragswerk von Locarno nachhaltige Beachtung auch in der Politik des Völkerbundes. Die 8. Völkerbundversammlung (1927) verabschiedete eine Resolution,[98] die das Verbot jedes Angriffskrieges nicht nur als politische Forderung erhob, sondern – jedenfalls nach ihrem Wortlaut – als bereits geltendes Völkerrecht postulierte. Nach dieser Resolution war jeder Angriffskrieg verboten; außerdem sollten alle friedlichen Mittel bei Streitigkeiten zur Anwendung gebracht werden. Nach ihrer Rechtsnatur konnte die Resolution der Bundesversammlung jedoch Völkerrecht nicht verbindlich setzen oder auch nur feststellen; sie mündete auch nicht in eine Änderung der Völkerbundsatzung.[99] Ihre Relevanz war deshalb allein politisch-moralischer Art;[100] sie blieb aber auch nicht ohne Einfluss auf den dann im Jahr darauf außerhalb des Völkerbundes abgeschlossenen Kriegsächtungspakt.

4. Der Briand-Kellogg-Pakt (1928) und der Völkerbund

Hatte schon das Vertragswerk von Locarno das partielle Kriegsverbot der Völkerbundsatzung für die Vertragspartner dieses Paktes zu einem generellen Verbot des Angriffskrieges ausgeweitet, so lag es in der Logik der bisherigen Entwicklung, dass der nächste Schritt auf die universelle Verbreitung dieser neuen Regel des Völkerrechts gerichtet sein musste. Den entscheidenden Wendepunkt in der Entwicklung von der Freiheit der Kriegsführung hin zu einem universellen und einheitlichen Kriegsverbot bildete der am 27. August 1928 in Paris unterzeichnete Briand-Kellogg-Pakt (BKP, auch: Kriegsächtungs-

---

97 Vgl. *Roscher* (Fn. 38), S. 52 f.

98 Auszugsweise abgedruckt bei: *Roscher* (Fn. 38), S. 69; zur Entstehungsgeschichte vgl. *Buchheit*, Der Briand-Kellogg-Pakt von 1928, 1995, S. 62-73.

99 S. dazu *Wehberg*, Krieg und Eroberung im Wandel des Völkerrechts, Bd. I, 1953, 40 f.

100 Zur damaligen Diskussion vgl. *Roscher* (Fn. 38), S. 69 f., m.w.N.

pakt, Pakt von Paris).[101] Dem ursprünglich von fünfzehn Staaten unterzeichneten Vertrag traten bis 1938 weitere 48 Staaten bei, so dass bis auf wenige Ausnahmen alle damaligen Mitgliedstaaten des Völkerbundes zu den Vertragsparteien gehörten.[102] In seiner „universellen Prägung bedeutet der [Briand-Kellogg-] Pakt zweifellos eine revolutionäre Neuerung, deren Erreichung auch bei den Fortbildungsversuchen der – doch auf weniger Staaten begrenzten – Völkerbundssatzung nicht geglückt war."[103] Von den damaligen Mitgliedern des Völkerbundes fehlten ein paar Staaten Süd- und Mittelamerikas (Argentinien, Bolivien, El Salvador, Uruguay), die aber sämtlich später dem Saavedra Lamas-Pakt (1933) beitraten,[104] dessen erster Artikel mit Art. 1 Briand-Kellogg-Pakt annähernd identisch war.[105] Der Kriegsächtungspakt ist nach wie vor geltendes Völkervertragsrecht (er enthält weder eine Befristungs- noch eine Kündigungsklausel) und besitzt mittlerweile universellen gewohnheitsrechtlichen Charakter.[106]

Die Verpflichtungen des Kriegsächtungspakts ergeben sich aus lediglich zwei Artikeln: In Art. 1 des Paktes erklären die Parteien,

> daß sie den Krieg als Mittel zur Lösung internationaler Streitfälle verurteilen und auf ihn als Werkzeug nationaler Politik in ihren gegenseitigen Beziehungen verzichten.

Und in Art. 2 vereinbaren die Parteien,

> daß die Regelung und Entscheidung aller Streitigkeiten oder Konflikte, die zwischen ihnen entstehen können, welcher Art und welchen Ursprungs sie auch immer sein mögen, niemals anders als durch friedliche Mittel angestrebt werden soll.

---

[101] Benannt nach seinen Initiatoren, dem französischen Außenminister Aristide Briand und dem US-amerikanischen Außenminister Frank B. Kellogg. Zur Vorgeschichte vgl. *Roscher* (Fn. 38), S. 55 ff.; *Buchheit* (Fn. 98), S. 28 ff.

[102] Vgl. *Kunde* (Fn. 9), S. 95 f., m.w.N.

[103] *Berber* (Fn. 2), S. 36.

[104] Zum Saavedra Lamas-Pakt vgl. *Wehberg*, Krieg und Eroberung (Fn. 99), S. 52. Dem Saavedra Lamas-Pakt traten im Laufe der Zeit fast alle amerikanischen Staaten bei; überdies wurde er auch von sechs europäischen Staaten ratifiziert.

[105] Zum Vergleich mit dem Briand-Kellogg-Pakt s. *Roscher* (Fn. 38), S. 234 ff. Art. 1 des Saavedra Lamas-Pakts verbot den Angriffskrieg, womit aber kein Unterschied zu Art. 1 BKP verbunden sein sollte (so *Roscher*, ebd., S. 235). Allerdings hatte die Verwendung des Begriffs „Angriffskrieg" jedenfalls klarstellende Wirkung im Hinblick auf die Zulässigkeit des Verteidigungskrieges; vgl. *Kimminich*, Das Problem (Fn. 26), S. 332 f.

[106] *Berber* (Fn. 2), S. 35, 38; *Brownlie*, International Law and the Use of Force by States, 1963, S. 110.

Außerdem enthält die Präambel eine Rechtsfolgeregelung des Inhalts,

> daß jede Signatarmacht, die in Zukunft danach strebt, ihre nationalen Interessen dadurch zu fördern, daß sie zum Kriege schreitet, dadurch der Vorteile, die dieser Vertrag gewährt, verlustig erklärt werden sollte.

Obwohl der Kriegsächtungspakt zu den Marksteinen der Wandlung vom partiellen Kriegsverbot der Völkerbundsatzung zum universellen Gewaltverbot der Satzung der Vereinten Nationen (Art. 2 Nr. 4 UN-Charta) gezählt wird, ist er doch in seinen Detailregelungen noch mit erheblichen Unsicherheiten behaftet.

So ist Art. 1 BKP insoweit missverständlich formuliert, als er das Kriegsverbot (jedenfalls auf den ersten Blick) zweckbezogen einzuschränken scheint. Der Krieg ist nämlich nur „als Mittel für die Lösung internationaler Streitfälle" und „als Werkzeug nationaler Politik" verboten. Hans Kelsen[107] folgerte daraus eine Beschränkung des Kriegsverzichts, weil der Krieg als *Mittel internationaler Politik* nicht ausgeschlossen werde. Unter diesen Ausnahmetatbestand fasste er nicht nur die Zwangsmaßnahmen nach Art. 16 Abs. 2 VBS, sondern alle Kriege zur Wahrung des internationalen Rechts. Der zur Gewährleistung der Einhaltung des Völkerrechts geführte Krieg machte den in diesem Interesse handelnden Staat zu einem Organ der Völkerrechtsordnung und seinen Krieg zu einem Mittel internationaler Politik. Wäre dies zutreffend gewesen, dann hätte der Kriegsächtungspakt von vornherein jeglicher Substanz entbehrt, macht doch jeder Staat zur Legitimation seines Handelns geltend, dem Völkerrecht zur Durchsetzung verhelfen zu wollen. Bei näherem Hinsehen bezogen sich die ergänzenden Formulierungen allein klarstellend darauf, dass die uralte Freiheit zum Krieg in dem Umfang verboten werden sollte, in dem der Krieg bislang ein Instrument nationaler Politik gewesen war.[108] Dass ordnungsgemäß verhängte militärische Zwangsmaßnahmen auf der Grundlage des Art. 16 VBS als ein Mittel der internationalen Politik im Gefüge eines kollektiven Sicherheitssystems vom Kriegsverbot des Paktes nicht umfasst sein sollten, verstand sich von selbst.[109]

Keine ausdrückliche Regelung enthielt der Kriegsächtungspakt zudem über das Selbstverteidigungsrecht. Dies hätte einem Verständnis des Art. 1 BKP durchaus Nahrung geben können, wonach die Vertragsstaaten durch den Kriegsächtungspakt, vorbehaltlich einer Ermächtigung durch den Völkerbundrat, auch auf den Verteidigungskrieg verzichtet hätten. Der in diesem Verständnis abgefasste

---

[107] *Kelsen* (Fn. 56), S. 593 ff. Zur grundsätzlichen Kritik Kelsens am Kriegsächtungspakt vgl. *Roscher* (Fn. 38), S. 159 ff., m.w.N.

[108] *Berber* (Fn. 2), S. 36; vgl. auch S. 38 („Es wäre auch unsinnig, beim Verbot auf das Motiv abzustellen, also Kriege mit nationalem politischem Motiv zu verbieten, solche mit ‚internationalem' politischem Motiv zu erlauben").

[109] Vgl. *Kimminich*, Das Problem (Fn. 26), S. 324.

Locarno-Pakt und die Diskussion im Völkerbund hätten dafür hinreichend Anschauungsmaterial geliefert. Deshalb erklärte eine Vielzahl von Vertragsstaaten in ihren dem Vertragsschluss vorangehenden Noten Vorbehalte, die dann zu einem ausdrücklich oder stillschweigend angenommenen Teil des Vertrages wurden. Das Recht des Briand-Kellogg-Paktes ist zu einem ganz wesentlichen Teil deshalb auch Vorbehaltsrecht.[110] Vorausgegangen war eine Note des amerikanischen Außenministers Frank B. Kellogg vom 23. Juni 1928, in der dieser klargestellt hatte, dass der Vertrag das natürliche Recht der souveränen Staaten auf Selbstverteidigung nicht ausschließen könne. Außerdem ging die amerikanische Note davon aus, dass darüber jeder Staat in eigener Verantwortung entscheide.[111] Dasselbe Ergebnis hätte man auch aus der Präambel gewinnen können: Dass nämlich ein Staat, der den Kriegsächtungspacht missachtete, „der Vorteile, die dieser Vertrag gewährt, verlustig erklärt werden sollte", konnte nur bedeuten, dass der Angreifer sich nicht gegenüber dem Angegriffenen (Verteidiger) auf das Kriegsverbot sollte berufen können. Der Paktverletzer sollte durch die Verletzungshandlung den Schutz des Paktes verlieren. Aber auch dritte, nichtangegriffene Staaten wurden von den Verpflichtungen des Paktes gegenüber dem Verletzer frei, so dass sie nicht nur befugt waren, dem Angegriffenen Hilfe zu leisten, sondern auch ihrerseits gegenüber dem Paktverletzer zum (erlaubten) Kriege zu schreiten.[112]

Angesichts der Kürze des Vertragstextes ist es nicht überraschend, dass der Kriegsächtungspakt neben den oben aufgeführten drei Aussagen zur Kriegsächtung (Art. 1), zur friedlichen Streitbeilegung (Art. 2) und zu den Rechtsfolgen der Paktverletzung (Präambel) den Vertragsstaaten keine weiteren Verpflichtungen auferlegte. Dies mag zur schnellen Bereitschaft, den Vertragstext zu akzeptieren, beigetragen haben, führte aber unweigerlich zu offen gebliebenen Fragen, die hier nur schlaglichtartig beleuchtet werden sollen:

---

110 *Grewe* (Fn. 5), S. 729; *Dahm* (Fn. 12), S. 348.

111 In der Note heißt es: „There is nothing in the American draft of an anti-war treaty which restricts or impairs in any way the right of self-defense. That right is inherent in every sovereign state and is implicit in every treaty. Every nation is free at all times and regardless of treaty provisions to defend its territory from attack or invasion and it alone is competent to decide whether circumstances require recourse to war in self-defense" (Foreign Relations United States 1928-I, S. 36 f.). Diese Entscheidung des betroffenen Staates unterliegt aber – wie der Nürnberger Militärgerichtshof 1946 feststellte – der Kontrolle durch die zuständige internationale Instanz, sofern eine solche vorhanden ist; vgl. *Dahm* (Fn. 12), S. 350; *Berber* (Fn. 2), S. 37 (insb. Fn. 1).

112 Vgl. *Berber* (Fn. 2), S. 36 f.; *Räber* (Fn. 4), S. 66, m.w.N. Zu den von den anderen Staaten eingenommenen Rechtspositionen vgl. *Alexandrov*, Self-defense Against the Use of Force in International Law, 1996, S. 52 ff.

(1) Trotz des Fortschritts durch die Ächtung des „Krieges“ als solchem konnten die inhaltlichen Unschärfen nur teilweise gemildert werden. Das betraf zum einen die ergänzende Bezugnahme auf „internationale Streitfälle“ und „nationale Politik“ (s.o.) sowie die Schwierigkeiten bei der Ausgrenzung des Verteidigungskrieges (s.o.), zum anderen aber auch das weitere Festhalten daran, dass es sich auf jeden Fall um einen Krieg i.S.d. Völkerrechts handeln musste.[113] Andere Formen der (militärischen) Gewaltanwendung, die zwar kriegerische Maßnahmen darstellten, den Kriegszustand aber nicht herbeiführten (z.B. in Ermangelung des Willens der Kriegsparteien, diesen Zustand zu begründen, *animus belli gerendi*), wurden deshalb vom Kriegsächtungspakt nicht erfasst. Durch diesen Mangel hielt der Kriegsächtungspakt den Vertragsparteien die Möglichkeit offen, Maßnahmen militärischer Gewalt ausdrücklich und absichtlich nicht als Maßnahmen im Rahmen eines Kriegszustands zu definieren, um so das Kriegsverbot des Paktes zu umgehen.[114]

Die Konsequenz waren die „wars in disguise“[115], z.B. im Rahmen der Besetzung der Mandschurei durch Japan nach dem Mukden-Zwischenfall. Dabei handelte es sich um einen Sprengstoffanschlag auf die von Japan betriebene Südmandschurische Eisenbahn, für den von japanischer Seite China verantwortlich gemacht wurde. Im September 1931 griffen daraufhin japanische Truppen von ihrem Eisenbahn- und Pachtgebiet aus planmäßig die Mandschurei an, die in der Folge vollständig erobert und auf deren Territorium der (Marionetten-) Staat Mandschukuo errichtet wurde. Noch während des japanischen Einmarsches rief die zentralchinesische Regierung den Völkerbund an im Verfahren nach Art. 11 VBS. Obwohl der Rat sich mit der Angelegenheit befasste, war er doch nicht in der Lage, das Sanktionsinstrumentarium des Art. 16 VBS zu aktivieren, weil sowohl Japan als auch China aus wohlverstandenen nationalen Interessen das Wort „Krieg“ vermieden.[116] Eine vom Völkerbund eingesetzte Untersuchungskommission (sog. Lytton-Kommission) stellte zwar fest, dass die japanische Reaktion auf den Sprengstoffanschlag nicht durch das Recht

---

[113] Deutlich *Berber* (Fn. 2), S. 38: „Durch den Pakt ist nur der Krieg, nicht Gewalt ganz allgemein verboten worden, also nur die Herbeiführung jenes Zustands, der oben [...] als Krieg definiert wurde.“

[114] Dazu *Bowett*, Self-Defence in International Law, 1958, S. 135 ff.; *Dahm* (Fn. 12), S. 349.

[115] Vgl. *Kunz* (Fn. 66), AJIL 45 (1951), S. 528 (533): „Experience had shown that the Covenant and the Kellogg Pact because of the aura of uncertainty hovering around the legal concept of 'war', made it possible to wage 'wars in disguise'.“

[116] Zu diesen Gründen vgl. *Räber* (Fn. 4), S. 88 f. (mit Fn. 1); *Roscher* (Fn. 38), S. 202, m.w.N.

der Selbstverteidigung gedeckt gewesen sei, das Verhältnis zwischen Japan und China sei aber lediglich das eines „war in disguise".[117]

Erst Art. 2 Nr. 4 UN-Charta hat diese definitorische Anbindung an den völkerrechtlichen Kriegsbegriff zugunsten eines universellen Gewaltverbotes beseitigt.

(2) Die Vorbehalte zugunsten des Verteidigungskrieges (s.o.) machten es erforderlich, diesen von dem verbotenen Angriffskrieg abzugrenzen. Was aber unter einem „Angriff" zu verstehen war, dazu enthielt der Pakt keine Definition. US-Außenminister Kellogg hielt eine solche weder für möglich noch für sinnvoll. In seiner bereits erwähnten Note führte er dazu aus:

> Express recognition by treaty of this inalienable right [i.e. self-defense], however, gives rise to the same difficulty encountered in any effort to define aggression. It is the identical question approached from the other side. Inasmuch as no treaty provision can add to the natural right of self-defense, it is not in the interest of peace that a treaty should stipulate a juristic conception of self-defense.[118]

Schon die Völkerbundsatzung enthielt unterschiedliche Varianten des Angriffs,[119] die Genfer Konvention hatte sich auf eine formale Definition beschränkt, dass Angreifer derjenige Staat sei, der unter Verletzung der in der Satzung oder in diesem Protokoll vorgesehenen Verpflichtungen „zum Kriege schreitet" (s.o.), ohne dass man aber bereit und in der Lage war, das „Zum-Kriege-Schreiten" inhaltlich näher zu bestimmen.[120]

(3) Über die materielle Pflicht zur friedlichen Erledigung von Streitigkeiten (Art. 2) hinaus enthielt der Pakt keine Regelungen darüber, welche Schiedsgerichtsbarkeit oder ob ggf. der StIGH zuständig sein sollte. Da die Konflikte nicht bereits mit der materiellen Kriegsächtung aus der Welt geschafft waren, hätte es eines möglichst verbindlichen und effektiven Systems zur Beilegung internationaler Streitigkeiten bedurft, das aber nicht eingerichtet wurde.[121]

(4) Der Pakt war auch nicht mit einem eigenständigen Sanktionssystem ausgestattet. Allein das Recht zur individuellen und kollektiven Selbstverteidigung war nach dem Willen der Präambel, die aber insoweit ohnehin

---

117 *Roscher* (Fn. 38), S. 203. Zu weiteren Beispielen aus der Zeit des Völkerbundes vgl. *Kunde* (Fn. 9), S. 98, m.w.N.

118 Foreign Relations United States 1928-I, S. 36 f.

119 Vgl. *Kimminich*, Das Problem (Fn. 26), S. 328 f.

120 *Kimminich*, Das Problem (Fn. 26), S. 329 f.

121 Vgl. *Göppert* (Fn. 39), S. 479; *Kunz*, in: FS Kelsen (Fn. 66), S. 246.

nur eine Rechtsregel des allgemeinen Völkerrechts wiedergab,[122] zulässig. Der Kriegsächtungspakt sah hingegen weder die Schaffung eines autonomen Systems zwischenstaatlicher kollektiver Sicherheit vor, noch auch nur eine inhaltliche Anknüpfung an den Sanktionsmechanismus des Völkerbundes.

Diesem zuletzt angeführten Defizit versuchte man zwischen 1929 und 1931 im Völkerbund zu begegnen, indem man Vorschläge zur Anpassung des Art. 16 VBS (Zwangsmaßnahmen) an die durch den Kriegsächtungspakt neu aufgestellten Verbote unterbreitete; erwogen wurde zudem eine Anpassung der Art. 12, 13 und 15 VBS an den Kriegsächtungspakt. Keiner dieser Bestrebungen war allerdings Erfolg beschieden.[123] Das im Völkerbund institutionalisierte System kollektiver Friedenssicherung blieb mit seinem partiellen Kriegsverbot materiell-rechtlich deutlich hinter dem Kriegsächtungspakt zurück, während letzterem die institutionelle Einbindung und die Ausstattung mit der Befugnis zur Ergreifung kollektiver Zwangsmaßnahmen fehlte. Bis zum Ausbruch des Zweiten Weltkriegs gelang es nicht, die institutionelle Struktur des Völkerbundes effizienter und den Kriegsbegriff inhaltlich transparenter und anwendungssicherer zu gestalten. Ein von den europäischen Großmächten am 2. März 1933 einstimmig abgegebene politische Erklärung,[124] durch welche das Kriegsverbot zu einem allgemeinen Gewaltverbot gesteigert wurde, fand nicht mehr den Eingang in verbindliches Völkervertragsrecht.[125]

V. Versuch einer Bilanz: Potential und Grenzen des Völkerbundes

Bei dem Versuch, bilanzierend Potential und Grenzen des Völkerbundes sichtbar zu machen, greift eine normative juristische Analyse zu kurz. Das Völkerrecht ist ein zentraler Teilbereich der zwischenstaatlichen politischen Beziehungen, dessen Aufgabe u.a. darin besteht, diese Beziehungen zu stabilisieren und so weit möglich auch zu institutionalisieren. Gleichzeitig soll es die inter-

---

[122] *Berber* (Fn. 2), S. 39.

[123] Zu den Gründen vgl. *Buchheit* (Fn. 98), S. 393 ff.; *Göppert* (Fn. 39), S. 478 ff.

[124] Abgedruckt bei: *Wehberg*, Der Verzicht auf die Anwendung von Gewalt als Grundsatz des Völkerrechts, FW 33 (1933), S. 158 f. Die Erklärung lautet: „In dem Wunsche, die Sache der Abrüstung zu fördern, indem sie den Geist gegenseitigen Vertrauens unter den Völkern Europas durch diese Erklärung stärken, die ausdrücklich den Gebrauch der Gewalt unter den Umständen verbietet, unter denen der Pakt von Paris den Krieg untersagt, *bestätigen die Regierungen von neuem ausdrücklich, daß sie unter keinen Umständen unter einander zur Gewalt als Werkzeug nationaler Politik schreiten werden*" (Hervorhebung B.Sch.). Die Erklärung wurde von der politischen Kommission der Abrüstungskonferenz mit 26 Stimmen einmütig angenommen.

[125] Vgl. dazu *Wehberg*, Krieg und Eroberung (Fn. 99), S. 54 ff.

nationalen politischen Abläufe transparenter machen und zur Rationalität der Entscheidungen beitragen. Normativer Rechtsanspruch und Rechtswirklichkeit, *law in the books* und *law in action*, sind aber gerade in der hochpolitischen Materie der internationalen Beziehungen besonderen Spannungslagen ausgesetzt. Das gilt zumal für politische und rechtsnormative Übergangszeiten, deren Transformationsprozesse alles andere als einheitlich ablaufen.

Mit der Gründung des Völkerbundes, genauer: mit der Errichtung eines völkerrechtlich konstituierten Systems kollektiver Sicherheit und der Beschränkung des bis dahin „freien Kriegsführungsrechts", war eine fundamentale Zäsur der Völkerrechtsordnung verbunden, die in der historischen Epochenbildung, dem Ende des klassischen Völkerrechts, nach wie vor ihren sinnfälligen Ausdruck findet. Dass die an den Völkerbund anknüpfenden Hoffnungen auf eine weltweit stabile Friedensordnung letztlich enttäuscht wurden, beruhte auf einer Vielzahl von Ursachen, die nur zum Teil zeitbedingter Natur waren, sondern regelmäßig grundlegende und nach wie vor aktuelle Strukturfragen der internationalen Beziehungen und des Völkerrechts betrafen.

1. Völkerrechtsnormative Ausgestaltung der Verbotsnorm

Der zentrale rechtsnormative Kritikpunkt am System des Völkerbundes besteht regelmäßig in dem Vorwurf, man habe es seinerzeit versäumt, in der Satzung über das partielle Kriegsverbot hinaus den Krieg generell, besser noch: jegliche Form militärischer Gewaltanwendung, zu verbieten.[126] Die weitere Entwicklung – Cecil-Plan, Genfer Protokoll, insbesondere aber der Briand-Kellogg-Pakt – offenbart jedoch, dass die grundsätzliche Bereitschaft zur rechtsnormativen Fortschreibung der Maßgaben des Völkerbundes zu einem generellen Verbot des Angriffskrieges durchaus vorhanden war. Ein vergleichender Blick auf die Rechtslage nach dem Zweiten Weltkrieg (UN-Charta, Völkergewohnheitsrecht) erhellt zudem, dass die rechtsnormativ-begriffliche Ausgestaltung des Kriegs- bzw. Gewaltverbotes in ihrer rechtstatsächlichen Determinationsfunktion begrenzt ist. Freilich liegen zwischen dem partiellen, insbesondere verfahrensrechtlich eingeschränkten Kriegsverbot des Völkerbundes und dem generellen Gewaltverbot unserer Zeit völkerrechtliche Welten, unterfällt doch die militärische Repressalie nunmehr ebenso zweifellos der Verbotsnorm wie *measures short of war* und *low intensity conflicts*. Dennoch hat es seit 1945 weltweit eine

---

[126] So etwa *Doehring*, Kollektive Sicherheit, in: Wolfrum (Hrsg.), Handbuch Vereinte Nationen, 1991, S. 405 ff. (Rn. 6).

kaum noch erfassbare Zahl von Kriegen gegeben,[127] ohne dass das allgemein und universell geltende Gewaltverbot – oder das System kollektiver Sicherheit der Vereinten Nationen – diese hätte verhindern können. Daran ändert auch nichts, dass „nicht stattgefundene Kriege schlecht bewertet werden können“;[128] die militärische Gewalt gehört immer noch zum Alltag der internationalen Beziehungen. Die vor dem Hintergrund eines heute für das Völkerrecht grundlegenden universellen Gewaltverbotes gestellte Frage, wer Artikel 2 Nr. 4 UN-Charta „getötet“ habe,[129] ist allerdings nicht ganz zutreffend gestellt, denn die Geltung des allgemeinen Gewaltverbotes wird von ernstzunehmenden Völkerrechtlern nicht grundsätzlich in Frage gestellt. Dies belegt auch die Staatenpraxis, in der das Gewaltverbot keineswegs negiert, aber regelmäßig der Versuch unternommen wird, die uni- und multilaterale Anwendung militärischer Gewalt über einen Rechtfertigungsgrund zu legitimieren.[130] Es ist das „dynamische Regime der Ausnahmen“,[131] das in seiner Konsequenz heute die Aufweichung des Gewaltverbots bewirkt. Aktuelle Debatten zur humanitären Intervention, zur Rettung eigener Staatsangehöriger, zur gewaltsamen Intervention im Falle des *failed state*, zur Intervention auf Einladung bei Bürgerkriegen, zur Bekämpfung des Terrorismus oder zur präventiven und präemptiven Selbstverteidigung[132] verdeutlichen nachhaltig die Friedlosigkeit auch unter dem Regime eines allgemeinen Gewaltverbotes. Auch der Völkerbund hätte – nicht zuletzt angesichts einer ideologisch zersplitterten Staatenwelt – ein universelles Gewaltverbot nicht durchzusetzen vermocht.

2. Ausbau und Effektuierung des Systems kollektiver Sicherheit

Gescheitert sind einzelne Initiativen zur Stärkung des Völkerbundsystems der kollektiven Sicherheit, weil sie letztlich „zu viel wollten“, indem sie für die meisten Staaten nicht zu akzeptierende inhaltliche Festlegungen trafen (z.B. automatischer Sanktionsmechanismus, Rechtspflicht zur Beistandsleistung) und

---

[127] *Bruha*, Gewaltverbot, in: Wolfrum (Hrsg.), Handbuch Vereinte Nationen, 1991, S. 234 ff. (Rn. 10), spricht allein für den Zeitraum von 1945 bis 1985 von nicht weniger als 160 Kriegen, ohne dass die *measures short of war* dabei schon Berücksichtung finden.

[128] So *Kimminich*, Das Problem (Fn. 26), S. 318 im Hinblick auf die Funktionsfähigkeit des Völkerbundes.

[129] *Franck*, Who killed Article 2 (4)? or: Changing Norms Governing the Use of Force by States, AJIL 64 (1970), S. 809 ff.

[130] Vgl. dazu *Schweisfurth*, Operations to Rescue Nationals in Third States, German Yearbook of International Law [GYIL] 23 (1980), S. 163 („who appeals to the exception confirms the rule“).

[131] Vgl. dazu *Dörr*, Das völkerrechtliche Gewaltverbot am Beginn des 21. Jahrhunderts – Was bleibt von Art. 2 (4) UN-Charta, in: ders., (Hrsg.), Ein Rechtslehrer in Berlin – Symposium für A. Randelzhofer, 2004, S. 33 (38 ff.).

[132] Überblick zu den wesentlichen Diskussionspunkten bei *Streinz* (Fn. 26), S. 219 ff.

den Staaten das Letztentscheidungsrecht genommen und einer zentralen Einrichtung übertragen hätten. In der Völkerbundära wurde aber schon recht schnell klar, dass die Erwartung an eine von einzelstaatlichen Interessen freie Entscheidungsfindung an den machtpolitischen Realitäten vorbei ging. Dies ist aber das Grundproblem eines jeden Systems kollektiver Sicherheit, in dem die Frage „*quis judicabit*" in den Mittelpunkt des Interesses rückt, wenn es sich um internationale Lagen handelt, die den Lebensnerv eines Staates betreffen. Dann geht es regelmäßig nicht (nur) um die abstrakte Bewahrung staatlicher Souveränität, sondern auch durchaus konkret um die Verantwortung gegenüber den eigenen Staatsangehörigen bzw. der auf dem Staatsgebiet lebenden Bevölkerung. Dass jegliche Form der militärischen Gewaltanwendung eine solche existentielle Lage darstellt, dürfte kaum zu bestreiten sein. Ob und in welchem Umfang er sich an militärischen Maßnahmen eines Systems kollektiver Sicherheit beteiligt, ist eine Entscheidung, die sich bei realistischer Betrachtung kein Staat wird vorschreiben lassen. Insoweit entsprach bereits in der Völkerbundzeit die politische Erwartungshaltung nicht den tatsächlichen Verhältnissen.

3. Recht zur individuellen und kollektiven Selbstverteidigung

Zu den noch in der Zwischenkriegzeit (seit etwa 1925) gepflegten politischen Wunschbildern gehörte, dass auch der Verteidigungskrieg in seiner Rechtmäßigkeit von einer förmlichen Entscheidung des Völkerbundrates abhängig sein sollte. Was für das Vertragswerk von Locarno (Westpakt, s.o.) aufgrund seiner spezifischen inhaltlichen Ausrichtung und geographischen Begrenzung noch problemadäquat sein mochte, musste auf der universellen Ebene doch deutlich an Akzeptanz verlieren. Teilweise rückhaltlos begrüßt wurde diese Entwicklung gerade in pazifistischen Kreisen, ohne dass man sich der dahinter stehenden realpolitischen Illusion immer bewusst gewesen wäre. Deutlich wird dies bei Hans Wehberg:

> Man wird sicherlich zugeben, daß die Übertragung der Verteidigung im Pakte von Locarno noch klarer hätte zum Ausdruck gebracht werden können. Aber es ist psychologisch wohl verständlich, daß die Staatsmänner in Locarno auf den Verteidigungskrieg noch nicht in jedem Falle haben verzichten wollen. Jedenfalls aber hat die Entwicklung, welche dahin geht, dem Einzelstaate das Recht sowohl zur Führung eines Angriffs- wie Verteidigungskrieges abzuerkennen und dem Völkerbunde allein die Wahrung der Rechte seiner Mitglieder zu überweisen, neuerdings einen gewaltigen Fortschritt gemacht. Die Tatsache, daß der Kriegsächtungspakt vom 27. August 1928 [Briand-Kellogg-Pakt] den Verteidigungskrieg gebilligt hat, kann an dieser Auffassung nicht irre machen, da der Pakt außerhalb des Rahmens des Völkerbundes geschlossen worden ist. Innerhalb des Völkerbundes aber handelt es sich um mehr als nur um Anzeichen und Andeutungen einer Entwicklungstendenz, vielmehr um positive Fortschritte, die dafür

sprechen, daß binnen kurzem ausdrücklich jeder Verteidigungs- und Angriffskrieg dem Einzelstaate verboten und die Wahrung der Interessen der Einzelmitglieder dem Völkerbunde übertragen werden dürfte.[133]

Hinter diesem Wunsch nach formaler Gleichbehandlung des Angriffs- und des Verteidigungskrieges stand wohl vor allem die Einsicht in die Unmöglichkeit, den Angriffskrieg anhand formaler und/oder materialer Kriterien hinreichend sicher abzugrenzen. Die Lösung suchte man deshalb in der ausschließlichen Entscheidungszuständigkeit des Völkerbundrates. Das setzte allerdings die Funktionsfähigkeit des Rates gerade auch in komplexen Fallkonstellationen voraus, ein Hintanstellen eigener politischer und ggf. strategisch-militärischer Interessen der Mitglieder des Rates, wie es weder in der Zwischenkriegszeit noch heute vorzufinden ist. Der Hinweis auf den Abessinien-Krieg und seine Behandlung im Völkerbundrat reicht als Beleg völlig aus. In dieser Tendenz wäre die Formalisierung der Rechtmäßigkeitsvoraussetzungen eines Krieges – gerade auch in der Unterscheidung von Angriffs- und Verteidigungskrieg – und die Institutionalisierung der Definitions- und Entscheidungsmacht im Völkerbundrat zu einer Erfolgsprämie für den Angreifer verkommen, der ohne Rücksicht auf völkerrechtliche Bindungen vollendete Tatsachen hätte schaffen können, während der völkerrechtstreue überfallene Staat sein Militär in der (vergeblichen) Hoffnung auf ein Eingreifen des Völkerbundes in den Kasernen zurückgehalten hätte. Eine völlig unwirkliche Vorstellung. In der UN-Charta hat man die zutreffende Konsequenz daraus gezogen und das „naturgegebene Recht zur individuellen und kollektiven Selbstverteidigung" ausdrücklich gewährleistet. Dass dieses Recht nur so lange in Anspruch genommen werden darf, „bis der Sicherheitsrat die zur Wahrung des Weltfriedens und der internationalen Sicherheit erforderlichen Maßnahmen getroffen hat", ist in der bisherigen Praxis bedeutungslos geblieben; „self-defence has become the regular course of action."[134]

Vor diesem aktuellen Hintergrund ist das durch den Völkerbund aufgerichtete Friedenssicherungskonzept im Kern als eine höchst bemerkenswerte völkerrechtshistorische Neuausrichtung zu begreifen und zu würdigen, mit der erstmals zumindest der Versuch zu einem kollektiven Friedenssicherungssystem unternommen wurde. Die damals wie heute auftretenden Schwächen sind vor allem struktureller Art; sie liegen in den prinzipiellen Funktionsbedingungen eines solchen Systems, das nach wie vor auf teilweise wirklichkeitsfremden Annahmen beruht. Das oftmals beklagte Versagen des Völkerbundes in den welthistorischen Situationen, zumal in den 1930er Jahren, war weniger das Resultat

---

[133] *Wehberg*, Völkerbundsatzung (Fn. 22), S. 100.

[134] *Randelzhofer*, in: Simma (Hrsg.), The Charter of the United Nations, 2. Aufl. 2002, Art. 51 Rn. 41.

materiell-rechtsnormativer oder verfahrensrechtlicher Konstruktionsschwächen dieser Organisation, sondern fand seinen Grund in einer wegen unversöhnlicher ideologischer Gegensätze konsensunfähigen Staatenwelt, die weder inner- noch außerhalb des Völkerbundes einen gemeinsamen Willen und die politische Fähigkeit zur Stärkung eines kollektiven Friedensicherungssystems besaß.

Locarno – Vorgeschichte und Ergebnis

Peter Krüger

Bei der feierlichen Schlußveranstaltung zur Unterzeichnung der Locarno-Verträge[1] am 1.12.1925 in London spielte sich ein historisch denkwürdiger Vorgang ab, eine noble Geste der britischen gegenüber der deutschen Regierung, zugleich historische Begründung und politische Festlegung dessen, was man aus britischer Sicht in Locarno erreicht und wieder zur internationalen Verfahrensnorm gemacht hatte. Die wiederhergestellte Gleichberechtigung Deutschlands und seine Aufnahme als Großmacht in ein erneuertes Europäisches Konzert, das damit wiedergegründet wurde, gewann in dieser Geste Anschaulichkeit und tieferen geschichtlichen Bezug: Man hatte – der deutsche Außenminister Stresemann berichtete darüber[2] und es wurde von Historikern gelegentlich schon erwähnt – in den kleinen Saal, in dem die Unterzeichnung stattfand, ein Bild des bemerkenswert europäisch denkenden britischen Außenministers Viscount Castlereagh gehängt und darauf hingewiesen, daß so wie auf den Aachener Konferenzen 1818 in Fortsetzung der britischen Politik seit dem Wiener Kongreß das besiegte Frankreich in das erst 1815 gegründete Europäische Konzert aufgenommen worden sei, nun dasselbe mit Deutschland als gleichberechtigter Großmacht geschah. Locarno sollte die Grundlage einer wiederhergestellten und zu festigenden europäischen Ordnung und eines erneuerten Europäischen Konzerts sein. Für die Reichsregierung und die öffentliche Meinung in Deutschland verband sich damit die Erwartung, daß – ähnlich wie 1818 die französischen Grenzzonen – die besetzten Rheinlande bald geräumt würden.

---

1 Texte: RGBl. 1925 II S.977ff. – Quellensammlungen und Archive und deren Abkürzungen:
ADAP = Akten zur deutschen auswärtigen Politik 1918-1945, Serien A und B.
AR = Akten der Reichskanzlei. Kabinette Marx I und II, 2 Bde.; Kabinette Luther I und II, 2 Bde.
DBFP = Documents on British foreign policy 1919-1939, Serie 1.
DDF = Documents diplomatiques français, Serie 1920-1932, in Arbeit.
DDI = I documenti diplomatici italiani, 7. Serie, 1922-1935.
FO = Foreign Office, 371 Political Files.
MAE = Archives du Ministère des Affaires étrangères, Serie Z, Europe 1918-1929, Grande Bretagne.
PA = Politisches Archiv des Auswärtigen Amts.
RGBl. = Reichsgesetzblatt.

2 Rede Stresemanns vom 28.1.1927 vor der Reichskonferenz der Reichszentrale für Heimatdienst; ADAP, Serie B, Bd. IV, S. 604.

I.

Allgemein sahen in den Locarno-Verträgen nicht nur die Unterzeichner den eigentlichen Friedensschluß und das Ende der Kriegsgegnerschaft, wie sie, vor allem zwischen Frankreich und Deutschland, im Ruhrkampf[3] und seinen Begleiterscheinungen noch einmal in beängstigender Form zum Ausdruck gekommen war. Locarno wirkte belebend und Hoffnung weckend auf die Verständigungsbereiten, löste Reaktionen ähnlich einem erleichterten Aufatmen aus darüber, daß nun Frieden und Verständigung sich durchsetzen könnten, und ließ eine beachtliche Zahl von wirtschaftlichen und kulturellen Vorhaben internationaler Zusammenarbeit entstehen. Allerdings zog das auch die Frontlinien schärfer und rief die Gegner auf den Plan, die Locarno und dem „Internationalismus" entweder grundsätzlich den Kampf ansagten, weil sie die nationale Wiedergeburt und Entfaltung bedroht sahen, oder wenigstens das Ganze als verfrüht betrachteten, bevor nicht die Ungerechtigkeiten der Friedensverträge beseitigt seien.[4]

Die Geste aus Anlaß der Unterzeichnung der Locarno-Verträge deutete auch an, wie sich die britische Regierung die Grundlage eines neu einzurichtenden europäischen Staatensystems dachte: als ein System enger Zusammenarbeit vor allem der europäischen Großmächte im Sinne eines erneuerten, gut verankerten Europäischen Konzerts. Gegründet auf Recht und Verträge – auch den Versailler Vertrag – sowie auf Verständigung und friedlichen Interessenausgleich, verknüpft mit dem Völkerbund als weltweiter Organisation zur Aufrechterhaltung der Prinzipien und Regelungen eines gesicherten internationalen Zusammenlebens, sollte dieses Europäische Konzert in der Lage sein, Einvernehmen herzustellen bei dem Bemühen, den rasch wachsenden Anforderungen friedlichen Wandels in einer Phase tiefgreifender innerer und außenpolitischer Veränderungen zu entsprechen und zugleich die eigenen Interessen zu fördern. Einfluß, Besitz, Vorteile, Bindungen und Verpflichtungen in aller Welt zu wahren, ging über die Kräfte des Vereinigten Königreichs. Das zeichnete sich schon vor der Jahrhundertwende ab und wurde offensichtlich im Ersten Weltkrieg. Es ging nicht ohne Unterstützung oder Entlastung. Entlastung sollte die Rückkehr zu einer nachhaltigen Ausgleichspolitik in Europa bringen, Unterstützung ein enges und besonderes Verhältnis zur neuen Weltmacht der USA.[5]

---

3 *Stanislas Jeannesson*: Poincaré, la France et la Ruhr (1922-1924). Histoire d'une occupation. Straßburg 1998; *Conan Fischer*: The Ruhr Crisis, 1923-1924. Oxford-New York 2003.

4 *Peter Krüger*: Die Außenpolitik der Republik von Weimar. Darmstadt 1985, S. 259-301.

5 Grundlegend *Klaus Schwabe*: Weltmacht und Weltordnung. Amerikanische Außenpolitik von 1898 bis zur Gegenwart. Paderborn etc. 2006; *Patrick O. Cohrs*: The unfinished

In der amerikanischen Regierung hatte sich zwar zunächst die Distanzierung von Europa und seinen Verwicklungen Ausdruck verschafft: in Aufsehen erregenden Entscheidungen wie der Ablehnung des Versailler Vertrags und des mit ihm verknüpften Garantievertrags für Frankreich, in politischen Slogans wie „back to normalcy" oder in isolationistischen Tendenzen. Aber die Nachkriegszeit mit ihren politischen und wirtschaftlichen Turbulenzen in Europa und Asien, mit den gravierenden, weltweit spürbaren Verschiebungen und Störungen der Handels- und Kapitalströme und mit einer alarmierenden, obgleich kurzen Weltwirtschaftskrise, sozialen Unruhen und dem Aufstieg des Kommunismus ließ doch, ausgehend vom Außenministerium und führenden, international tätigen Geschäftskreisen, eine andere Gewichtung, eine große Sorge um die weltweiten Interessen der Vereinigten Staaten zum Durchbruch kommen. Sie waren eben die einzige wirkliche Weltmacht geworden, auch räumlich in einer dominierenden Position an der Nahtstelle zwischen atlantischer und pazifischer Sphäre. Beruhigung, Interessenausgleich, Stabilisierung und Wiederaufrichtung Europas unter Sicherung des amerikanischen Einflusses zählten zu den grundlegenden Voraussetzungen dieser globalen Machtstellung. Es kam also darauf an, einen Ausgleich zwischen den europäischen Staaten, vornehmlich Siegern und Besiegten herzustellen sowie Verhältnisse zu schaffen, die friedlichen Wandel auf der Basis der Verständigung über Streitfragen und der Zusammenarbeit ermöglichten. Darin lag gleichermaßen eine Absage an das System der Pariser Friedensverträge, die vermeintlich nur Konfrontationen und Gewalt auslösten, wie an den als viel zu rigide empfundenen Wilsonschen Völkerbund.[6] Denn nach wie vor galt es als ausgemacht und der überwiegende Teil der Öffentlichkeit achtete darauf, daß die Vereinigten Staaten selber keinerlei völkerrechtliche, vertragliche Bindungen und Verpflichtungen übernehmen, sondern ihre Handlungsfreiheit unter allen Umständen wahren sollten und infolgedessen nur über ihren Einfluß, über Interessenparallelität oder Druck zu wirken vermochten. Dazu benötigten sie die Bereitschaft der europäischen Großmächte zur Zusammenarbeit, vor allem Einvernehmen und Partnerschaft mit Großbritannien, dessen Regierungen nicht nur Zweifel an der strikten Anwendung und gewaltsamen Durchsetzung des Versailler Vertrags hatten, sondern sich im Interesse ihrer Weltstellung und Eigenständigkeit ebenfalls nicht auf weitgehende, in ihren Folgen unabsehbare Bindungen auf dem europäischen Kontinent einlassen wollten, statt dessen schon Jahrzehnte vor dem Ersten Weltkrieg begonnen hatten, ihr besonderes Verhältnis zu den Vereinigten Staaten zu pflegen und auszubauen.

---

peace after World War I. America, Britain, and the stabilisation of Europe. Cambridge 2006.

6 Text des Versailler Vertrags, der einleitend die Völkerbundsatzung enthält: RGBl. 1919, S. 689ff.

In Anbetracht dieser außenpolitischen Bedingungen bedurfte die amerikanische Regierung noch weiterer günstiger Voraussetzungen, um einzugreifen und im eigenen weltpolitischen Interesse einer Politik der wirtschaftlichen Gesundung und der Stabilisierung Europas zum Erfolg zu verhelfen: nämlich der Unterstützung durch die amerikanische Geschäftswelt, insbesondere durch die großen Bankhäuser für die enormen, in Europa benötigten Kredite, außerdem einer geeigneten Konstellation in Europa und des richtigen Zeitpunktes, um ihre Vorstellungen und Ziele zu verwirklichen, und schließlich – unentbehrlich und ausschlaggebend – der Bereitschaft der beiden mächtigsten Staaten auf dem europäischen Festland, Frankreich und Deutschland, sich nach den Versehrungen des Ruhrkampfes zu verständigen und gemeinsam mit Großbritannien und anderen betroffenen Ländern eine Regelung der wichtigsten Streitpunkte zwischen Frankreich und Deutschland zu erreichen.

Um welche Streitpunkte handelte es sich? Um ein ziemlich umfangreiches Bündel, von Detailfragen der deutsch-französischen Wirtschaftsbeziehungen und dem Gefälle im ökonomischen Potential zu Ungunsten Frankreichs bis zu Problemen der deutschen Entwaffnung und der besetzten Rheinlande. Die schiere Menge der Fragen läßt sich allerdings unter zwei alles andere überragende und mehr oder weniger durchdringende Kernpunkte subsumieren. Beide verstärkten sich gegenseitig: Sicherheit und Reparationen für Frankreich.

Diese außenpolitisch grundlegenden Forderungen waren in ihrer Brisanz allerdings nicht nur eine Angelegenheit der beiden Kontrahenten, sondern internationale und vor allem europäische Probleme ersten Ranges, die sich mit einem weiteren, fast unlösbar erscheinenden Problemkomplex verbanden: den Grenzziehungen, den Minderheitsfragen, der wirtschaftlichen und politischen Labilität Ostmittel- und Südosteuropas.[7] Hier lag die unzulänglich gefestigte Schütterzone der infolge der Ergebnisse des Ersten Weltkriegs neu entstandenen oder vergrößerten Staaten zwischen Ostsee und Adria, noch dazu umringt von drei starken Mächten – Deutschland, Italien und der Sowjetunion – , die in diesem Bereich nicht mit den Ergebnissen der Pariser Friedensverträge einverstanden waren, also eine revisionistische Gefahr darstellten, besonders dann, wenn sie, wie im deutsch-sowjetischen Verhältnis seit Rapallo, über gute Beziehungen und gemeinsame Interessen zu verfügen schienen. Auch hierbei spielte Frankreich eine wichtige Rolle, vor allem im Hinblick auf seine Schützlinge und Helfer Polen und die Kleine Entente, die den französischen Einfluß im Osten stärken soll-

---

7 *Peter Krüger*: Ostmitteleuropa und das Staatensystem nach dem Ersten Weltkrieg. Im Spannungsfeld von Zentren, Peripherien, Grenzen und Regionen, in: Eduard Mühle (Hrsg.): Mentalitäten – Nationen – Spannungsfelder. Studien zu Mittel- und Osteuropa im 19. und 20. Jahrhundert. Beiträge eines Kolloquiums zum 65. Geburtstag von Hans Lemberg. Marburg 2002, S. 53-68.

ten. Diese Konstellation gehörte auch zur Eindämmungspolitik gegenüber Deutschland und Italien, also gegenüber italienischen Gelüsten der Machterweiterung auf dem Balkan oder deutschen Bestrebungen, auf eine Vormachtstellung in Ostmitteleuropa und auf eine Änderung seiner Ostgrenze hinzuarbeiten. In allen erwähnten Bereichen war schon sehr viel für die Stabilisierung Europas gewonnen, wenn es gelang, Deutschlands Mitwirkung und ganz allgemein seine Kooperation insbesondere mit Großbritannien und Frankreich auf längere Sicht zu erreichen und Veränderungen in Europa nur auf friedlichem Wege der Verhandlung und des Interessenausgleichs anzustreben.

Zunächst allerdings mußte im Herbst und Winter 1923/24, nachdem die Reichsregierung im Ruhrkampf aufgegeben hatte, ein Regelung der gravierenden Fragen, die diese nicht nur für die unmittelbar Beteiligten gefährliche und folgenreiche Auseinandersetzung aufgeworfen hatte, zustande gebracht werden. Für die französische Regierung unter Ministerpräsident Raymond Poincaré war es selbstverständlich am günstigsten, den Sieg auszunutzen, einem isolierten Deutschland die französischen Bedingungen aufzuerlegen und sich im übrigen von niemandem dreinreden zu lassen – auch nicht vom Mitstreiter Belgien. Genau diese Form der Regelung, eine ziemlich einseitige Angelegenheit angesichts der zeitweisen Ohnmacht des Reiches, wollten Großbritannien und die USA verhindern. Der Zeitpunkt war für ihr Eingreifen entgegen dem äußeren Anschein günstig. Denn die Reichsregierung unter Gustav Stresemann hatte am 24.10.1923 die Reparationsgläubiger – und dazu gehörten die USA – über die Reparationskommission um eine Überprüfung der deutschen Leistungsfähigkeit für die Aufbringung der Wiedergutmachungsleistungen gebeten, und Poincaré selber versuchte nun, seine Gewinne aus dem Ruhrkampf international von den ehemaligen Kriegsverbündeten und Partnern sanktionieren zu lassen.[8] Die britische und die amerikanische Regierung hatten zunächst einmal ein starkes machtpolitisches Interesse daran, bei diesem Stand der Dinge einzugreifen. Ein Block der beiden stärksten Mächte auf dem Kontinent, zusammengeschlossen unter französischer Führung, war weder unter dem Aspekt der internationalen Wirtschaft noch dem einer Hegemonie Frankreichs akzeptabel, ganz abgesehen von den unkalkulierbaren Folgen in Deutschland und im Verhalten der Deutschen.

Doch hinter dem Einschreiten Großbritanniens mit der Unterstützung der USA stand mehr. Beide stimmten darin überein, daß eine dauerhafte und ersprießliche Friedensordnung in Europa nur unter Einschluß der Besiegten, vor allem Deutschlands, in enger Zusammenarbeit mit der Zielsetzung friedlichen Wandels und auf der Basis eines umfassenden Interessenausgleichs zu erreichen sei.

---

[8] *Krüger* 1985 (Fn. 4), S. 218-37.

Selbstverständlich sollten die Deutschen die Verpflichtungen des Versailler Vertrags anerkennen und ihnen unterworfen bleiben, auch wenn unter Amerikanern und Briten die Kritik an einer Reihe von Friedensregelungen verbreitet war. Über die Art und Weise der Durchführung jedoch und über das Ausmaß des Entgegenkommens dabei sollte verhandelt werden. Der Text des Versailler Vertrags selbst bot dafür ja Handhaben. Der Reichsregierung wollte man damit Aussichten eröffnen, die es ihr erleichterten, in Verständigung und Zusammenarbeit mit den Kriegsgegnern ihren Verpflichtungen nachzukommen. Das hatte allerdings Grenzen; denn auf keinen Fall sollte es zu einer harten Konfrontation mit Frankreich kommen. Die britische Regierung hielt stets an der Grundlage einer britisch-französischen Entente fest. Die französische Regierung unter Poincaré, deren Deutschlandpolitik auf wachsende Opposition im Innern stieß, sollte mit sanftem Druck dazu gebracht werden zu erkennen, daß es auch andere, international verträglichere Mittel gebe, ihren Bedürfnissen und Interessen zu entsprechen – und die rettenden und belebenden amerikanischen Kredite brauchten die Franzosen inzwischen fast so dringend wie die Deutschen. Bei all dem standen die Briten an der diplomatischen Front. Die Regierung der Vereinigten Staaten wollte keinerlei vertragliche Bindung eingehen. Sie hielt sich im Hintergrund, war dort aber in Verfolg ihres Interesses an der Stabilisierung Europas und Deutschlands sehr aktiv, machte ihren Einfluß geltend und ließ keine Unklarheit darüber aufkommen, was sie wollte und was nicht.

Da sich alle Probleme zwischen Frankreich und Deutschland und deren Stellung in Europa in den Reparationen und der Sicherheit verdichteten, drängte es sich fast von selbst auf, sie in erster Linie in Angriff zu nehmen und mit den Reparationen, dem Ausgangspunkt des Ruhrkampfes, wenn auch keineswegs dessen einziger Zielsetzung, zu beginnen und bewußt mit einer dem vordringlichen Interesse aller beteiligten Staaten entgegenkommenden Reparationsregelung dem Umschwung in der europäischen Politik den Weg zu bahnen. Dabei achtete man darauf, daß die Voraussetzungen, insbesondere die Beauftragung zweier Sachverständigenkomitees, durch die gemäß dem Versailler Vertrag zuständige Einrichtung, die Reparationskommission, vorgenommen wurden. Auch wurde einigen von Poincaré geforderten Eingrenzungen ihres Mandats Rechnung getragen. Das schien zunächst eine schwerwiegende Beeinträchtigung zu sein, erwies sich letzten Endes aber als unerheblich. Hingegen kam Poincaré im Gegenzug um Zugeständnisse nicht herum. Das wichtigste war das neue Vorgehen. Es lief auf eine multilaterale Verhandlungslösung mit deutscher Beteiligung im Sinne der britischen und amerikanischen Konzeption für eine neue Europapolitik hinaus.[9] Das war schon vom Verfahren her der Beginn einer Form internationaler Verhandlung und der Suche nach einvernehmlichen Lösungen, die dann in Locarno

---

9 *Cohrs* 2006 (Fn. 5), Part I.

ihren Höhepunkt zwischen den beiden Weltkriegen erreichte. Nachhaltig unterstützt wurde diese Entwicklung durch das Ergebnis der Wahlen in Frankreich und die Ablösung der Regierung Poincaré durch die Mitte-Links-Regierung Edouard Herriots im Mai 1924. Herriot bewies erhebliches Entgegenkommen auf der Londoner Konferenz (16.7.-16.8.1924) bei der Verabschiedung des nach dem Vorsitzenden des ersten Sachverständigenkomitees, dem amerikanischen Bankier Charles G. Dawes benannten Reparationsplans und bei der Entscheidung, binnen eines Jahres das Ruhrgebiet zu räumen.

Schon der Dawes-Plan sollte mehr sein als eine Regelung jährlicher deutscher Reparationsleistungen, nämlich dezidiert ein erster bahnbrechender Schritt zur „wirtschaftlichen Erholung der Völker Europas"; er sei nur „ein Teil des größeren Problems des Wiederaufbaus Europas".[10] Allen Beteiligten war allerdings völlig klar, was das für Frankreich bedeutete. Mit den Reparationen wurde jetzt vorwiegend nach wirtschaftlichen und geschäftsmäßigen Kriterien verfahren, die übrigen Reparationsgläubiger konnten mitentscheiden, einseitige und gewaltsame französische Maßnahmen kamen nicht mehr in Frage, der Amerikaner Seymour Parker Gilbert, ein Experte in internationalen Wirtschaftsfragen, wurde Generalagent für die Reparationszahlungen, und amerikanische Kredite und Finanzinstitute trugen nachhaltig zur Erholung Europas bei und erschlossen es der amerikanischen Wirtschaft.

Den Franzosen wurde also weitgehend die Möglichkeit genommen, die Reparationen wie zuletzt an der Ruhr auch als Waffe im Ringen mit dem potentiell immer noch überlegenen Deutschen Reich einzusetzen, um die Sicherheit Frankreichs durch Gebietsbesetzungen zu erhöhen und sein eigenes Potential zu Lasten der Deutschen zu stärken. Und wenn die Reichsregierung von nun an Wohlverhalten in der Erfüllung ihrer Verpflichtungen aus dem Versailler Vertrag – neben den Reparationen vor allem auf dem weiten Feld der Entwaffnung – bewies, dann gab es keine Gründe mehr, sich zu weigern, die vertraglich vorgesehene Räumung der besetzten Gebiete am Rhein in drei Etappen termingerecht jeweils am 10.1.1925,1930 und 1935 zu vollziehen. Aber dann war auch diese Sicherheit gegenüber einem aufstrebenden, wieder erstarkenden Deutschen Reich dahin. Die Lösung dieses gravierenden Sicherheitsproblems wurde nun zum beherrschenden Thema der internationalen Politik in Europa. Gerade die britische Regierung war sich darüber im klaren und bereit, nach Wegen zu suchen, den in gewissem Ausmaß als berechtigt anerkannten französischen Sicherheitsbedürfnissen Rechnung zu tragen – wobei sich eine Neuauflage der ge-

---

10 Die Sachverständigengutachten. Die Berichte der von der Reparationskommission eingesetzten beiden Sachverständigenkomitees vom 9. April 1924 nebst allen Beilagen. Berlin 1924, S. II und 49.

scheiterten Garantieverträge von 1919 in kleinerem Rahmen (Großbritannien, Frankreich, Belgien) als naheliegende, wenn auch in London am wenigsten zusagende Lösung anbot. Um so wichtiger wurde neben der französischen die Einstellung der deutschen Regierung zur Sicherheitsfrage und zu den Möglichkeiten, sie zu lösen. Damit geht die Erörterung der allgemeinen Voraussetzungen für Konferenz und Verträge von Locarno bereits über in deren unmittelbare Vorgeschichte. Alle Anstrengungen, einen Interessenausgleich und eine Phase der Verständigung und Zusammenarbeit in Europa einzuleiten, hingen nunmehr ab von einer Lösung der Sicherheitsfrage, die von Frankreich und Deutschland einvernehmlich getragen wurde. Und diese Lösung war außerdem entscheidend für eine wirkliche politische Entspannung und beides wiederum, Sicherheit und Entspannung, für den dringend benötigten wirtschaftlichen Aufschwung in Europa.

Großbritannien und die USA boten also eine grundlegende Konzeption friedlichen Wandels in Europa in den 20er Jahren und gleichzeitig einen begrenzenden Rahmen für ihre konkrete Politik und eigene Beteiligung bei dem Bemühen, diese Konzeption zu verwirklichen – und sie brachten Macht und Einfluß dafür mit. Der begrenzte Rahmen enthielt einerseits ein beachtliches, wirtschaftlich nicht unattraktives Angebot und war eine wesentliche Voraussetzung für europäische Verständigung und Zusammenarbeit; andererseits machte er deutlich, welcher tatsächlich nicht ganz einfachen Voraussetzungen es bedurfte, ehe aus dem Angebot konstruktive, neue Verhältnisse schaffende Politik werden konnte. Deswegen entschied sich Erfolg oder Mißerfolg dieses internationalen Neuansatzes in der Praxis an der Einstellung und an dem Vorgehen der deutschen und der französischen Regierung.

II.

Nach Ablehnung der Ratifizierung der Friedensverträge und des Garantie- und Sicherheitspaktes mit Frankreich durch den amerikanischen Senat im März 1920 hatte sich die amerikanische Regierung der Mitverantwortung für die Konsequenzen entzogen. Die französische Regierung konnte kaum Unterstützung durch die USA erwarten, jedenfalls nicht, solange sie auch gewaltsam die Erfüllung des Versailler Vertrages sicherzustellen trachtete. Trotz traditioneller amerikanischer Sympathien für Frankreich wurde dessen Sicherheits-, Reparations- und Völkerbundspolitik überwiegend abgelehnt, obwohl Experten durchaus anerkannten, daß Sorgen um die französische Sicherheit auf längere Sicht nicht unberechtigt seien.[11] Allerdings plädierten sie meistens für andere Lösungen des

---

[11] *Schwabe* 2006 (Fn. 5), S. 85-87.

Problems. Um so wichtiger wurde es für die französische Regierung, das enge Verhältnis zu Großbritannien zu pflegen, auch unter Hinweis auf das nicht eingelöste Garantieversprechen als Gegenleistung für den Verzicht auf Abtrennung der Rheinlande vom Reich.[12] Die Ausnutzung aller im Versailler Vertrag liegenden Möglichkeiten zur Gewährleistung der Sicherheit – von den Reparationen bis zur Entwaffnung Deutschlands und zur Besetzung deutscher Gebiete – gehörte deshalb, wenn auch in unterschiedlicher Art und Weise des Vorgehens, ebenso zur Standardausrüstung französischer Deutschlandpolitik wie das Pochen auf Garantien, in erster Linie der britischen. Großbritannien war für die französische Regierung aber noch aus einem weiteren Grund ein ausnehmend wichtiger Partner: wegen seiner besonderen Beziehung zu den USA und wegen der Möglichkeit, über London wenigstens in begrenztem Umfang die amerikanische Politik zugunsten Frankreichs und seiner Forderungen an Deutschland zu beeinflussen. Nichts fürchtete die französische Regierung mehr als außenpolitische Isolierung.

Ließ sich die französische Regierung in der Sicherheitsfrage auf enge Zusammenarbeit mit der britischen Regierung und – soweit möglich und angebracht – mit den USA ein, dann waren die Einbeziehung der Reparationen und schon gar eine Beteiligung Deutschlands und ein einvernehmliches Vorgehen zur Stabilisierung Europas nicht zu umgehen. Das Reich konnte dabei nicht länger nur als Objekt behandelt, sondern mußte schließlich als gleichberechtigter Verhandlungspartner anerkannt werden. Der Umgang mit Sowjetrußland und seine Heranziehung an das übrige Europa standen dann ebenfalls zur Debatte – schon um die Möglichkeit einer deutsch-sowjetischen Allianz auszuschließen, die bereits vor Rapallo im französischen Außenministerium Beunruhigung auslöste und für die Sicherheit zu Recht als akute Bedrohung angesehen wurde.[13] Deswegen zeichnete sich schon früh die Notwendigkeit ab, eine europäische Zusammenarbeit unter Einbeziehung des Reiches ins Auge zu fassen, noch bevor ihm gegenüber alle Forderungen durchgesetzt waren. Eigentlich wollte man das in Paris genau umgekehrt. Die neue Entwicklung forderte spätestens im Herbst 1921 politische Entscheidungen, und zwar im Zuge der Erfüllungspolitik des Reichskanzlers Wirth und der Verhandlungen über Reparationssachlieferungen der Minister Loucheur und Rathenau, eine neue Situation, die es dem britischen Premierminister Lloyd George Ende des Jahres ermöglichte, seine bekannte Initiative für eine große europäische Wirtschafts- und Sicherheitskonferenz unter Einbeziehung Sowjetrußlands und Deutschlands zum Zweck des gemeinsamen

---

12 Vertraulicher Bericht Saint-Aulaire (London) 14.12.1921, 26 S.; MAE, Grande Bretagne, Bd. 69.

13 Ebd. – Seine von Zeit zu Zeit die Ereignisse interpretierend zusammenfassenden Berichte auch für das folgende.

Wiederaufbaus – Konferenz von Genua, 10.4.-19.5.1922 – in Gang zu setzen. Er lud Ministerpräsident Aristide Briand nach London ein und konnte ihn durch die Zusage, in der Garantiefrage entgegenzukommen, für sein Vorhaben gewinnen. Rathenau wurde als inoffizieller Vertreter Wirths zu einigen Besprechungen hinzugezogen.[14] Hier begann sich schon für kurze Zeit eine Ausgangskonstellation zu formieren, wie sie später für Locarno konstitutiv wurde: die erforderliche enge Kooperation zwischen Frankreich, Großbritannien und Deutschland. Es fehlte noch die Unterstützung der USA im Hintergrund. Das Unternehmen scheiterte damals, als Briand im Februar 1922 von Poincaré abgelöst wurde und dann noch die Konferenz selbst erfolglos endete, nicht zuletzt wegen der deutsch-sowjetischen Separateinigung in Rapallo[15] – für Poincaré ein wichtiger Grund, gegen die Reichsregierung hart vorzugehen.

Bemerkenswert an den Besprechungen zwischen Lloyd George und Briand Ende 1921 in London war zum einen, daß Briand über Sicherheit und Garantien für die französische Ostgrenze hinaus eine weitere Gemeinsamkeit der Interessen mit Großbritannien festlegen wollte, zum anderen, daß danach auch Deutschland und weitere Staaten der Allianz sollten beitreten können. Auch das war ein Ansatz für einen Wandel in der außenpolitischen Schwerpunktsetzung, und zwar ebenfalls nicht erst nach Erfüllung aller Forderungen oder gar einer Unterwerfung Deutschlands wie im Herbst 1923. Der Einmarsch ins Ruhrgebiet geschah allerdings erst, als die Reichsregierung ein Jahr lang laviert und unzulängliche Vorschläge gemacht hatte, also wieder eine neue Situation eingetreten war. Im Winter 1921/22 drangen hingegen die Erwägungen im französischen Außenministerium auf Grund der Briandschen Anregungen schon tief in die Problematik und möglichen Konsequenzen eines Ausgleichs mit Deutschland ein. Die damals angeregte französisch-britische Allianz lief auf einen „ménage à trois", ein Einvernehmen der drei führenden europäischen Großmächte hinaus. Die Gefahr, daß darin die britische Regierung wieder die bevorzugte Rolle des Schiedsrichters zwischen Frankreich und Deutschland und generell in europäischen Angelegenheiten übernehmen könnte, sprang in die Augen. Dagegen gab es – auch im Falle einer Erweiterung der Allianz – für die französischen Experten nur ein Mittel: eine enge, klärende Verständigung und eine politisch-militärische Allianz nur zwischen London und Paris vorab.[16] Nicht bloß die Gefahr einer

---

14 Aufz. über Besprechung Lloyd George-Briand 21.12.21., ebd., und weitere Dokumente; DBFP, Serie 1, S. 760-806. *Krüger* 1985 (Fn. 4), S. 158-62, für die Entwicklung bis nach Genua ebd. Kap. III/5.

15 *Carole Fink/Axel Frohn/Jürgen Heideking* (Hrsg.): Genoa, Rapallo, and European reconstruction in 1922. Washington-Cambridge 1991. Demnächst Forschungsbericht von *Niels Joeres* in der Francia.

16 Siehe Fn. 12 und Aufz. „Alliance" 26.12.1921 mit Notiz Seydoux, MAE, Grande Bretagne, Bd. 69.

deutsch-sowjetischen Allianz, auch die nationalen Leidenschaften und Rivalitäten der kleinen Staaten in Ostmitteleuropa, der deutsche Druck dort und die Revanchebestrebungen des Reiches müßten eingedämmt werden und französische Verträge, in erster Linie mit Polen und der Tschechoslowakei, wären unter besonderen Schutz zu stellen.[17] Deutschland müsse dann in den Völkerbund – ähnlich wurde schon in bezug auf Sowjetrußland argumentiert – und es sei wirtschaftlich einzubinden mit Regelungen über Marktaufteilung und Industrie-Verständigungen.

Dieses Grundmuster französischer Politik, vor allem der Vorrang der Absprachen mit der britischen Regierung blieb in den Verhandlungen, die nach Locarno führten, und auch danach maßgebend. Daß in diesem Zusammenhang im französischen Außenministerium auch viel weiter reichende Überlegungen über eine dauernde Autonomie der Rheinlande, einschließlich breiter rechtsrheinischer Landstriche, oder für einen aufgelockerten deutschen Staatenbund auf der Basis von Art. 18 der Weimarer Reichsverfassung auftauchten,[18] sei nur am Rande erwähnt. Bedenklicher war im Hinblick auf Locarno, daß etwa der französische Botschafter in London, Saint-Aulaire, betonte, daß Deutschland für lange Zeit nur sehr begrenzt eine eigenständige Politik in Europa führen und nicht gleichberechtigt sein dürfe. Genau dies wurde 1924-26, in den Verhandlungen vom Dawes-Plan über Locarno bis zum deutschen Eintritt in den Völkerbund, entgegengesetzt entschieden. Das änderte weder etwas an der grundlegenden Bedeutung der Sicherheitsfrage und der bohrenden Ungewißheit über die künftige Haltung des übermächtigen Nachbarn im Osten, noch an der sicherheitspolitischen Brisanz der nur befristeten Rheinlandbesetzung, dem 1935 auslaufenden Saarstatut und der endgültigen Reparationshandhabung, der Lage in Ostmitteleuropa oder den Schwierigkeiten mit der Abrüstungspolitik unter dem Eindruck des deutschen Wiedererstarkens. Grundsätzlich änderte sich allerdings in Locarno das Verhalten gegenüber Deutschland sowie das Verfahren und die Methode in der internationalen Politik in Europa.

Die französischen sicherheitspolitischen Vorstellungen drehten sich vor Locarno zunächst unter Poincaré in einem mehr oder weniger weit gezogenen Umkreis um einen Garantiepakt zu französischen Bedingungen, vor allem mit Großbritannien. Sie standen 1923 ganz unter dem Einfluß des Ruhrkampfes und der Möglichkeiten, die er zu bieten schien, gewannen neue Dringlichkeit durch den Dawes-Plan und seine vorläufige Regelung der Reparationen sowie deren Entfernung als Mittel der Machtpolitik. Implizit wuchs damit, insbesondere nach dem erfolgreichen Abschluß der Londoner Dawes-Plan-Konferenz, der Einfluß

---

17 Saint-Aulaire-Briand 28.12.21, ebd.
18 Ebd.

Deutschlands und seine Verantwortung für den weiteren Verlauf der nun unumgänglich gewordenen Sicherheitsverhandlungen. Nach dem französischen Vorgehen an der Ruhr war gerade in Großbritannien ein Garantiepakt durchaus unpopulär.[19] Deswegen rückte eine Regelung im Rahmen des Völkerbunds, dessen Wirksamkeit Labour-Premierminister MacDonald nachhaltig steigern wollte, in den Vordergrund – ein heikles Thema für die Reichsregierung wegen der immer noch überwiegend kritischen Einstellung der Deutschen zum Völkerbund als Organisation der Sieger. Entscheidend für die Sicherheitsfrage in allen Varianten – und die französische Regierung nahm jede wahr – wurde also auch das Verhalten der Reichsregierung.

Deutschland war nicht nur von allen Regelungen in erster Linie betroffen, sondern es war deren eigentlicher Anlaß, sowohl in Form von Projekten für Sicherheitsverträge inner- und außerhalb des Völkerbunds als auch von Sonderklauseln, die seine Kontrolle und die Unterbindung oder Ahndung deutscher Verstöße gegen bestehende Regelungen verstärken sollten. Wollte die Reichsregierung daran noch etwas ändern, brauchte sie überzeugende Gegenvorschläge im Rahmen einer umfassenden außenpolitischen Konzeption. Sie kam tatsächlich zustande – mühsam, mit einigen Wachstumsschwierigkeiten, aber immerhin. Nach dem hektischen Hin und Her in den ans Mark gehenden außenpolitischen Fragen Deutschlands bis zur Existenzkrise des Reiches im Ruhrkampf schien die Feindseligkeit gegen „die Sieger" jede Verständigung zunichte zu machen. Der Schein trog. Oder genauer gesagt: Er stimmte nur insofern, als eine Verschärfung der inneren Gegensätze und Zerwürfnisse eintrat.[20] Für die deutsche Außenpolitik hingegen war es gerade der Blick in den Abgrund des Zusammenbruchs, der die Entscheidung für die Verständigungspolitik und ihre Verfechter brachte. Im Auswärtigen Amt verfügten sie über eine kleine, einflußreiche Gruppe jüngerer leitender Beamter; an der Spitze der Ministerialdirektor und seit Dezember 1924 Staatssekretär Carl von Schubert. Schon in der Juli-Krise 1914 war er als Botschaftssekretär in London für Verhandlungslösungen eingetreten, bezog 1922 Stellung gegen den Rapallo-Vertrag, kritisierte im Herbst jenes Jahres die unentschiedene, wenig überzeugende Außenpolitik und trat für eine eindeutige Politik mit einer klaren Gesamtkonzeption und konkreten und akzeptablen Angeboten an Frankreich, Großbritannien und die USA ein, um zu einem dauerhaften Einvernehmen über die Reparationen, die Sanierung der europäischen Wirtschaft und die Sicherheitsfragen zu kommen. Damit setzte er sich noch nicht durch, ebensowenig mit seiner ersten umfassenden und ausgearbeiteten Initiative, mit der er Ende April 1923 aus der Sackgasse des Ruhrkampfes herauskommen wollte. Nach eingehender Beobachtung und – soweit über-

---

19 Bericht Saint-Aulaire 24.3.1924, MAE, Grande Bretagne, Bd. 71.
20 *Fischer* und *Jeannesson* (beide Fn. 3).

haupt möglich – Vorarbeit in England sollten in einer grundlegenden Note Lösungsvorstellungen und Angebote der Reichsregierung den Hauptbeteiligten und Mitgliedern der Reparationskommission, vor allem Frankreich, Großbritannien, Belgien und den USA, als Verhandlungsbasis vorgelegt werden. Der Zusammenhang von Sicherheits- und Reparationsfrage war Schubert seit längerem geläufig. Hier wollte er ansetzen.

Mit Hilfe des brillanten Juristen und Leiters der Rechtsabteilung im Auswärtigen Amt, Friedrich Gaus, wurde neben der Forderung nach einem klaren, verbesserten Reparationsangebot, das auch den Vorschlag des amerikanischen Außenministers Charles Hughes vom 29.9.1922, ein Sachverständigengremium zur Prüfung der deutschen Leistungsfähigkeit für die Reparationen einzusetzen,[21] und den Gedanken einer Garantie dieser Leistungen durch die deutsche Wirtschaft enthalten sollte,[22] ein Sicherheitsplan entwickelt, der auch für die deutsche Sicherheitsinitiative vom 20.1. und 9.2.1925, die nach Locarno führte, maßgebend blieb. Denn die Hauptpunkte dieses Notenentwurfs vom 25.4.1923[23] skizzierten folgerichtig und knapp, worauf es zum Zwecke der wirksamen Sicherung Frankreichs und Belgiens durch einen „Rheinpakt“ der „westeuropäischen Mächte“, also Großbritannien und seine Garantien eingeschlossen, ankam: die „Unversehrtheit“ des „gegenwärtigen Gebietsstandes“ zu achten und zu garantieren, sowohl durch jede Regierung für sich als auch gemeinsam; ebenso die Garantie der Entmilitarisierung am Rhein, wie sie Deutschland in Art. 42 und 43 des Versailler Vertrags auferlegt war; schließlich eine Verpflichtung Deutschlands und Frankreichs, alle Streitfragen friedlich, durch Schiedsspruch in Rechtsfragen oder durch ein Vergleichsverfahren in allen übrigen Fällen zu regeln. Wichtig war außerdem der Versuch, der zu erwartenden Forderung der französischen Regierung, die Sicherheit ihrer Schützlinge und Verbündeten an der deutschen Ostgrenze zu berücksichtigen, durch die Bereitschaft entgegenzukommen, einen Schiedsvertrag wie mit Frankreich auch mit den übrigen deutschen Nachbarn abzuschließen. Dieser Passus war im letzten Entwurfsstadium nicht mehr enthalten, jedoch Anfang 1925, als Schubert zur Einleitung der deutschen Sicherheitsinitiative auf den Entwurf vom April 1923 zurückgriff, wieder dabei.[24]

Im Frühjahr 1923 war das ganze Vorhaben vom Außenminister von Rosenberg in dieser Form abgelehnt worden. Ihm gingen die Vorschläge viel zu weit. Die Note, die er am 2.5.1923 an die in der Reparationskommission vertretenen Re-

---

21 *Cohrs* 2006 (Fn. 5), S. 81-89.

22 Aufz. Schubert 12.4.1923, PA, R 36019; Schubert für 40 Mrd.-Angebot: Aufz. vom 28.4.1923, PA, R 36004.

23 ADAP, Serie A, Bd. VII, S. 501f., dazu Hoesch 27.3.1923, ebd., S. 400ff.

24 PA, R 29083.

gierungen abschickte,[25] war ein völliger Fehlschlag. Stresemann nahm bald nach seinem Amtsantritt als Reichskanzler den Faden in seiner Stuttgarter Rede vom 2.9.1923 wieder auf.[26] Er riß dann nicht mehr ab. Der Sicherheitsfrage galt schon deswegen besondere Aufmerksamkeit, weil Reparations- und Sicherheitsfrage so eng verflochten waren, vor allem aber, weil es seit Beginn der Ära Stresemann um eine neue außenpolitische Konzeption, die Verständigungspolitik ging. Die Sicherheitsfrage wurde als Schlüssel dazu unter allen damals wesentlichen Gesichtspunkten erörtert und der diplomatische Kontakt in dieser Angelegenheit vor allem mit den Briten gepflegt. Sie sorgten für die Abstimmung mit den Amerikanern,[27] so daß schon seit dem Winter 1923/24 eine bemerkenswerte und wirkungsvolle Interessenparallelität zur Förderung und Durchsetzung von friedlichem Wandel, Interessenausgleich, Verständigung und Stabilisierung in Europa zwischen den USA, Großbritannien und Deutschland entstand, zu der Schritt für Schritt in Änderung der Politik Poincarés und mit beachtlichen Zugeständnissen sich auch Frankreich gesellte.

Außerdem rückte die Notwendigkeit, das Verhältnis zu Deutschland zu regeln und sich über seine künftige Stellung in Europa klar zu werden, das Verlangen nach Entspannung, dauerhaftem Frieden und Sicherheit auch generell ins Rampenlicht. Im Völkerbund wurde seit längerem an Fortschritten und verbindlichen Regelungen für die Gewährleistung von Sicherheit, Abrüstung und friedlicher Streitschlichtung gearbeitet. Unter dem nachdrücklichen Einfluß Frankreichs und der Tschechoslowakei – Außenminister Beneš spielte hierbei eine maßgebliche Rolle – wurden mit Garantien und scharfen Sanktionen bewehrte Regelungen auf der Grundlage lückenloser Ausgestaltung der Vorkehrungen zur Kriegsvermeidung und präziser Bestimmung des Angreifers vorbereitet. Diese Anstrengungen führten zu dem bekannten Genfer Protokoll für die friedliche Regelung internationaler Konflikte vom 2.10.1924.[28] Es scheiterte zwar, weil es unter den Völkerbundsmitgliedern nicht die erforderliche Zahl an Ratifikationen erreichte, blieb aber in den politischen und juristischen Erwägungen der folgenden Jahre wichtig.

In diesem Zusammenhang lag es nahe, auch Deutschland einzubinden und es zunächst einmal in den Völkerbund zu holen, was ja durchaus im Interesse der britischen Regierung lag und mit Nachdruck von Premierminister MacDonald verfolgt wurde. Er forderte am 4.9.1924 vor der Versammlung des Völkerbunds die Reichsregierung zum Beitritt auf und eröffnete auf diese Weise die Verhand-

---

25 ADAP, Serie A, Bd. VII, S. 526 Anm. 1.

26 Dazu ADAP, Serie A, Bd. VIII, S. 317 mit Anm. 2

27 *Cohrs* 2006 (Fn. 5), S. 100-115.

28 *Krüger* 1985 (Fn. 4), S. 259-69, bes. 263-65.

lungen darüber. In Deutschland war trotz erheblicher Vorbehalte in der Öffentlichkeit, wo der Völkerbund immer noch für viele als Kartell oder Handlanger der Sieger galt,[29] spätestens unter dem Druck der Ruhrbesetzung das Interesse am Völkerbund erheblich gestiegen, auch wenn sich die Reichsregierung schon aus innen- und verhandlungstaktischen Gründen skeptisch zeigte und Bedingungen stellte, in erster Linie die Gewähr für einen ständigen Sitz im Völkerbundrat, und damit einmal mehr ihr Hauptziel betonte, die Durchsetzung deutscher Gleichberechtigung mit den anderen Großmächten. Gerade das war es allerdings, was der französischen Regierung den deutschen Völkerbundseintritt zunächst verleidete. Trotzdem ging es nach der Initiative MacDonalds nicht so sehr darum, ob das Reich beitreten sollte, sondern unter welchen Bedingungen.

Das Sicherheitsbedürfnis der Franzosen hatte schließlich an der Jahreswende 1924/25 noch zwei für die Reichsregierung unangenehme Konsequenzen: zum einen die Weigerung der französischen Regierung, vor einer befriedigenden Sicherheitslösung die erste Rheinlandzone, die Kölner Zone, fristgemäß zum 10.1.1925 zu räumen, wobei als zweckdienlicher Ansatz einige noch unerledigte Fragen in der sonst weitgehend abgeschlossenen deutschen Entwaffnung dienten – eine Möglichkeit, die Räumung auch künftig weiter hinauszuschieben; zum anderen schien ein Garantievertrag, von Herriot bereits im August 1924 angeregt, zwischen Frankreich, Belgien und Großbritannien spruchreif zu werden. An Anregungen für die deutsche Sicherheitsinitiative und Locarno fehlte es also nicht.[30]

Das Auswärtige Amt war der Auffassung, daß die Sicherheitsfrage dringend gelöst werden müsse, um Deutschlands Gleichberechtigung zu erringen, seine internationale Stellung zu verbessern und eine auch innenpolitisch tragfähige Basis für die Verständigungspolitik und für eine beschleunigte, selbst für Anhänger der Verständigungspolitik unbedingt erforderliche Rheinlandräumung zu schaffen. Unter den Umständen von 1923/24 hatte allerdings die Regelung der Reparationsleistungen Vorrang. Sie sollte außerdem nicht mit den Sicherheitsproblemen vermengt werden, was erhebliche taktische Nachteile für die Reichsregierung in einem dann unvermeidlichen „Kuhhandel“ mit sich gebracht hätte.[31]

Der diplomatische, verhältnismäßig intensive deutsch-britische Kontakt in Sicherheitsangelegenheiten hielt nicht nur die nachdrückliche Beschäftigung mit dieser schwierigen Materie in Gang, sondern klärte auch die deutsche Position

---

[29] Umfassend über die deutsche Haltung zum Völkerbund *Joachim Wintzer*: Deutschland und der Völkerbund 1918-1926. Paderborn etc. 2006, bes. Kap. 4/8-10.

[30] *Krüger* 1985 (Fn. 4), S. 269-72.

[31] Aufz. Schubert 21.2.1924, PA, R 36015; Aufz. Schubert 9.6.1924, PA, R 28663.

weiter.[32] Es kam nur noch auf den geeigneten Zeitpunkt für eine deutsche Initiative an. Schon im Februar 1924 hatte das Auswärtige Amt im Verlauf der Gespräche mit dem britischen Botschafter Lord D'Abernon das deutsche Konzept vom April 1923 auch nach außen mit einer gewissen Verbindlichkeit angeboten: einen Rheinpakt, der die „Unverletzlichkeit“ der französischen und der belgischen Ostgrenze festlegte, die bekräftigte Entmilitarisierung des Rheinlands, verbindliche friedliche Streitschlichtung durch Schieds- und Vergleichsverträge – alles das wechselseitig und gemeinsam unter Beteiligung Großbritanniens garantiert (noch einmal wurden auch die USA erwähnt) – und zu gegebener Zeit den Beitritt Deutschlands zum Völkerbund unter bestimmten Bedingungen, vor allem der Gleichberechtigung und des ständigen Ratssitzes. Außerdem stimmte man mit der britischen Auffassung überein, daß Deutschland möglichst zugleich mit der Sowjetunion eintreten sollte – eine Einbindung auch der Sowjetunion sowie eine Entlastung für die deutsch-sowjetischen Beziehungen und die künftige deutsche Außenpolitik im allgemeinen.[33] Zusätzlich wies Stresemann auf die Möglichkeit hin, den Befürchtungen Polens und Frankreichs um die Sicherheit an der deutschen Ostgrenze durch einen deutsch-polnischen Schieds- und Vergleichsvertrag entgegenzukommen.[34]

Ewas später, am 10.3.1924, in einer grundlegenden Instruktion für den Botschafter in London Sthamer[35] folgten noch einige richtungweisende Leitsätze über die deutschen Interessen und das deutsche Vorgehen: Es ging demnach im Grunde um die Anerkennung und Gleichberechtigung einer kooperativen, zu gewissen zusätzlichen Bindungen bereiten deutschen Großmacht. Aber deswegen legte man auch bestimmte Voraussetzungen fest: Weder das Rheinland noch andere Gebiete dürften in einem Sicherheitspakt den „Charakter eines irgendwie gearteten Sondergebildes“ erhalten. Das zielte nicht nur auf die Sicherheitsfrage, die gleich nach Fertigstellung des Dawes-Gutachtens in Angriff genommen werden müsse, sondern auch auf die Ruhrräumung und die künftige Behandlung der Reparationssicherung, vor allem aber auf grundlegende Regelungen. Mit Nachdruck trat Stresemann dafür ein, die Sicherheit als europäisches und nicht nur deutsch-französisches Problem zu behandeln, und bekräftigte damit seine Auffassung, daß es bei vielen für die Reichsregierung wichtigen Fragen um europäi-

---

32 Siehe u.a. ADAP, Serie A, Bd. IX, S. 356-58, 514-18, Bd. XI, S. 45-47, 148f.; PA, R 28221 (11.2.1924), R 28669a (15.2.1924).

33 Aufz. Schuberts 5.2.1924 und Aide-mémoire für D'Abernon, am 11.2. übergeben (ADAP, Serie A, Bd. IX, S. 356ff., 381ff.); Aufz. Schuberts 11.2. und dessen Vorlage für Stresemanns Darlegungen im Auswärtigen Ausschuß des Reichstags, 15.2.1924 (PA, R 28221, R 28669a). Zur Haltung der Sowjetunion ADAP, Serie A, Bd. XI, S. 216f. (23.9.1924).

34 Stresemann an Rauscher (Warschau) 8.3.1924 (ADAP, Serie A, Bd. IX, S. 502ff.).

35 Ebd. S. 514ff., bes. 515-17 (Entwurf Schuberts, wie die Journaleintragung IIIE 677 zeigt).

sche Fragen gehe. Die britisch-französische Verständigung bilde deswegen „die Voraussetzung für eine endgültige Lösung der europäischen Probleme". Darüber hinaus hob er in diesem Zusammenhang nachdrücklich die Übereinstimmung mit der Auffassung MacDonalds hervor, „daß eine wirkliche Garantie für den europäischen Frieden nur durch die allmähliche Einführung einer allgemeinen internationalen Rechtsordnung geschaffen werden könne". Hier wird der Einfluß von Gaus sichtbar, der das politische Interesse der Reichsregierung vornehmlich durch eine von Deutschland mitgestaltete europäische Rechts- und Sicherheitsordnung gewährleistet sah. Soviel zur erstrebten Europäisierung, die in der Logik und im Interesse der Hinwendung des Reiches zur Verständigungspolitik lag.

Die Verknüpfung der drei Problemkreise Sicherheitsfrage, Beitritt Deutschlands zum Völkerbund und Ausbau einer allgemein akzeptierten europäischen Sicherheits- und Rechtsordnung wurde klar, als sich die Reichsregierung durch MacDonalds Aufforderung vom 4.9.1924, dem Völkerbund beizutreten, gedrängt sah, dazu Stellung zu nehmen. Sie erklärte in einem am 29.9.1924 abgesandten Memorandum[36] an den Völkerbund ihre Bereitschaft zum Beitritt, doch sie machte ja ein Aufnahmegesuch von Bedingungen abhängig. Die beiden für Locarno wichtigen – da die Verwahrungen gegen die Kriegsschuld und gegen den Ausschluß von Kolonialmandaten hier beiseite bleiben können – waren die Forderung eines ständigen Ratssitzes von vornherein sowie einer Einschränkung der Verpflichtungen gemäß Art. 16 (und implizit Art. 17) der Satzung in dem Sinne, daß man sich an Sanktionen gegen Friedensbrecher nur in dem Maße beteiligen könne, wie es geographische Lage und Entwaffnung Deutschlands erlaubten. Weil es dabei um Hilfeleistung für Angegriffene und auch um das Durchmarschrecht zu ihrer Unterstützung ging, war das Interesse der Reichsregierung offensichtlich: Sie wollte vor allem ihre besonderen Beziehungen zur Sowjetunion, deren Führung öffentlich von der Bedrohung durch ein „kapitalistisches" Komplott durch Instrumentalisierung des Völkerbunds ausging, nicht zu sehr strapazieren[37] und sich auch nicht zu Hilfestellung und Durchmarscherlaubnis zugunsten Polens, falls es angegriffen würde, verpflichten. Die innen- und außenpolitischen Schwierigkeiten, die daraus in Anbetracht der deutschen Forderungen nach Revision der Grenze mit Polen erwachsen würden, lagen auf der Hand.

---

[36] *Wintzer* 2006 (Fn. 28), Kap. 4/10.

[37] Im großen historischen Überblick *Jon Jacobson*: When the Soviet Union entered world politics. Berkeley, Los Angeles, London 1994, bes. Kap. 7 und 8; *Christian Baechler*: L'aigle et l'ours. La politique russe de l'Allemagne de Bismarck à Hitler 1871-1945. Bern etc. 2001, bes. Kap. V/II und III.

Damit endeten die Schwierigkeiten keineswegs. Hinzu kam das bereits erwähnte, seit dem 2.10.1924 vorliegende Genfer Protokoll, das eine klare Feststellung des Angreifers ermöglichte – Angreifer war, wer sich nicht an das Protokoll mit seiner ausgefeilten Systematik der friedlichen Streitschlichtung hielt – und in sehr strikter Form weitgehende Unterstützung des Angegriffenen verlangte. Es entsprach der grundsätzlichen französischen Forderung, erst hinreichende Sicherheitsgarantien zu schaffen, bevor der Völkerbund zur Verwirklichung einer ihm in Art. 8 der Satzung gestellten zentralen Aufgabe schritt, nämlich der Abrüstung. Weil das Protokoll und die begleitenden Berichte der für seine Erarbeitung zuständigen Kommission des Völkerbunds auch die friedliche Revision von Bestimmungen des Versailler Vertrags ausschlossen (Ausschluß von Fällen, die vom Völkerbundrat einstimmig geregelt wurden, und solchen, die auf Revision geltender Verträge oder territoriale Änderungen abzielten), war es für die Reichsregierung unannehmbar.[38] Im Gegensatz zur verbreiteten Kritik in Deutschland und auch im Auswärtigen Amt blieb Gaus aber dabei, den von solchen politischen Garnierungen abgesehen grundlegenden Wert des Protokolls und seiner, soweit das möglich war, realistischen, weil auf Ausgestaltung der schon von vielen Staaten akzeptierten Völkerbundsatzung beruhenden, lückenlosen friedlichen Streitschlichtung hervorzuheben, gerade auch für Deutschland, wenn es seine Interessen auf friedlichem Wege wahren wollte. Er bekräftigte das in Vorbereitung einer zweiten deutschen Sicherheitsinitiative, wieder in enger Zusammenarbeit mit Schubert, Anfang Dezember 1927.[39] Größere Schwierigkeiten auf dem Weg nach Locarno bereitete das Protokoll im übrigen nicht. Seine Ablehnung durch die britische Regierung auf der März-Tagung 1925 des Völkerbundrates und damit sein Scheitern war schon seit Ende 1924 erkennbar.[40]

Im Dezember 1924 ließ sich außerdem absehen, daß gegen den Widerstand der französischen Regierung, die einen Trumpf für die Durchsetzung ihrer Sicherheitsforderungen behalten wollte und dafür, wie erwähnt, Rückstände in der deutschen Entwaffnung nutzte, an eine fristgerechte Räumung der Kölner Besatzungszone zum 10.1.1925 nicht zu denken war. Gleichzeitig kamen wieder Vorschläge auf, einen Garantiepakt zwischen Frankreich, Belgien und Großbritannien abzuschließen. Die Reichsregierung wollte die Räumung der besetzten Gebiete in Gang bringen. Schubert sah mit wachsender Sorge die Spannung zwischen der Verständigungspolitik und der Gewöhnung an einen Sonderstatus des

---

38 Aufz. Gaus 5.3.1925 (ADAP, Serie A, Bd.XIII, S.338-41).

39 *Peter Krüger*: Friedenssicherung und deutsche Revisionspolitik. Die deutsche Außenpolitik und die Verhandlungen über den Kellogg-Pakt, in: Vierteljahrshefte für Zeitgeschichte 22 (1974), S. 238-41.

40 *Krüger*, Außenpolitik (Fn. 4), S. 277.

Rheinlandes.[41] Die Deutschen wollten im übrigen keine rigide Sicherheitslösung wie das Genfer Protokoll, die Briten weder dieses Protokoll noch einen Garantiepakt nur mit Frankreich und Belgien, und sie wollten die Verpflichtungen wenigstens auf möglichst viele Schultern verteilen. Die Situation war da. Sie machte eine deutsche Sicherheitsinitiative erforderlich und sinnvoll.[42]

III.

Wichtig war der letzte Anstoß zur Sicherheitsinitiative, den D'Abernon gab, als er – allerdings zunächst von sich aus, nicht auf Weisung aus London – Schubert am 29.12.1924 die „eingehende Prüfung" des Vorschlags für einen Rheinpakt empfahl, den Reichskanzler Cuno am 13.12.1922 dem amerikanischen Außenminister Hughes telegraphisch zugeleitet habe und der wegen der Ablehnung durch Poincaré „ins Wasser gefallen sei".[43] Der Kernsatz lautete,

> daß die am Rhein interessierten Mächte, nämlich Frankreich, England, Italien, Deutschland, sich gegenseitig zu treuen Händen der Vereinigten Staaten verpflichten [...], für ein Menschenalter ohne besondere Ermächtigung durch Volksabstimmung keinen Krieg gegeneinander zu führen [...].[44]

Das war für Schubert das Startzeichen zur Sicherheitsinitiative. Nach vertraulichen Beratungen nur im engsten Kreis erläuterte und übergab er, mit der Zustimmung Stresemanns und des Reichskanzlers Luther, dem britischen Botschafter am 20.1.1925 ein persönliches, inoffizielles Memorandum zur Sicherheitsfrage, das als zu diskutierende Lösungsmöglichkeit neben dem Cuno-Vorschlag vor allem den mit Gaus erarbeiteten Vorschlag vom 25.4.1923 enthielt, einschließlich des Angebots, einen Schiedsvertrag mit allen abzuschließen, die dazu bereit seien – also auch mit Polen und der Tschechoslowakei. Er wolle sich vorab mit der britischen Regierung streng vertraulich abstimmen über Tragweite und Vorgehen bei einem demnächst zu übergebenden offiziellen Vorschlag, der sich selbstverständlich in erster Linie an Frankreich richten müsse.[45] Das geschah am 9.2.1925 in Paris, nachdem der britische Außenminister der neuen konservativen Regierung, Sir Austen Chamberlain, in gewundenen, doch insgesamt positiven Äußerungen auf den die internationale Lage unter Umstän-

---

[41] Siehe z.B. Schubert-Dufour 18.6.1923, Nl. von Schubert (im Besitz der Familie), Privatbriefe, Bd.18.

[42] Neue Veröffentlichungen über Locarno von *Gaynor Johnson*: The Berlin embassy of Lord D'Abernon, 1920-1926. Basingstoke 2002; *dies*. (Hrsg.): Locarno revisited. European diplomacy 1920-1929. London-NewYork 2004.

[43] Aufz. Schubert 29.12.1924 (ADAP, Serie A, Bd. XI, S. 643).

[44] ADAP, Serie A, Bd. VI, S. 560.

[45] Aufz. Schubert und Memorandum 20.1.1925 (ADAP, Serie A, Bd. XII, S. 84-89).

den grundlegend verändernden Schritt eingegangen war.[46] Damit war eine grundlegend neue Entwicklung für eine moderne, ausgewogene internationale Ordnung in Europa versucht worden – und dementsprechend kompliziert waren die diplomatischen Erörterungen und Regierungsverhandlungen dann auch. Denn es ging für alle zunächst Beteiligten mittelbar oder unmittelbar, aber sehr ernsthaft und reflektiert um die Gestaltung der internationalen Politik und infolgedessen um die ganze Breite ihrer auswärtigen Beziehungen und Probleme und damit um wesentliche, Neues wagende Entscheidungen, so sehr man auch versuchte, im einzelnen an überkommenen Forderungen, Verbindungen und Vorgehensweisen festzuhalten. Und infolgedessen ging es auch – gerade in Deutschland – innenpolitisch um schwierige Auseinandersetzungen, die etwa für die Regierung Luther[47] bis zur Zerreißprobe mit den starken Kräften führten, denen die ganze Richtung nicht paßte – die DNVP saß sogar mit in der Regierung. Meinungsbildung, Marschrouten und Verhandlungsführung sind in ihrer Vielfalt ein Studienobjekt von seltenem Reiz und Erkenntniswert, und die Vorgänge waren spannend. Hier geht es aber vor allem um die Ergebnisse.

Während „unter den Alliierten", wie es auch im Auswärtigen Amt immer noch hieß, vornehmlich zwischen Großbritannien und Frankreich ein lebhaftes diplomatisches Ringen um eine gemeinsame Linie einsetzte, wartete man in Berlin ab, hatte in diesem Stadium nichts gegen die eingehenden Beratungen zwischen London und Paris einzuwenden, schritt aber in einzelnen Fragen weiter voran, zunächst in der wichtigen Frage, wer zu den engeren Beratungen und Entscheidungen hinzugezogen werden sollte. Belgien war klar, Italien weniger. Aber das Auswärtige Amt schuf praktisch vollendete Tatsachen, als es am 21.2.1925 nicht nur die belgische, sondern auch die italienische Regierung unterrichtete und damit in die Verhandlungen einbezog.[48] Im Falle Italiens war man in London und Paris anfangs etwas zurückhaltend und stellte den Italienern frei, ob sie mitmachen wollten, weil es teuer werden konnte, sie um ihre Teilnahme zu bitten.

---

46 Text des Memorandums ohne die für die Engländer bestimmte Einleitung, aber mit einem insbesondere für Paris interessanten Zusatz am Schluß, der nach den intensiven Vorüberlegungen von Gaus und Schubert weit mehr als eine billige Floskel war: „Im übrigen wird zu erwägen sein, ob es nicht ratsam ist, den Sicherheitsvertrag so zu gestalten, daß er eine alle Staaten umfassende Weltkonvention nach Art des vom Völkerbund aufgestellten ‚Protocole pour le règlement pacifique des différends internationaux' [Genfer Protokoll] vorbereitet und daß er im Falle des Zustandekommens einer solchen Weltkonvention von ihr absorbiert oder in sie hineingearbeitet wird." (ADAP, Serie A, Bd. XII, S. 158). Übergabe und Bericht Forsters 9.2.1925, ebd. S. 200-203. Diese Ausfertigung erhielt am 10.2.1925 auch D'Abernon (ebd. S. 211 Anm. 11). – Reaktionen Chamberlains: Schuberts Telegramm nach Paris, 31.1.1925 (ebd. S. 147-51).

47 AR, Luther, Bd. 1 und 2, passim.

48 ADAP, Serie A, Bd. XII, S. 259 Anm. 13, 379.

Letzten Endes überwog jedoch der Wunsch, Italien einzubinden, während die italienische Regierung die Möglichkeit einer weiteren Sicherung der Brennergrenze, gerade auch im Falle eines für sie keinesfalls akzeptablen Anschlusses Österreichs an Deutschland, sofort erkannte und jede Revision der Friedensverträge ablehnte, darüber hinaus aber, auch im Sinne der Wahrung der eigenen Entscheidungsfreiheit, die Deutschen gelegentlich unterstützte.[49] Die geplanten Regelungen erreichten schon im frühen Stadium der Vorbereitung allgemeineuropäisches Format, gingen also in ihrer Bedeutung weit über das deutsch-französische Verhältnis, die Sicherheitsfrage und die Anerkennung Deutschlands als gleichberechtigte Großmacht hinaus. Dazu gehörte auch die Sicherung der deutschen Grenzen mit Polen und der Tschechoslowakei sowie die Einbindung dieser beiden Länder und ihre Stellung in Europa ebenso wie die Behandlung des Donauraums und der Balkanfragen – auch im Hinblick auf die Zügelung expansiver Unternehmungen Italiens –, ferner die Lage der baltischen Staaten zwischen der Sowjetunion, Polen und Deutschland und generell vor allem das ungelöste Problem der internationalen Stellung der Sowjetunion. Schließlich, welche Rolle konnte und sollte der immer deutlicher europäisierte[50] Völkerbund in der sich abzeichnenden, vor allem von Frankreich, Großbritannien und Deutschland bestimmten neuen europäischen Ordnung spielen? Angesichts der deutschen Initiative war auch die französische Regierung für den Eintritt des Reiches in den Völkerbund, um die Sicherheit Frankreichs zu erhöhen. Die Briten waren ohnehin dafür aus dem gleichen Grund, aber auch mit Rücksicht darauf, daß ihnen der Völkerbund einen Teil ihrer Verpflichtungen, die Sicherheit auf dem Kontinent zu garantieren, abnehmen könnte. Aus diesem Grunde waren sie auch dafür, nicht nur Deutschland, sondern auch die Sowjetunion in den Völkerbund zu ziehen. Beide, die britische wie die deutsche Regierung wollten im übrigen die Sowjetunion nicht nur einbinden, sondern die Gefahr unkontrollierbarer Unternehmungen und einer Beeinträchtigung der deutschen Annäherung an die Westmächte verringern.

„Westen" schließt hier die amerikanische Regierung ein. Ohne ihren Rückhalt seit dem Winter 1923/24 wären die großen Veränderungen in der europäischen

---

49 Siehe die dichte Dokumentation der italienischen Haltung, Beobachtung und Kommentare zum Ablauf und zur Kenntnis der Sicherheitsdebatte zwischen den drei Hauptbeteiligten: DDI, 7. Serie, Bde. III und IV. Grundlegende Darstellung von *Matteo Luigi Napolitano*: Mussolini e la Conferenza di Locarno. Il problema della sicurezza nella politica estera italiana. Urbino 1996.

50 Dazu und zur europäischen Verflechtung seit dem Ersten Weltkrieg *Peter Krüger*: Das unberechenbare Europa. Epochen des Integrationsprozesses vom späten 18. Jahrhundert bis zur Europäischen Union. Stuttgart 2006, Kap. 5/2 bis 6/2, bes. S. 128-130. – Über die Rolle des Völkerbunds in der Vorbereitung von Locarno *Wintzer* 2006 (Fn. 29), Kap. 4/11.

Politik viel schwerer gefallen. Sie drängte hinter den Kulissen bei Diplomaten, Politikern und Geschäftsleuten auf einen Erfolg der entspannenden, stabilisierenden Sicherheitsinitiative und europäischen Verständigung. Das Konzept des friedlichen, wirtschaftlich unterfütterten Wandels, das Hughes entwickelt hatte, zahlte sich aus – auch für die wirtschaftlichen Interessen der USA in Europa.

Frankreich hielt solange wie möglich daran fest, die Reichsregierung aus den schon im Februar 1925 einsetzenden Besprechungen der „Alliierten“ herauszuhalten, übte damit aber auch einen beruhigenden Einfluß auf Polen und die Tschechoslowakei aus.[51] Die britische Regierung wies allerdings eine Einigung vorab wie auf der zweigeteilten Londoner Dawes-Plan-Konferenz zurück und hatte um so mehr alles Interesse daran, daß die deutsche Sicherheitsinitiative zu einer auch für die Franzosen akzeptablen Regelung und zu einem europäischen Erfolg, nicht zuletzt gegenüber den USA, entwickelt wurde. Was blieb, war ein gemeinsamer britisch-französischer Rheinpakt-Entwurf vom 12.8.1925.[52] Diese Exklusivität endete kurz darauf mit einem Novum: Die Chef-Juristen der drei Außenministerien, Henri Fromageot, Friedrich Gaus und Sir Cecil Hurst, dazu Massimo Pilotti für Italien und Henri Rolin für Belgien, befaßten sich auf einer Tagung in London vom 31.8.-3.9.1925[53] mit der komplizierten Materie und den Kontroversen, die sie auslöste. Daraus entwickelte sich zum einen eine vertrauensvolle Zusammenarbeit zwischen den dreien in schwierigen Fragen zwischen Außenpolitik und Völkerrecht wie vor Abschluß des deutsch-sowjetischen Vertrags (24.4.1926) oder bei der Vorbereitung des Kellogg-Paktes (27.8.1928); zum anderen wurden in London eine Reihe von Problemen schon vorgeklärt, so daß sich die Konferenz von Locarno (5.-16.10.1925) neben der endgültigen Ausgestaltung der Garantien im Rheinpakt vornehmlich auf zwei ungelöste Probleme konzentrieren konnte, die von Frankreich geforderte Garantie der vorgesehenen Schiedsverträge Deutschlands mit Polen und der Tschechoslowakei und die deutschen Vorbehalte gegenüber dem Sanktionsartikel 16 der Völkerbundsatzung.[54] Der französischen Forderung, restlos obligatorische Schiedsverfahren einzuführen und davon zugleich bestimmte, vor allem Sanktionsmöglichkeiten enthaltende Bestimmungen des Versailler Vertrags auszunehmen, war

---

[51] Allgemein zu dieser Problematik *Piotr S. Wandycz/Peter Krüger/Georges-Henri Soutou*: La Pologne entre Paris et Berlin de Locarno à Hitler (1925-1933), in: Revue d'Histoire diplomatique 1981, S. 236-348. – *Peter Krüger*: Sicherheit durch europäische Ordnung? Die Tschechoslowakei in der deutschen Konzeption internationaler Politik während der Locarno-Ära (Aufsatz-Manuskript, erscheint demnächst).

[52] Zur Entwicklung DBFP, 1. Serie, Bd. XXVII, u.a. Dok. 425f., 428, 440. Der britische Vorentwurf war dem Auswärtigen Amt trotz Geheimhaltung bekannt geworden (ADAP, Serie A, Bd. XIII, S. 690 Anm. 2).

[53] ADAP, Serie A, Bd. XIII, S. 129-132, 180.

[54] Aufz. Gaus 21.8.1925 (ADAP, Serie A, Bd. XIV, S. 34-45).

Gaus schon in London erfolgreich entgegengetreten und hatte darüber hinaus die Übernahme des deutschen Schiedsvertragssystems in das Vertragswerk vorbereitet.

Gaus hatte maßgebend zu dem nach 1919 entwickelten deutschen Schiedsvertragssystem, das viel Beachtung fand, beigetragen, indem er die vom Völkerbund nachdrücklich empfohlene Ausdehnung der Gerichtsfähigkeit von internationalen Streitfragen übernommen und damit für das Reich verbindlich gemacht hatte. Es handelte sich um Art. 13 Abs. 2 der Völkerbundsatzung; er lautet:

> Streitfragen über die Auslegung eines Vertrags, über alle Fragen des internationalen Rechtes, über das Bestehen jeder Tatsache, welche die Verletzung einer internationalen Verpflichtung bedeuten würde, oder über Umfang und Art der Wiedergutmachung im Falle einer solchen Verletzung gelten allgemein als solche, die einer schiedsrichterlichen Lösung zugänglich sind.

Für Locarno schlug Gaus nun vor, die schon nach dem deutschen System relativierte Interessenklausel völlig zu beseitigen.

In den außenpolitischen Erwägungen fanden, schon auf Grund der engen Zusammenarbeit zwischen Schubert und Gaus, zwei völkerrechtlich wesentliche Gesichtspunkte besondere Beachtung: Zum einen die ins Auge fallende Tatsache, daß Art. 13 Abs. 2 und dementsprechend das neue deutsche Schiedsvertragssystem über rein rechtliche Streitfragen und damit über den bisher – von Sonderfällen restloser obligatorischer Streitschlichtung abgesehen – üblichen Rahmen klar hinauswies. Gaus hatte in einer seiner grundlegenden internen Denkschriften am 30.7.1925 betont:

> Jene vier Gruppen [in Art. 13 Abs. 2] umfassen die überwiegende Mehrzahl der überhaupt denkbaren Staatenkonflikte. Das ergibt sich namentlich aus der Gruppe b, weil man die meisten Konflikte irgendwie in die Form einer Frage des internationalen Rechts einkleiden kann.[55]

Zum anderen die damit eng zusammenhängende Frage, ob nicht die Reichsregierung noch einen Schritt weitergehen und ein restloses Schiedsgerichtsobligatorium anerkennen sollte. Die Bedenken dagegen bestanden nicht zuletzt aus Rücksicht auf die innenpolitischen Gegner der Verständigungs- und Locarnopolitik, die überhaupt die innenpolitische Basis dieser Politik schmal und instabil machten. Schubert formulierte das bündig und mit bemerkenswerter politischer Klarheit in bezug auf die Handlungsfreiheit bei der Revision der Ostgren-

---

[55] Zusammenfassende Aufz. über die auf einer Sicherheitskonferenz zu erwartenden Auseinandersetzungen, 30.7.1925 (PA, Filmnr. 3689/D 826 507f.). Fortschreibung Aufz. 21.8.1925 (oben Anm. 54). Dazu auch Aufz. Gaus 22.9.1925 (Text: ADAP, Serie A, Bd.XIV, S. 278-82 ; Datum eigene Recherche nach seinen Handakten).

zen in Antwort auf eine sorgfältig und eingehend argumentierende Anregung Hoeschs, auf den „theoretischen Gewinn" der Handlungsfreiheit zugunsten eines Obligatoriums zu verzichten:

> Ich bin für meine Person durchaus Deiner Ansicht, daß das ganze Problem für uns wohl nur von der Grundlage des restlosen Obligatoriums aus zu lösen sein wird und daß wir weder die daraus erwachsenden technischen Schwierigkeiten scheuen noch allzu großen Wert auf die bei unserem [Schiedsvertrags-]System im Osten verbleibende theoretische Handlungsfreiheit legen sollten. Aber die Annahme dieser Ansicht kann hier in Berlin keineswegs als gesichert angesehen werden.[56]

Nun zu dem anderen wesentlichen Punkt, der erst in Locarno entschieden werden konnte, zu der von der Reichsregierung gewünschten differenzierenden und interpretierenden Erklärung über eine nach geographischer Lage und Rüstungsstand eingeschränkte Verpflichtung zur Erfüllung von Art. 16. Dafür hatte man in Berlin – und nicht nur dort – auch schon Formulierungs- und Argumentationsvorschläge parat. Das stärkste Argument lag in Art. 11 des Genfer Protokolls vor, das ja nicht gerade für seine nachgiebigen Formulierungen, vielmehr für sein lückenloses System, seine automatisch wirksamen Bindungen und seine strengen Sicherheitsformulierungen bekannt und abgelehnt worden war. Dort findet sich eine Interpretation des Art. 16, die von Gaus aufgegriffen wurde[57] und dem Auswärtigen Amt ausreichend erschien, nämlich die Verpflichtung eines Mitglieds zur Beteiligung an Sanktionen in dem Maße, „das ihm seine geographische Lage und die besonderen Bedingungen seiner Rüstungen erlauben". Die Sache hatte nur den Haken, daß sich diese Erleichterung bloß auf Art. 16 Abs. 1 und 2, nicht aber Art. 16 Abs. 3 bezog, in dem es unter anderem um das Durchmarschrecht ging. Deshalb bemühte sich Gaus in Locarno mit Erfolg, für Anlage F zum Schlußprotokoll von Locarno vom 16.10.1925[58] eine generelle Bezugnahme auf Art. 16 durchzusetzen. Der Text dieser Mitteilung an die deutsche Delegation enthielt also eine Auslegung des Art. 16 so, wie die übrigen, für den Rheinpakt zuständigen Delegationen ihn verstanden. Die entscheidende Feststellung wird deswegen in Anlage F folgendermaßen eingeleitet:

> Nach dieser Auslegung sind die sich für die Bundesmitglieder aus diesem Art. [16] ergebenden Verpflichtungen so zu verstehen, daß jeder der Mitgliedstaaten des Bundes gehalten ist, loyal und wirksam mitzuarbeiten, um der Satzung Achtung zu verschaffen [...].

---

56 Hoesch-Schubert 8.8. und Schubert-Hoesch 11.8.1925 (ADAP, Serie A, Bd. XIII, S. 718 und 748).

57 Siehe Fn. 54, S. 45.

58 Text des Vertragswerks von Locarno : RGBl. 1925 II S. 977ff.

Man ergriff im übrigen die Gelegenheit, die Verpflichtungen abzuschwächen, offenbar ganz gern. In Frankreich kam es hingegen zu einer interessanten Auslegung der eben zitierten Einleitung im Sinne einer Bekräftigung des Anspruchs, direkt („action immédiate“) zugunsten eines angegriffenen Verbündeten einzugreifen. Denn in der Anlage F wurde über die Erleichterung der Verpflichtungen für Deutschland hinaus eben nur auf die generelle Verpflichtung hingewiesen, für die Satzung einzutreten, ihr Achtung zu verschaffen und gegen jeden Akt der Aggression vorzugehen – ohne weitere Einschränkung. Es ging hier um das seit 1920 bestehende Problem des Festhaltens der französischen Regierung an Defensivbündnissen vor allem im Osten Deutschlands mit Polen und der Tschechoslowakei, aber auch mit Belgien. Die Begründung lautete verkürzt gesagt, daß diese Bündnisse Deutschland eindämmten, dadurch dem Frieden dienten, mit der Völkerbundsatzung und ihren Zielen vereinbar und durch die Anlage F gestärkt worden seien. Allerdings ließ sich dagegen argumentieren, daß dies nur für den Fall eines flagranten, gewaltsamen Verstoßes gegen die Satzung und eines Angriffs unter Mißachtung ihrer Art. 12, 13 und 15 galt. Diese Mißachtung wird eingangs des Art. 16 Abs. 1 als Voraussetzung für direktes Vorgehen der Bundesmitglieder genannt:

> Schreitet ein Bundesmitglied entgegen den in den Artikeln 12, 13 und 15 übernommenen Verpflichtungen zum Kriege, so wird es ohne weiteres so angesehen, als hätte es eine Kriegshandlung gegen alle anderen Bundesmitglieder begangen.

Dagegen sollte sofort eingeschritten werden. In allen anderen Fällen waren die Vorschriften für den Versuch friedlicher Streitschlichtung einzuhalten und erst bei deren Scheitern (Art. 15 Abs. 7), also nachdem der Völkerbundrat sich mit der Angelegenheit befaßt hatte, waren die Bundesmitglieder in ihrer Entscheidung frei. Auf deutscher Seite war man daher von den engen Grenzen der „action immédiate“ überzeugt. Aber auch in Frankreich selbst entwickelte sich allmählich eine gegensätzliche Auffassung und „Schule“, die zu dem Ergebnis kam, in jedem Falle müsse die französische Regierung erst eine Stellungnahme des Völkerbundrates abwarten.[59]

Die Diskussionen über Art. 16 führten – wie die übrigen Themen der Locarno-Verträge – zu den Grundfragen des Staatensystems und seiner weiteren Ausgestaltung. Wer damit befaßt war, spürte bei jeder Wendung, daß es hierbei um einen grundsätzlichen Wandel in der internationalen Politik ging, einen Wandel, der zugleich mit entschlossener Interessenwahrung der beteiligten Regierungen

---

59 *Georges-Henri Soutou*: La France et la problématique de la sécurité collective à partir de Locarno. Dialectique juridique et impasse géostratégique, in: Gabriele Clemens (Hrsg.): Nation und Europa. Studien zum internationalen Staatensystem im 19. und 20. Jahrhundert. Festschrift für Peter Krüger zum 65. Geburtstag. Stuttgart 2001, S. 134-39.

und den innenpolitischen Herausforderungen des Durchbruchs der Moderne[60] sowie der notwendigen Erholung und wirtschaftlichen Neustrukturierung einherging. Locarno hatte als Chance für Entspannung, Stabilisierung, Kooperation und internationale Verflechtung – trotz der gerade in Deutschland so mächtigen nationalistischen Gegenkräfte – eine enorme Bedeutung für die europäische Wirtschaft. Locarno war nicht nur die Voraussetzung für die benötigten amerikanischen Kredite, sondern auch für einen steigenden Wirtschaftsaustausch, relativ liberale internationale Wirtschaftsimpulse, eine – wenn auch begrenzte – Marktöffnung und den Beginn einer engeren wirtschaftlichen Zusammenarbeit zwischen Frankreich und Deutschland, die im wichtigsten Handelsabkommen zwischen den Weltkriegen am 17.8.1927 ihren Ausdruck fand. Bemerkenswert ist dabei, daß die Abschwächung des Art. 16 und der entgegenkommende Umgang des Reiches mit der Sowjetunion in der Sicherheitsfrage auch von ökonomischen Interessen beeinflußt wurden. Das findet noch immer zu wenig Beachtung in den Locarno-Analysen, obgleich das Erfordernis der politischen und wirtschaftlichen Einbindung der Sowjetunion eben nicht nur konkurrierende Interessen hervorbrachte, sondern auch die deutsche Rußlandpolitik 1925/26 bei den Locarno-Partnern in einem milderen Licht erscheinen ließ. Das zahlte sich für sie in der Vertrauenswürdigkeit der deutschen Ostpolitik aus, die sich schon in der Krisenbewältigung vom Baltikum bis zum Balkan 1927/28 bewährte. Da war fast nichts mehr geblieben, was den Argwohn nährte, die Deutschen wollten mit einer sowjetischen Allianz die Pariser Friedensordnung aus den Angeln heben.

Dieses erfreuliche Ergebnis sah man während der Vorbereitung der Locarno-Konferenz noch nicht voraus. Die Verknüpfung von Völkerbundsbeitritt, Art. 16 und deutsch-sowjetischen Beziehungen rief neben außenpolitischen auch innenpolitische Schwierigkeiten hervor. In der brieflich geführten Diskussion im August 1925 mit Schubert hatte Hoesch nicht bloß für ein restloses Schiedsgerichtsobligatorium um der Aufrichtigkeit der deutschen Position willen plädiert,[61] sondern auch für einen Verzicht auf eine, die deutsche Position erleichternde, auslegende Erklärung zum Art. 16. Auf diesen Brief antwortete Schubert ja rasch, seine Auffassung vom Obligatorium ist bereits zitiert, und sie wurde ergänzt durch eine bemerkenswerte, die Bedeutung von Art. 16 für die deutsche Außenpolitik ausweitende Stellungnahme. Zur Beruhigung Hoeschs ist der Ton anfangs fast burschikos:

> Was den Artikel 16 anlangt, so liegt [...] die Sache doch nun einmal so, daß wir unseren bisherigen Standpunkt nicht einfach aufgeben können. Das würde ja das Zugeständnis

---

[60] *August Nitschke/Gerhard A. Ritter/Detlev J.K. Peukert/Rüdiger vom Bruch* (Hrsg.): Jahrhundertwende. Der Aufbruch in die Moderne 1880-1930. 2 Bde., Reinbek 1990.

[61] Dazu Fn. 56.

> einschließen, daß wir uns geirrt hätten [...]. Irgendeine Formel muß also schon aus, sozusagen, Prestigegründen gefunden werden. Ich glaube ferner aber auch, daß eine solche Formel aus sachlichen Gründen für uns notwendig ist. Wir brauchen sie einmal den Russen gegenüber, wir brauchen sie außerdem, weil wir dadurch, politisch betrachtet, dasjenige Faktum schaffen, auf das wir künftig im Schoße des Völkerbundsrats hinweisen können, wenn wir gefährlichen Beschlüssen unser Veto entgegensetzen wollen. [...] Außerdem glaube ich mit Bestimmtheit sagen zu können, daß rein innerpolitisch keinerlei Möglichkeit besteht, die Völkerbundsfrage ohne eine derartige Formel zu lösen. Selbst mit dieser Formel wird der Eintritt in den Völkerbund hier im Innern die denkbar größten Widerstände auslösen.[62]

Indirekt wird hiermit noch einmal darauf hingewiesen, daß die Befürchtungen wegen der im Ernstfall gefährlichen Folgen des Art. 16 und der innenpolitischen Schwierigkeiten nicht nur Propaganda waren.

Hoesch wies Schubert außerdem Ende 1925 in einem weiteren kurzen Grundsatzdisput mit gewohnter gedanklicher Präzision und subtiler Erfassung der gegebenen Möglichkeiten auf die Grenzen hin, die nach der erstaunlichen Zurückhaltung in Paris und London angesichts der öffentlichen, für ihn fast atemberaubenden Erklärungen der Reichsregierung über ihre Auslegung der Anlage F und die dadurch gewonnene Entscheidungsfreiheit erreicht seien. Er dachte wie immer an die Glaubwürdigkeit und innere Logik der deutschen Außenpolitik und auch an eine gewisse Fairneß und Anerkennung der Interessen und Einstellungen in anderen Ländern. Soweit stimmte Schubert mit ihm völlig überein, ebenso mit seiner Schlußfolgerung, daß man den Russen weiter nicht entgegenkommen könne, vor allem nicht mit einem Neutralitätsversprechen, ohne sich zu sehr an die Sowjetunion zu binden. Doch über die Begründung Hoeschs war Schubert schon hinaus – ein faszinierender Moment der Klärung neuer Ansätze internationaler Politik. Hoesch äußerte sich ungewöhnlich deutlich gegenüber dem ihm befreundeten Staatssekretär:

> Auf der Basis von Locarno ist es uns möglich, von jetzt ab die Politik zu führen, die ich bei der augenblicklichen Lage der Dinge als die allein für uns richtige erachte, nämlich die Politik der Bindung an niemanden und der freien Verfolgung der rein deutschen Ziele [Rheinlandräumung etc.] unter Benützung aller sich bietenden Wege.[63]

Schubert kam wegen der Fülle der Geschäfte, vor allem der sehr schwierigen, auch von den Vorstellungen der Ostexperten belasteten deutsch-sowjetischen Verhandlungen, die zum Berliner Vertrag vom 24.4.1926 führten, erst am 20.1.1926 dazu, Hoesch zu antworten. Er tat das aber ebenso grundsätzlich, allerdings eher intern fast ungewohnt abgewogen und diplomatisch und mit einer Wortwahl, die für ihn unüblich und für seine Politik gerade nicht mehr kenn-

---

62 ADAP, Serie A, Bd. XIII, S. 748f.
63 Hoesch-Schubert 31.12.1925 (ADAP, Serie B, Bd. II/1, S. 83).

zeichnend, aber im Auswärtigen Amt noch gebräuchlich war und eine Politik der freien Hand ohne vorzeitige, einseitige Bindungen zum Ausdruck brachte. Auch Schubert, in einer Zeit angespannter Arbeit in der Ost- wie in der Westpolitik um allgemeine Übereinstimmung in der auswärtigen Politik besorgt, betonte behutsam die Notwendigkeit, sich nicht einseitig zu binden, weil die Möglichkeit dazu gar nicht bestehe. Aber nach Locarno müsse man einige berechtigte Sorgen der Russen ernstnehmen. Er wollte als seit Jahren überzeugter Verfechter eines engen Zusammengehens mit Frankreich und Großbritannien auch nicht in den Verdacht einer einseitigen Behandlung der auswärtigen Angelegenheiten kommen und bagatellisierte in seiner Antwort durch Betonung des gewählten Zeitpunkts der Initiative, der verweigerten Räumung der Kölner Zone, die Anfänge von seiner und Stresemanns Locarno-Politik deutlich, um dann doch ein um so bemerkenswerteres Zeugnis abzulegen für seine im Grunde seit langem betriebene Politik einer höheren Ebene vertrauensvoller europäischer Kooperation bei aller energischen Vertretung deutscher Forderungen und Interessen – sofern sie eben einleuchtend und vertretbar waren:

> Es ist gewiß richtig, daß wir mit Locarno nicht für den Westen optieren wollten, sondern daß unsere ganze Aktion lediglich defensiv der Befreiung des Rheinlandes dienen sollte. Ebensowenig ist aber zu leugnen, daß Locarno sich schließlich doch zu einer sehr viel größeren politischen Bedeutung entwickelt hat, als wir und wohl auch die Gegenkontrahenten anfänglich vermuteten. Über die defensive Absicht hinaus haben sich doch Möglichkeiten höchst aktiver Art ergeben. Die Worte Chamberlains „Locarno ist nur ein Anfang!" sind durchaus ernst zu nehmen.[64]

Dieses weitergehende, richtungweisende Element enger Kooperation in der Locarno-Politik hat Schubert auch später bei wichtigen Entscheidungen beschworen.

Zur Locarno-Konferenz reisten die Deutschen als einzige Delegation mit dem Regierungschef an der Spitze an, die anderen schickten ihre Außenminister, und Mussolini beehrte die Konferenz gegen Ende mit einem persönlichen Besuch. Für Stresemann war es wichtig, den Reichskanzler zur Stärkung seiner Position im Innern dabei zu haben.[65] Die Delegationen waren klein und erlaubten intensive Besprechungen, wobei die Juristen wohl am meisten Arbeit hatten, und die Atmosphäre wurde einhellig als insgesamt sehr angenehm bezeichnet;[66] obwohl ein Teil der behandelten Fragen noch sehr umstritten war. In den aus ihrer Sicht wichtigsten Punkten setzte sich die deutsche Delegation durch: Es gab nach wie vor trotz hartnäckiger polnischer Anstrengungen keine Garantie oder Gleichstellung der deutschen Ostgrenze mit der Westgrenze, und – nebenbei gesagt –

---

64 Ebd. S. 124.
65 AR, Luther, Bd. 1, S. 470 Anm. 4, 551, 565.
66 Umfassende Dokumentierung in AR, Luther, Bd. 2, S. 669-779.

schon gar nicht eine Garantie der Brennergrenze. Eine Garantierung der Ostschiedsverträge durch Frankreich konnte ebenfalls abgewendet werden, und die Franzosen gaben sich schließlich mit der von Hurst während der Juristen-Konferenz[67] vorgeschlagenen Alternative zufrieden, mit Polen und der Tschechoslowakei gesonderte Schutzverträge außerhalb des Locarno-Vertragswerks abzuschließen, wovon jedoch im Schlußprotokoll die Mitteilung gemacht wurde, man habe sich „gegenseitig den Nutzen" der mit dem Reich abgeschlossenen Schiedsverträge „sichern" wollen. Die von den Deutschen gewünschte Erklärung zur Auslegung von Art. 16 schließlich wurde in der schon mehrfach zitierten Anlage F zum Schlußprotokoll festgehalten.

Das Schlußprotokoll der Konferenz vom 16.10.1925 ist das von allen Teilnehmern unterzeichnete Manteldokument, das die mit der Konferenz verfolgten Absichten, die Ergebnisse und die offiziellen Mitteilungen zusammenfaßt. Die einzelnen Verträge und Abkommen sowie die Erklärung über Art. 16 sind Anlagen dazu: der Rheinpakt zwischen Belgien, Deutschland, Frankreich, Großbritannien und Italien mit den beiden dazugehörigen Schiedsabkommen Deutschlands mit Frankreich und Belgien sowie die Schiedsverträge Deutschlands mit Polen und der Tschechoslowakei, so bezeichnet, weil sie eigenständige Verträge waren und nicht zum Rheinpakt gehörten. Diese fünf Verträge wurden *ne varietur* paraphiert, konnten also bei der Vorlage zur Ratifizierung nur, wie sie waren, geschlossen angenommen oder abgelehnt werden. Sie wurden danach am 1.12.1925 in London feierlich unterzeichnet.

An der Konferenz hatten, abgesehen vom Sonderfall der Sowjetunion, die wichtigsten Staaten Europas teilgenommen, Polen und die Tschechoslowakei allerdings nur für ihren Vertragsbereich. Das Schlußprotokoll sollte nicht nur in bezug auf die Verurteilung des Krieges und die Notwendigkeit, „für die friedliche Regelung von Streitigkeiten jeglicher Art [...] zu sorgen", Beachtung finden. Auch die Absichtserklärungen über die daraus zu entwickelnde Politik sind von Bedeutung und haben bei einem so umfangreichen Vertragswerk wenigstens eine gewisse politische Verbindlichkeit, vor allem die Erklärungen über die Förderung der Abrüstung, aber ebenso über die notwendige internationale Entspannung und Zusammenarbeit sowie über die durch Frieden und Sicherheit in Europa erleichterte Lösung „vieler politischer und wirtschaftlicher Probleme".

Anlage A, der Rheinpakt, bildet das Kernstück des Systems von Locarno: Er regelt die Unverletzlichkeit der deutschen Westgrenze und des durch sie festgelegten territorialen Status quo, die Bestätigung und Präzisierung der Entmilitarisierung des Rheinlandes und ihrer Sicherung gemäß Art. 42 und 43 des Versail-

---

[67] FO 371/10739, Aufz. Hurst 5.9.1925.

ler Vertrags, die friedliche Streitschlichtung unter obligatorischer Einbeziehung des Völkerbundrates, das Vorgehen gegen etwaige Vertragsbrecher, die Verpflichtung Deutschlands, Belgiens und Frankreichs, „in keinem Fall zu einem Angriff oder zu einem Einfall oder zum Kriege gegeneinander zu schreiten", und die wechselseitige und gemeinsame Garantie dieser Bestimmungen durch die Unterzeichner: Deutschland, Belgien, Frankreich, Großbritannien und Italien. Die Garantie für die Schiedsabkommen wurde, wieder unter Einbeziehung des Völkerbundrates, in Art. 5 detailliert geregelt. Ein unmittelbares Vorgehen ohne Einschaltung des Völkerbundrates vorab – aber auf jeden Fall mußte er im nachhinein damit befaßt werden – war nur zulässig, wenn es sich um eine flagrante Verletzung des Art. 2 des Rheinpakts (Angriffskrieg) und der Art. 42 und 43 des Versailler Vertrags (Verletzung der entmilitarisierten Zone am Rhein) handelte. Der Versailler Vertrag und der Vertrag über den Dawes-Plan blieben ausdrücklich von den Bestimmungen des Rheinpakts unberührt (Art. 6). Der Rheinpakt sollte in Kraft treten, sobald Deutschland Mitglied des Völkerbunds geworden war. Das geschah nach einigen Schwierigkeiten auf der Völkerbundsversammlung vom Herbst 1926. Die deutschen Ostgrenzen wurden nicht in die Garantie einbezogen; schon innenpolitisch wäre das für die Reichsregierung wegen des deutschen Revisionsanspruchs unannehmbar gewesen, und auch die britische Regierung weigerte sich ja, so weitgehende und unübersehbare Verpflichtungen einzugehen. Ihr gegenüber hatte Schubert mit Billigung Luthers und Stresemanns am 28.3.1925 eine vertrauliche, aber verbindliche Erklärung abgegeben, daß die Reichsregierung „den Gedanken von sich" weise (in der englischen Fassung: "renounce any idea"), die deutsch-polnische Grenze mit kriegerischen Mitteln zu ändern.[68]

Anlagen B und C sind die in Art. 3 des Rheinpakts nach Zuständigkeit und Verfahren kurz skizzierten ergänzenden Schiedsabkommen des Deutschen Reiches mit Belgien und Frankreich. Anlagen D und E enthalten die entsprechenden Schiedsverträge mit Polen und der Tschechoslowakei. Dabei hatte sich das deutsche Schiedsvertragssystem ja durchgesetzt. Die Texte der Anlagen B bis E sind weithin gleich, bis auf die Präambeln und den in den Anlagen D und E zusätzlich eingefügten Art. 21, dessen Inhalt für die Anlagen B und C schon in Art. 6 des Rheinpakts berücksichtigt ist.

[68] Zum Vorgang: Historische Zeitschrift 230 (1980), S. 591f.; ADAP, Serie A, Bd. XII, S. 543-48.

IV.

Als generelles Ergebnis lassen sich folgende Punkte festhalten:

Das Vertragswerk von Locarno ist insgesamt als bewußter Akt vertraglicher Neufundierung der internationalen Beziehungen in Europa zu verstehen, und zwar mittels der Festlegung von Rechten und Pflichten der Regierungen in Streitfällen und Sicherheitsfragen, von Normen für ihr Verhalten und vor allem durch rechtliche Regelung von außenpolitischem Vorgehen und Verfahren. Die Locarno-Konferenz brachte infolgedessen ganz entschieden das Gegenteil einer Allianz hervor. Das Vertragswerk war allerdings begrenzt, auf Deutschland bezogen und auf die Gefahren, die es auszulösen vermochte, und getragen von den Großmächten. Es gab keine Vorkehrung für die Aufnahme weiterer Vertragspartner. Und bis zum Modellfall für ähnliche Abmachungen in anderen Regionen – ebenfalls unter lenkender Mitwirkung der Großmächte, sonst war so ein Unternehmen nutzlos – hat es seine nur kurze Karriere nicht gebracht.

Locarno bedeutete, ganz besonders nach dem Ruhrkampf, für die Zeitgenossen einen frappierenden, unerhört tiefgreifenden und vielleicht deswegen so prekären Wandel sowohl in der europäischen Politik als auch im dafür maßgebenden deutsch-französischen Verhältnis. Davon zeugte die öffentliche Meinung. Die Wurzeln dieser, trotz heftigen machtpolitischen Gestaltungsgerangels bedeutenden Demonstration der politischen Fähigkeit, zu neuen Formen der politischen und ökonomischen Zusammenarbeit in Europa zu gelangen, waren weit verzweigt und vielfältig. Das zeigen etwa die strukturellen Notwendigkeiten und Anreize zur Kooperation sich immer enger verflechtender Industrienationen oder die konsequenten britischen Bemühungen nach dem Ersten Weltkrieg, Sicherheit, Interessenausgleich und offene Märkte in Europa zu fördern. Dabei hatte London in engem Kontakt die wirtschaftlichen und politischen Stabilisierungsbemühungen des europäischen Hauptgläubigers, der USA, auf seiner Seite. Nachdrücklich unterstützt von diesen Bemühungen lagen indes die wichtigsten Ursprünge der neuen Politik im sich ändernden deutsch-französischen Verhältnis, das angesichts des Machtpotentials und des Einflusses beider Länder entscheidend war für den Zustand Europas.

Einmal abgesehen von Mythen und Verklärungen, die schon der schöne Klang des Namens Locarno auslöst, stellt das Vertragswerk also einen epochalen Einschnitt dar: Das galt auch für die Atmosphäre und die Arbeitsweise der Konferenz sowie das daraus resultierende persönliche Beziehungsgeflecht auf der höchsten Ebene europäischer Politik, wodurch Ansätze für einen gewissen Corpsgeist unter den europäischen Mächten entstanden. Dies trug bei zu einem, wenn auch nur kurzlebigen, Wandel der internationalen Politik, und zwar sowohl hinsichtlich ihrer kooperativen, Verflechtung fördernden Methoden als auch von ihrer systemischen Qualität her betrachtet, die Europa als ein bei allen Interessengegensätzen gemeinsam und als Ganzes in den Blick zu nehmendes Politikfeld behandelte. Locarno schuf die Möglichkeit für eine neue Ebene systemischer europäischer Politik durch ein erneuertes kooperatives Staatensystem und Europäisches Konzert auf der Basis des Rechts. Locarno wirkte somit zugleich als Instrument der Friedenssicherung und der einvernehmlichen Behandlung europäischer Probleme, zu denen auch deutsche Forderungen nach bestimmten Revisionen des Versailler Vertrags zählten, vornehmlich eine vorgezogene Räumung der besetzten Gebiete und eine endgültige, günstiger als der Dawes-Plan ausfallende Regelung der Reparationen. Eine solche, dem Europäischen Konzert des 19. Jahrhunderts entsprechende Handhabung und Methodik europäischer Politik wurde erleichtert durch die regelmäßigen Begegnungen und Beratungen der Vertreter der führenden europäischen Mächte (bald die Locarno-Mächte genannt) im Rahmen der vierteljährlich stattfindenden Sitzungen des Völkerbundrates. In Locarno gelang eine einmalige Zuordnung und Verknüpfung von Interessenpolitik und neuen Kooperationsformen souveräner Staaten mit einer modernen internationalen Rechts- und Friedensorganisation, dem Völkerbund. Die damit verbundene Europäisierung der Probleme brachte eine stärkere Sicherung auch Polens, der Tschechoslowakei und überhaupt ganz Osteuropas zustande als zu irgendeinem anderen Zeitpunkt zwischen den Weltkriegen. Es kam nun darauf an, was man aus diesen Voraussetzungen machte. Sie wurden für einige Jahre genutzt und bestimmten die europäische Politik bis in den Sommer 1930 hinein. Dann zeichnete sich das Scheitern des, Locarno vertiefenden, im Völkerbund zu verankernden Briandschen Europa-Plans vom 17.5.1930 ab. Neue innen- und außenpolitische Spannungen, vor allem in Deutschland, sowie die Weltwirtschaftskrise begannen die internationale Politik zu prägen.

Verträge und Politik von Locarno hatten also praktisch eine Erneuerung und Vertiefung des europäischen Grundmodells internationaler Verständigung und Zusammenarbeit auch und gerade im Falle divergierender Interessen gebracht, des Europäischen Konzerts. Es ist angesichts dieser neuen Verbindlichkeit internationaler Normen des Verhaltens und Verfahrens und angesichts der Tatsache, daß sie, von den Großmächten auch in der praktischen Politik der folgenden Jahre vertreten, auf ganz Europa ausstrahlten, abwegig, immer noch die fehlende Garantie der deutschen Ostgrenzen zu rügen. Viel stärker wirkte die entspannende, politisch und wirtschaftlich vor allem für Deutschland einträgliche Zusammenarbeit der Großmächte, die zwar in Locarno ihre nationale Handlungsfreiheit eingeschränkt hatten, nun aber durch ihre Beteiligung, ihr „Mitmachen" und Miteinander auf der europäischen Ebene ganz neue „transnationale" Einfluß- und Handlungsmöglichkeiten für friedlichen Wandel gewannen. Auf diese zunehmenden Vorteile zu verzichten, wurde für die Reichsregierung immer nachteiliger, solange sie nicht bereit war, die innen- und außenpolitisch maßgebenden Rechts- und Verfassungsprinzipien der Republik untergraben zu lassen oder über Bord zu werfen, auf eine konfrontative Politik der Revisionsforderungen gegen die „Fesseln“ und den „Schmachfrieden“ von Versailles und auf nationalistische Großmachtvorstellungen zurückzufallen und äußerstenfalls auch zu gewaltsamen Lösungen in der Zukunft bereit zu sein. Mit dem von Hitler angeordneten Einmarsch in die entmilitarisierte Zone des Rheinlands – und mit den ausbleibenden angemessenen Reaktionen darauf – war es seit dem März 1936 ganz offensichtlich, daß ein Europäisches Konzert und die Verteidigung der Locarno-Verträge nicht mehr existierten. Das Aufbrechen der Sicherungssysteme setzte also nicht an der deutschen Ostgrenze an – was ohnehin nie sehr wahrscheinlich gewesen war –, sondern am neuralgischen, geostrategisch entscheidenden Punkt, der am stärksten gesicherten und garantierten Westgrenze. Hier war Deutschland verwundbar, hier zuerst mußten die Verhältnisse zugunsten des Reiches verändert und das ganze Vertragsgebäude von Locarno zum Einsturz gebracht werden, ehe die Expansion im Osten beginnen konnte.

Wer beim Stichwort „Locarno“ nur an Verständigung, Entgegenkommen und Verzicht auf nationale Forderungen denkt, hat den Vorgang von vornherein mißverstanden. Kein Interesse, kein Anspruch – über die Regelungen der Verträge hinaus – wurde aufgegeben (und dies auch nicht erwartet). Was tatsächlich zählte, war die Wiedergewinnung einer europäischen Ebene zur gemeinsamen Problem- und Konfliktbehandlung. Und das funktionierte gut – für ein paar Jahre. Der große Gewinn war eine Regelung und Eingrenzung von Methoden und Verfahren in der internationalen Politik, ein Bereich, der durchweg in der Forschung unterschätzt wird. Sicherheit und Verständigung als Basis deutscher Außenpolitik erwiesen sich als entscheidend in dem Bestreben, einige Regelungen des Versailler Vertrags einvernehmlich zu revidieren, nachdem er als verbindlicher Ausgangspunkt aller weiteren außenpolitischen Schritte auch durch die Locarno-Verträge anerkannt worden war, und das übrige beiseite zu lassen. Daran erweist sich auch die Haltlosigkeit der immer wieder in der Forschung auftretenden Behauptung, Locarno-Politik habe schon deshalb nicht funktionieren können, weil die Beteiligten unüberbrückbare Interessengegensätze gehabt hätten. Das leuchtet schon wegen der für die Locarno-Ära grundlegenden, allen anderen Interessen übergeordneten Verpflichtung zu Kooperation, Einvernehmen und friedlichem Wandel nicht ein und enthält einen deterministischen Zug, der zwischen Staaten und Gesellschaften mit fundamental unterschiedlichen Interessen – und gar Kulturen – im Grunde keine sinnvollen Verhandlungsmöglichkeiten, Koexistenzregelungen oder Interessenausgleich mehr erkennen könnte. Um auf den britischen Vergleich von Locarno 1925 mit Aachen 1818 zurückzukommen: was wirklich fehlte, wäre, wie 1818 gegen Frankreich, eine Absicherungsallianz gegen Deutschland für den Fall gewesen, daß es doch wieder ausschert und zur übermächtigen Gefahr wird.

Der eigentliche Grund für das Ende der Locarno-Ära waren nicht etwa unlösbare internationale Probleme und Gegensätze, sondern die Verflochtenheit von Innen- und Außenpolitik, genauer: die Abkehr des Deutschen Reiches von der Republik und der Verständigungspolitik seit dem Frühjahr 1930. Die sich zunehmend durchsetzende Fundamentalopposition gegen die Republik zielte auch auf deren Außenpolitik. Es ging um die Beseitigung des Prinzips. Der Vorrang, die Norm friedlicher außenpolitischer Methoden und Streitschlichtung und des Strebens nach einvernehmlichen Lösungen sollte fallen, und demgegenüber gibt es keinen Sinn, auf immer noch – ab und zu nur, und unter immer schlechteren Bedingungen – mögliche Verständigungen und Kompromisse in den frühen 30er Jahren zu verweisen.

Locarno und die deutsche Innenpolitik

Christoph Jahr

I. Einleitung

Die Forschung ist sich heute weitgehend einig darüber, daß Locarno und der damit eng verknüpfte Eintritt Deutschlands in den Völkerbund einen – wenig mehr als sieben Jahre nach dem Weltkriegsende erstaunlichen und für die ehemaligen Kriegsgegner nicht leicht zu verdauenden – Triumph deutscher Außenpolitik darstellte. Deutschlands Rückkehr auf die internationale Bühne als gleichberechtigter Akteur wurde dadurch sinnfällig und ebenso fanden die französischen Vor- und Sonderrechte ihr Ende.[1] Peter Krüger hat in seinem pointierten Beitrag mit aller Deutlichkeit einige der Mythen um die Locarno-Verträge richtiggestellt: Locarno bedeutete nicht das Ende nationalstaatlich definierter Außen- und Interessenvertretungspolitik, sondern „nur" deren – zeitweise recht erfolgreiche – Transformation in neue Formen der Konfliktaustragung. Dabei, Krüger hat auch hierauf hingewiesen, handelte es sich in mancher Hinsicht um die letztmalige Reaktivierung des „Europäischen Mächtekonzerts".

Im folgenden sollen nun ergänzend – nach einigen kurzen Überlegungen über die Bedeutung der Zäsur von 1923 als Bedingung der Möglichkeit von Locarno – der innenpolitische Hintergrund und die Folgen von Locarno für Deutschland kurz erörtert werden. Dabei soll es allerdings weniger um die von Peter Krüger andernorts gestellte Frage gehen, ob „die Locarno-Politik dem erforderlichen Bewußtseinswandel und Verständigungswillen der Deutschen zuviel zugemutet habe"[2], sondern nur um die unmittelbaren und mittelbaren Folgen für das fragile politische System Deutschlands.

---

1 Vgl. *Joachim Wintzer*, Deutschland und der Völkerbund 1918-1926, Paderborn 2006, S. 529.

2 *Peter Krüger*, Locarno und die Frage eines europäischen Sicherheitssystems unter besonderer Berücksichtigung Ostmitteleuropas, in: Ralph Schattkowsky (Hrsg.), Locarno und Osteuropa. Fragen eines europäischen Sicherheitssystems in den 20er Jahren, Marburg 1994, S. 9-27, hier S. 9.

II. Das Jahr 1923 als Zäsur

Die Verhältnisse von Grenzen und Ländern, Staaten und Regionen, Zentren und Peripherien waren durch die Pariser Vorortverträge neu definiert worden. Die größten Verschiebungen gab es dabei wohl in Ostmitteleuropa.[3] Manche Erfahrungen, die üblicherweise zum Kriegserlebnis gehören, wie z. B. die Besatzungsherrschaft, wurden in Deutschland nennenswert erst nach1918 gemacht. Der „Krieg *nach* dem Krieg" tobte unter anderem auch deswegen sehr heftig.[4] In weiten Teilen Osteuropas und im ehemaligen Zarenreich ging der Weltkrieg in einen (teilweise hochgradig ideologisch aufgeladenen) Bürgerkrieg über.

Nach 1923 setzte sich die Erkenntnis mehr und mehr durch, daß die Nachkriegsrealitäten anzuerkennen seien, insbesondere was die vielfach umstrittenen Grenzziehungen anbetraf. Sehr viel mehr als der Verzicht auf zwischenstaatliche Gewaltanwendung und die Hoffnung auf Institutionalisierung und überwachte Umsetzung von Minderheitenschutzrechten war dabei freilich kaum zu erwarten. Dieser „neue Realismus" zeigte sich vor allem in Hinblick auf den „steinernen Gast" des europäischen Mächtekonzerts der Zwischenkriegszeit, die Sowjetunion, die von Großbritannien und Frankreich im Februar bzw. Oktober 1924 diplomatisch anerkannt wurde. Wer von der Sowjetunion und also vom Kommunismus spricht, kann freilich von dessen ideologischem Widerpart nicht schweigen. Der Faschismus kam in seinem Ursprungsland Italien seit dem Herbst 1922 in einem langen und komplexen Prozeß an die Macht. Seither waren in Europa jene drei Herrschaftsformen präsent, die die Geschichte der folgenden Jahrzehnte nachhaltig prägen sollten.

Der Zäsurcharakter des Jahres 1923 ist auch in Hinsicht auf Deutschland hervorzuheben. Für die Weimarer Republik markiert es den Wendepunkt von der Staatskrise zur relativen Stabilisierung bis 1929/30. Diese Krise erfaßte Staat und Gesellschaft in vielfältiger Weise. Die außenpolitische Krise, ausgelöst durch die Besetzung des Ruhrgebiets durch französische und belgische Truppen

---

3 Vgl. *Peter Krüger*, Ostmitteleuropa und das Staatensystem nach dem Ersten Weltkrieg: Im Spannungsfeld von Zentren, Peripherien, Grenzen und Regionen, in: Eduard Mühle (Hrsg.), Mentalitäten – Nationen – Spannungsfelder. Studien zu Mittel- und Osteuropa im 19. und 20. Jahrhundert. Beiträge eines Kolloquiums zum 65. Geburtstag von Hans Lemberg, Marburg 2001, S. 53-68; *Christoph Jahr*, Grenzen, Zentren und Peripherien nach 1918. Die Auswirkungen des Ersten Weltkriegs auf die Gesellschaften, Staaten und Nationen Europas, in: Christa Brüstle/Guido Heldt/Eckhard Weber (Hrsg.), Von Grenzen und Ländern, Zentren und Rändern. Der Erste Weltkrieg und die Verschiebungen in der musikalischen Geographie Europas, Schliengen 2006, S. 41-55.

4 Vgl. als Quellensammlung *Bernd Ulrich/Benjamin Ziemann* (Hrsg.), Krieg im Frieden. Die umkämpfte Erinnerung an den Ersten Weltkrieg. Quellen und Dokumente, Frankfurt a. M. 1997.

am 11. Januar 1923, erschütterte die internationalen Beziehungen, vergiftete das Verhältnis zwischen Deutschland und Frankreich bzw. Belgien weiter, machte aber auch die Differenzen in der Strategie und Taktik zwischen den Alliierten deutlich. Der von den Besatzungsmächten geförderte Separatismus im Rheinland bedrohte darüber hinaus die Reichseinheit. Die bedeutendste wirtschaftliche Folge der „Ruhrbesetzung" war die Hyperinflation, die durch die Belastungen infolge der Besetzung und der Politik des passiven Widerstandes wesentlich gefördert wurde. Schließlich verschärfte sich die innenpolitische Krise weiter, vor allem durch die Auseinandersetzung mit den radikalen politischen Flügelparteien KPD (Reichsexekution gegen Sachsen) und NSDAP (Hitlerputsch). Es war die vom 12. August bis zum 23. November 1923 amtierende Große Koalition unter Reichskanzler Gustav Stresemann, die das Abenteuer des passiven Widerstandes gegen die Ruhrbesetzung beendete und jene Währungsstabilisierung einleitete, auf der die relative wirtschaftliche Erholung und politische Normalisierung der Folgejahre aufbaute.

Erst jetzt fand der Erste Weltkrieg im Hinblick auf Frankreich, Belgien und Deutschland seinen Abschluß.[5] So stellt etwa Hans Mommsen fest, daß „eine qualitative Veränderung der deutschen Politik" eintrat, „die sich auf den durch die Pariser Vorortverträge geschaffenen Status quo einstellte und nicht mehr darauf setzte, die angelsächsischen Mächte gegen Frankreich auszuspielen."[6]

III. Der innenpolitische Hintergrund

Die Stabilisierung der innenpolitischen Lage stand allerdings in einer Hinsicht unter einem schlechten Stern, denn vom Bruch der Großen Koalition am 23. November 1923 bis zur Kanzlerschaft Hermann Müllers ab dem 28. Juni 1928 schied die SPD als größte und zuverlässigste Stütze von Republik und Demokratie aus der Regierungsverantwortung im Reich aus. Stattdessen wechselten sich verschiedene bürgerliche Regierungskoalitionen ab, als Minderheitenregierungen *ohne* oder als „Bürgerblockregierungen" *mit* Beteiligung der rechten Flügelpartei DNVP.

Wie tief die Phase der relativen innenpolitischen Stabilisierung der Weimarer Republik über weite Strecken und auch in dem hier besonders interessierenden

---

5 Vgl. *Gerd Krumeich*, Der „Ruhrkampf" als Krieg: Überlegungen zu einem verdrängten deutsch-französischen Konflikt, in: Gerd Krumeich/Joachim Schröder (Hrsg.), Der Schatten des Weltkriegs: Die Ruhrbesetzung 1923, Essen 2004, S. 9-24, hier S. 9.

6 *Hans Mommsen*, Die politischen Folgen der Ruhrbesetzung, in: Gerd Krumeich/Joachim Schröder (Hrsg.), Der Schatten des Weltkriegs: Die Ruhrbesetzung 1923, Essen 2004, S. 305-312, Zitat S. 305.

Zeitraum Herbst 1925 von einer politischen Gewichtsverlagerung nach rechts geprägt war, zeigt auch die Wahl Paul von Hindenburgs zum Reichspräsidenten am 26. April 1925. Dadurch geriet das machtvollste Amt der Republik in die Hände eines bekennenden Monarchisten und „Weltkriegshelden", was sich spätestens ab 1930 verhängnisvoll auswirken sollte, als mit Hilfe der Machtfülle des Präsidentenamtes die parlamentarische Struktur zunehmend und absichtlich zu Gunsten einer autoritäreren Regierungsform ausgehöhlt wurde. Die Tatsache, daß Hindenburgs knapper Wahlerfolg nur zustande kam, weil die katholische Bayerische Volkspartei dem Zentrumspolitiker Wilhelm Marx als gemeinsamem Kandidaten der prorepublikanischen Parteien die Unterstützung versagte, zeigt, wie weit diese zunächst latente Radikalisierung die Mitte der Gesellschaft erfaßt hatte.

1. Das Problem der Ostgrenze

Die letztlichen Ziele Stresemanns sind bekanntlich umstritten, insbesondere hinsichtlich Osteuropas.[7] Daß er weiterhin den Primat nationaler Interessen vertrat, dürfte angesichts der Zeitumstände, seiner eigenen Vergangenheit als Annexionist und seiner Verankerung in der nationalliberalen DVP nicht überraschen. Entscheidend ist und bleibt aber demgegenüber, daß Stresemann internationale Kooperation und den Kompromiß als nicht nur notwendig, sondern auch als wünschenswert anerkannte. Neben dem Aufbau eines Klimas der Verständigung und des Vertrauens zwischen Deutschland auf der einen und Frankreich bzw. Großbritannien auf der anderen Seite war es vor allem die Wirtschaftspolitik, in der Stresemann den Hebel zur Wiedererlangung nationaler Größe erblickte, da Deutschland allein in diesem Bereich noch den Status einer Großmacht hatte.[8]

Die Einsicht, daß militärische Macht auf absehbare Zeit keine wichtige Rolle für die Verfolgung deutscher außenpolitischer Interessen spielen könnte, war unter den Parteien und politischen Lagern Deutschlands allerdings nicht unumstritten. Wenn es einen Konsens in der fragmentierten deutschen Gesellschaft nach 1918 gegeben hat, dann den, daß die Nachkriegsordnung zu Gunsten Deutschlands geändert werden müsse. „Mit welchen Mitteln", so stellt beispielsweise Heinrich August Winkler fest, „Versailles zu revidieren war, darüber gingen die Meinungen auseinander. Daß es revidiert werden mußte, darüber bestand in Deutsch-

---

7 Hier sei nur auf die neueste Biographie verwiesen, deren Titel die Wertung deutlich macht: *Jonathan Wright*, Gustav Stresemann 1878-1929. Weimars größter Staatsmann, München 2006.

8 Vgl. *Gottfried Niedhart*, Außenminister Stresemann und die ökonomische Variante deutscher Machtpolitik, in: Karl H. Pohl (Hrsg.), Politiker und Bürger. Gustav Stresemann und seine Zeit, Göttingen 2002, S. 229-242.

land Konsens seit dem Tag, an dem der Vertrag unterzeichnet wurde."[9] Das Ziel war also klar, lediglich das Tempo, das Ausmaß und die Methoden auf diesem Weg waren umstritten. Daß es ein „Ostlocarno" nie gegeben hat, lag an diesem Revisionskonsens, denn die Ostgrenze gegenüber Polen wurde von keinem maßgeblichen politischen Lager dieser Jahre anerkannt.

Nicht ganz zu überzeugen vermag meines Erachtens daher Krügers These, es sei „abwegig, immer noch die fehlende Garantie der deutschen Ostgrenzen zu rügen."[10] Weil eine der Westgrenze entsprechende Garantie der Ostgrenze innenpolitisch, so, wie die Dinge nun einmal lagen, nicht durchsetzbar gewesen wäre, hätten Reichskanzler Hans Luther und Außenminister Stresemann selbst bei entsprechendem Willen – den sich nicht hatten – eine solche nicht aussprechen können. Auch ohne diese Garantie, darin ist Krüger noch völlig zuzustimmen, war Locarno eine der großen außenpolitischen Erfolge der Zwischenkriegszeit, dessen positive Aspekte die negativen bei weitem überwiegen. Dennoch bleibt es eine problematische Tatsache, daß das West-Ost-Gefälle an Sicherheit und Stabilität – das freilich nicht erst seit 1919 existierte – durch Locarno nicht vermindert wurde, eher im Gegenteil. Daran ändert auch die von Krüger in Erinnerung gerufene Tatsache nichts, daß die Revision von Versailles und Locarno im Westen mit der Besetzung des entmilitarisierten Rheinlandes begann und nicht etwa im Osten. Das lag sicher auch daran, daß es sich bei der Westgrenze um den „neuralgischen, geostrategisch entscheidenden Punkt"[11] handelte. Doch etwas anderes dürfte mindestens so wichtig gewesen sein: Nur hier konnte der Widerstandswille der Westmächte getestet werden, ohne sogleich eine Staatsgrenze zu überschreiten. Das geschah dann eben doch zuerst an der Ostgrenze gegenüber Österreich, dann aber vor allem und nun endgültig die Nachkriegsordnung Ostmitteleuropas aus den Angeln hebend, gegenüber der Tschechoslowakei durch die Annexion des Sudentenlandes. Daß dazu die Westmächte ihr Einverständnis gaben, zeigt im nachhinein, wie berechtigt die Befürchtungen der östlichen Nachbarn Deutschlands waren, nur noch Grenzgarantien „zweiter Klasse" zu besitzen. Permanent das Fehlen gleichwertiger Garantien für die Ost- *und* die Westgrenzen zu rügen, mag angesichts der politischen Situation und der mentalen Disposition in Deutschland tatsächlich wenig weiterführend sein; trotzdem lastet hier ein Schatten auf dem Locarno-Vertrag.

---

9 *Heinrich August Winkler*, Der lange Weg nach Westen. Bd. 1: Deutsche Geschichte vom Ende des Alten Reiches bis zum Untergang der Weimarer Republik, München 2000, S. 402-403.

10 *Krüger*, hier in diesem Band, S. 106.

11 *Krüger*, hier in diesem Band, S. 107.

2. *Die Folgen von Locarno im Innern*

Für Deutschland bedeutete Locarno die faktische Rückkehr auf die diplomatische Bühne als gleichberechtigter Akteur und potentielle europäische Großmacht. *In* Deutschland folgte auf Locarno die „Locarno-Krise". Der Locarno-Vertrag konnte nur mit Einwilligung der SPD im Reichstag ratifiziert werden, und diese Zustimmung wurde der SPD erst möglich gemacht durch die Zusage der Regierung Luther, nach der Ratifizierung der Verträge zurückzutreten. Nur so konnte die SPD ihr „Ja" zu Locarno aussprechen, wozu sie grundsätzlich bereit war, ohne zugleich die ungeliebte Mitte-Rechts-Regierung unterstützen zu müssen, wozu sie ebenso grundsätzlich *nicht* bereit war.

Die von der DNVP gehegte Hoffnung, das Vertragspaket aus Locarno und Völkerbundsbeitritt würde als verfassungsändernd zu werten sein, hatte sich allerdings nicht erfüllt. Die in diesem Fall notwendige 2/3-Mehrheit wäre gegen die Obstruktionshaltung der DNVP und KPD nicht zu erreichen gewesen, doch stellten Rechtsgutachten schließlich fest, daß keine Verfassungsänderung vorlag und folglich die einfache Mehrheit im Reichstag genügte. Die DNVP zwang daher aus Gründen der Parteiräson ihre Minister am 25. Oktober 1925 zum Rückzug aus dem Kabinett des parteilosen Kanzlers Luther. Der Preis für den außenpolitischen Erfolg der Regierung Luther/Stresemann war also eine weitere Destabilisierung der innenpolitischen Lage, denn die SPD blieb in der Opposition, weil einerseits maßgebliche innerparteiliche Kräfte eine Regierungsbeteiligung ablehnten, andererseits Stresemanns DVP strikt gegen eine Große Koalition unter Einschluß der SPD war.

Diese Destabilisierung der politischen Lage hätte vielleicht durch eine festere Einbindung der DNVP kompensiert werden können, doch genau das Gegenteil war bekanntlich der Fall. Nicht die relativ gemäßigte Parteiführung um den Vorsitzenden Kuno Graf von Westarp setzte sich durch, sondern der radikale, zu keinerlei praktischen Kompromissen willige Flügel der DNVP.[12] Außenpolitisch war dieser Vorgang insofern problematisch, als die Ablehnung des Locarno-Vertrages durch die größte rechtsnationalistische Partei diesen tendenziell entwertete. Die Meinungsführer des rechtskonservativen Spektrums verweigerten dadurch explizit das Bekenntnis zu den Prinzipien des zwischenstaatlichen Gewaltverzichts. Das Jahr 1926 war – Stichwort Flaggenstreit und Volksentscheid über die Fürstenenteignung – statt dessen von heftigen Grabenkämpfen auf dem

---

12 Vgl. *Barry A. Jackisch*, Kuno Graf von Westarp und die Auseinandersetzungen über Locarno: Konservative Außenpolitik und die deutschnationale Parteikrise 1925, in: Larry Eugene Jones/Wolfram Pyta (Hrsg.), „Ich bin der letzte Preuße". Der politische Lebensweg des konservativen Politikers Kuno Graf Westarp (1864-1945), Köln u.a. 2006, S. 147-162.

Gebiet der symbolischen Politik begleitet, während außenpolitisch das Deutsche Reich erste Früchte der Locarno-Politik zu ernten begann. Diese Erfolge wie die vorzeitige Räumung Kölns ab dem 30. November 1925 wurden von der politischen Rechten entweder nicht entsprechend gewürdigt oder, wie der Eintritt Deutschlands in den Völkerbund am 8. September 1926, als „Ausverkauf deutscher Interessen" gebrandmarkt. Selbst die Verleihung des Friedensnobelpreises an Stresemann, durch die er auf den Höhepunkt seines internationalen Ansehens gelangte, vermochte den tiefen Graben zwischen den pro- und den antidemokratischen Parteien nicht zu füllen. Obwohl – oder vielleicht eher *weil* – die Revision der Versailler Friedensordnung grundsätzlich von allen politischen Lagern gefordert wurde, entbrannte der Streit um die dafür zu wählenden Methoden und um konkrete Ziele besonders heftig.

An diesem Punkt wird übrigens auch deutlich, wie wichtig nicht zuletzt das Feld der Außenpolitik für den Prozeß der Radikalisierung des deutschen Konservativismus war. Zwar akzeptierte die DNVP bei ihrem erneuten Regierungseintritt Ende Januar 1927 sowohl den Locarno-Pakt als auch Deutschlands Völkerbundsbeitritt, doch bekanntlich währte diese Phase des politischen Realismus nicht lange. Nach dem Rücktritt dieses Kabinetts im Juni 1928 besiegelt die Wahl Alfred Hugenbergs zum neuen Parteivorsitzenden im Oktober desselben Jahres endgültig das Abdriften der DNVP in den prinzipiellen und destruktiven Radikalismus.

Noch nicht der Tod Stresemanns am 3. Oktober 1929, wohl aber das Ende der Großen Koalition unter Hermann Müller am 27. März 1930 markieren auch in der Außenpolitik eine scharfe Zäsur. Zwar fand unter der Regierung Brüning noch keine Totalrevision des Stresemann-Kurses statt, aber die nationalistischen Töne wurden doch lauter und schärfer. Konflikte wie das Reparationsproblem oder die Rüstungsbeschränkungen sollten durch ein zunehmend aggressiveres und forderndes Auftreten gelöst werden. Auch daß im Juni 1930 der langjährige Staatssekretär im Auswärtigen Amt, Carl von Schubert durch den stärker revisionistischen Bernhard von Bülow ersetzt wurde, zeigt diesen Klimawechsel an.

IV. Zusammenfassung

Was heute relativ unbestritten auf der Haben-Seite der Weimarer Republik steht, die Außenpolitik der Ära Stresemann, führte in der Zeit selber nicht zu einer Beruhigung und Einigung im Innern, sondern zum Gegenteil. Die potentielle Behinderung – wenn nicht gar Lähmung – des deutschen politischen Systems durch die komplementäre Obstruktionspolitik der rechts- und linksradikalen Flügelparteien DNVP (sowie Völkische Arbeitsgemeinschaft und Wirtschaftliche Vereinigung) auf der einen sowie der KPD auf der anderen Seite erscheint im nachhinein wie eine erste Ahnung jener negativen Dynamik, die seit der Juli-Wahl 1932 den Weg in die Katastrophe zu erheblichen Teilen ermöglichte. Nicht nur für die Innenpolitik, sondern auch für die Außenpolitik ist daher das Frühjahr 1930 eine fatale Zäsur, weil damals die letzte, dem Buchstaben *und* dem Geist der demokratischen Weimarer Verfassung entsprechende Regierung zurücktrat. Schleichend zunächst, dann immer deutlicher wurde in der Folgezeit auch der mit dem Namen „Locarno" verbundene Stil- und Inhaltswechsel der Außenpolitik zurückgenommen, die statt dessen wieder in aggressiv-nationalistische Fahrwasser geführt wurde. Die Präsidialkabinette seit 1930 gehören daher auch im Bereich der Außenpolitik bereits zu einer weit verstanden, aber doch präzise faßbaren Vorgeschichte des Nationalsozialismus.[13] Das Nachdenken über Locarno ist daher immer auch ein Nachdenken über mögliche Alternativen, aber es ist auch Trauerarbeit angesichts der Katastrophe für Europa und die Welt, die ab 1933 von Deutschland aus ins Werk gesetzt wurde.

---

13 *Hermann Graml*, Zwischen Stresemann und Hitler. Die Außenpolitik der Präsidialkabinette Brüning, Papen und Schleicher, München 2001.

Friedensordnung oder Kriegsverhinderung – der Völkerbund aus regimetheoretischer Sicht

Jan Irlenkäuser

I. Einleitung

Der Völkerbund stellte den ersten Versuch dar, eine internationale Ordnung zu schaffen, welche weltweit auf die Verhinderung des Krieges einerseits und auf die Schaffung eines dauerhaften Friedenssystems andererseits ausgerichtet war. Der folgende Beitrag will den Völkerbund aus einer regimetheoretischen Sichtweise untersuchen und auf dieser Grundlage versuchen, eine Antwort auf die Frage nach dem Wesen und der Natur des Völkerbundes im Hinblick auf die Verhinderung von Krieg bzw. der Schaffung von Frieden zu geben.

Die Erwartungen, die bereits vor seiner Gründung an den Völkerbund gerichtet wurden, waren immens. Galt es doch nach der Katastrophe des Ersten Weltkrieges eine Wiederholung dieser Entwicklungen unter allen Umständen zu verhindern. So sprach der deutsche Politiker Matthias Erzberger: „Entweder der Völkerbund mit seinen neuen ewig alten sittlichen Ideen oder: über kurz oder lang [werden] neue Kriege mit dem Ruin der Welt“.[1] In diesem Sinne stellte der Erste Weltkrieg unzweifelhaft ein katalytisches Ereignis dar, das konstitutiv für die Bildung des Völkerbundes war. „Es bedurfte der Erschütterungen des Weltkrieges, um den Willen zur Zusammenarbeit zu wecken.“[2]

Vor dem Hintergrund dieser zeitgenössischen Einschätzung, aber auch der historischen Entwicklung, sollen folgende Aspekte angesprochen werden:

- Funktion von Regimen
- Der Völkerbund als ein internationales Regime

---

1 *Matthias Erzberger*, Der Völkerbund als Friedensfrage. Rede, gehalten am 27. Dezember 1918 in der Berliner Handelshochschule, Deutsche Liga für den Völkerbund, Berlin 1919, S. 1.

2 *Bernhard Wilhelm von Bülow*, Der Versailler Völkerbund, Berlin, Stuttgart, Leipzig 1923, S. 1.

- Der Völkerbund als ein System der Kriegsverhinderung oder Friedensordnung?

II. Die Funktion von Regimen

Regime können als wechselseitige Prinzipien, Normen, Regeln und Entscheidungsmechanismen definiert werden, die das Verhalten eines Akteurs beeinflussen.[3] "Regimes are man-made arrangements (social institutions) for managing conflict in a setting of interdependence".[4] Dabei sind Regime kein Wert oder kein Ziel an sich, sondern lediglich ein Mittel zur Zielerlangung.[5] Hierbei unterscheiden sich Regime sehr deutlich in ihrer Reichweite, Regelungsdichte, Mitgliedschaft und Dauerhaftigkeit. Internationale Regime sind nicht an die Existenz korrespondierender internationaler Organisationen gebunden, jedoch können diese vorhanden sein.[6] Beispiele für Regime wären etwa das Übereinkommen zur Ächtung chemischer Waffen (CWÜ), der Einschränkung des Wahlfanges etc. Die Akteure von internationalen Regimen sind überwiegend souveräne Staaten, die rational operieren, um ihren eigenen Vorteil zu maximieren.[7]

Die Notwendigkeit zur Schaffung von Kooperation unter den Bedingungen der internationalen Anarchie ergibt sich aus der Unfähigkeit einzelner Akteure, eigenständig ihre Interessen so umzusetzen, daß für sie optimale Ergebnisse erzielt werden können.[8] Unter „Anarchie“ ist in diesem Zusammenhang lediglich das Fehlen einer zentralen Herrschaftsinstanz gemeint, die die Interaktion der beteiligten Akteure reguliert, nicht jedoch Anarchie im umgangssprachlichen Sinnen von Chaos. Zentral ist hierbei die Erwartungsunsicherheit gegenüber den anderen Akteuren. Das heißt: Wird sich der andere Staat an die eingegangenen Verpflichtungen halten oder ist damit zu rechnen, daß dieser betrügen wird? So stellte Erwartungsunsicherheit stets das zentrale Problem der internationalen Rüstungskontrollregime während des Kalten Krieges dar. Im Rahmen eines Regimes können die Ziele der beteiligten Staaten sowohl kurz- als auch langfristig

---

3 Vgl. *Stephen Krasner*, Structural Causes and Regime Consequences: Regimes as Intervening Variables, in: ders. (Hrsg.), International Regimes, Ithaca, London 1983, S. 1.

4 *Ernst B. Haas*, Words can hurt you, in: Stephen Krasner (Hrsg.), International Regimes, Ithaca, London 1983, S. 26.

5 Vgl. *Krasner* (Fn. 3), S. 5.

6 Vgl. *Barbara Lehmkuhl*, Regimeanalyse, in: dies. (Hrsg.), Theorien internationaler Politik, München, Wien 2001, S. 259.

7 Vgl. *Oran R. Young*, International Regimes: Toward a new Theory of Institutions, in: World Politics, Vol. 39, 1986, Nr. 1, S. 109.

8 Vgl. *Bernhard Zangl*, Regimetheorie, in: Siegfried Schieder/Manuela Spindler (Hrsg.), Theorien der Internationalen Beziehungen, Opladen 2003, S. 127.

sein und nur indirekten oder kaum quantifizierbaren Nutzen aufweisen, solange die Perzeption eines Nutzens vorhanden ist.

Die Teilhabe an einem Regime erfordert zwar theoretisch dessen Akzeptanz, d.h. die Einhaltung der dem Regime zugrunde liegenden Normen, jedoch muß dies nicht in jedem Fall vorhanden sein. Vielmehr ist es durchaus möglich, daß es aufgrund einer spezifischen Kosten-Nutzen-Analyse lediglich zu einer Befolgung, jedoch zu keiner tatsächlichen politischen Akzeptanz der Normen kommt. Dies kann sogar soweit gehen, daß lediglich eine partielle Befolgung der Normen vorliegt. Ein aktuelles Beispiel hierfür stellt das Verhalten der USA in bezug auf die Konvention zum Verbot von Antipersonenminen (Ottawa-Konvention) dar. Die USA haben die Konvention nicht unterzeichnet, halten sich jedoch de facto an diese, mit Ausnahme ihrer in Korea stationierten Truppen.

Nach Beate Kohler-Koch lassen sich zusammenfassend drei wesentliche Aufgaben von Regimen benennen:[9]

- Steuerung des Verhaltens von Akteuren und damit verbunden Senkung der Erwartungsunsicherheit.
- Reduktion der Transaktionskosten der internationalen Zusammenarbeit durch einen normativ-instutionellen sowie ggf. organisatorischen Rahmen.
- Bereitstellung von Information und Erhöhung der Transparenz.

III. Der Völkerbund als internationales Regime

A. Die Regimefähigkeit des Völkerbundes

Der Völkerbund stellte ein formales, da auf Verträgen zwischen den Mitgliedern basierendes inhaltlich weitreichendes Regime dar, in dessen Rahmen weitere Unterregime bestehen, beispielsweise zu Fragen der Flüchtlingspolitik oder des Kampfes gegen Frauen- und Menschenhandel (Rechtsgrundlage Art. 23 VBS). Grundlage hierfür bildeten die Normen über Zusammenarbeit der Staaten, wie sie in der Satzung des Völkerbundes, aber implizit auch in anderen Verträgen niedergelegt waren. Die Zusammenarbeit der Mitglieder im Rahmen der Organe des Völkerbundes bildete den institutionell-organisatorischen Rahmen für das Regime.

---

9 Vgl. *Beate Kohler-Koch*, Zur empirischen Theorie internationaler Regime, in: Barbara Lehmkuhl (Hrsg.), Theorien internationaler Politik, München, Wien 2001, S. 262.

B. *Die Regimenotwendigkeit*

Der Erste Weltkrieg machte in den Augen vieler alliierter Politiker, aber auch jener der ehemaligen Achsenmächte, z.B. Matthias Erzberger, in aller Klarheit deutlich, daß Krieg zu verhindern und den Frieden zu bewahren nur dann möglich sein werde, wenn ein internationaler Rahmen geschaffen würde. Dieser müßte auf der einen Seite normativ das Verhalten der Staaten regulieren, auf der anderen Seite Mechanismen vorsehen, die die Kooperation zwischen den Staaten ermöglichen würde.

Dem internationalen System vor 1914 wurde Systemversagen attestiert. So kam etwa Matthias Erzberger 1919 zu dem Schluß:

> Das politische Mittel des bisherigen Systems waren offene und geheime Bündnisse, das Prinzip des Gleichgewichts der Mächte und letzten Endes die Drohung mit dem Krieg. Jede Nation suchte auf Kosten der anderen möglichst viel für sich zu erreichen.[10]

Die weitsichtige und überaus modern klingende Analyse Erzbergers ist weitgehend deckungsgleich mit der Einschätzung des amerikanischen Präsidenten Wilson, wie man sie aus seinen 14 Punkten aus dem Jahre 1918 herauslesen kann, insbesondere bei der Absage an die bisherige Geheimdiplomatie der europäischen Kabinette. Die Forderung nach einem System, welches die Sicherheit und Wahrung der territoriale Integrität aller Staaten – kleiner wie großer – gewährleistet (Punkt 14), brachte nicht nur die Forderung nach einem Völkerbund auf die internationale politische Agenda, sondern umriß zugleich auch die normativen Grundlagen für die Organisation.

Allerdings muß bezweifelt werden, ob alle Mitglieder dieses internationalen Regimes tatsächlich an der Umsetzung der normativen Grundvorstellungen interessiert waren. Vielmehr zeigte sich eine Spaltung Europas spätestens in den dreißiger Jahren in eine nationalistische (z.B. Deutschland, Italien oder die Sowjetunion) und in eine internationalistische Gruppe (z.B. Großbritannien).[11]

C. *Die Steuerung des Verhaltens von Akteuren und die damit verbundene Senkung der Erwartungsunsicherheit*

Die normativen Grundlagen des internationalen Regimes Völkerbund finden sich vor allem in dessen Satzung wieder. Die Ziele der Organisation sind in der Präambel des Dokumentes festgehalten. Hierbei lassen sich, in bezug auf die Fragestellung dieses Papiers – Friedensordnung oder Kriegsverhinderung – zwei unterschiedliche normative Ansätze herausarbeiten. Zum ersten der Kriegsver-

---

[10] *Erzberger* (Fn. 1), S 1.

[11] Vgl. *John F.C. Fuller*, The First of the League Wars, London 1936, S. 229.

zicht als Grundlage für Frieden und internationale Sicherheit und, darauf aufbauend, zum zweiten die Regelungen über das Verhältnis der Nationen untereinander als Basis für eine langfristige Friedensordnung; dazu zählen unter anderem die Postulate nach Förderung der internationalen Zusammenarbeit, offenen, gerechten und ehrlichen Beziehungen der Staaten zueinander sowie die Herausstellung der Bedeutung des Rechts für die internationalen Beziehungen.[12]

Erkennt man an, daß Regime sich fortentwickeln sowie daß Normen nicht nur aus einer Quelle gespeist werden können, so kann durchaus angenommen werden, daß nach 1928 auch das allgemeine Kriegsverbot, wie es mit dem Briand-Kellog-Pakt kodifiziert wurde, in den Wertekanon des Völkerbund als internationales Regimes zu integrieren ist, wenngleich dies natürlich nicht direkt in der Satzung festgehalten wurde. Jedoch entsprach dieser Pakt durchaus der Intention der Satzung, besonders wenn man die in der Präambel festgelegten Ziele zugrunde legt.

Durch dieses Gerüst von Normen sollte und wurde zumindest theoretisch die Politik aller am Völkerbund beteiligter Staaten berechenbarer für die anderen Akteure und somit die Erwartungsunsicherheit signifikant reduziert. Zentral für Reduktion der Erwartungsunsicherheit war die Forderung nach einem signifikanten Abbau der nationalen Rüstung. Dies sollte offenbar einen als friedensgefährdend angesehenen Rüstungswettlauf verhindern, weshalb die Rüstung der Staaten auf den für ihre Sicherheit geringstmöglichen Umfang reduziert werden sollte (Art. 8 VBS). Jedoch wurde dieses Ziel bereits von Zeitgenossen, so dem britischen Militärtheoretiker J.F.C. Fuller, als *„pure nonsense“* bezeichnet.[13]

Als Beispiel für die praktische Arbeit des Völkerbundes kann im Bereich der Abrüstung das Washingtoner Flottenabkommen gesehen werden, welches die Größen der Seestreitkräfte der wichtigsten Staaten in ein klares Verhältnis brachte, um so einen neuerlichen Rüstungswettlauf zu verhindern. Sicherlich spielte auch hierbei wieder die historische Erfahrung, besonders der deutschbritische Rüstungswettlauf zur See eine entscheidende Rolle.[14] Es muß jedoch festgehalten werden, daß es sich hierbei nicht um Abrüstung im engeren Sinne handelte, viel mehr um Rüstungskontrolle und Rüstungssteuerung. So war das Ziel des Washingtoner Flottenabkommens nicht die Reduktion der Seekriegsmittel der Unterzeichnerstaaten auf null, sondern deren quantitative Begrenzung, generell muß jedoch die Effektivität des Völkerbundes in diesem Bereich be-

---

[12] Siehe hierzu vor allem die in der Präambel der Völkerbundsatzung definierten Ziele der Organisation.

[13] *Fuller* (Fn. 11), S. 238.

[14] Zum britisch-deutschen Rüstungswettlauf zur See siehe u.a. *Robert K. Massie*, Dreadnought – Britain, Germany, and the coming of the Great War, London 1992.

zweifelt werden, da es nicht gelang, die hochgesteckten Ziele der Satzung auch nur annähend umzusetzen.[15]

Der Aspekt der kollektiven Sicherheit, wie er sich in Art. 16 VBS manifestiert (ein Angriff auf ein Mitglied durch ein anderes Mitglied soll als Angriff auf alle betrachtet werden) und die hieraus resultierenden Pflichten der Mitgliedstaaten (u.a. Sanktionen, finanzielle und wirtschaftliche Unterstützung) zeigen deutlich die Folgen, die sich aus den Normen der Organisation für jedes einzelne Mitglied ergeben. Zugleich sollen sie als Abschreckung gegen regelwidriges Verhalten dienen.

D. Reduktion der Transaktionskosten der internationalen Zusammenarbeit durch einen normativ-instutionellen sowie gegebenenfalls organisatorischen Rahmen

Durch den Völkerbund wurde ein Rahmen geschaffen beziehungsweise sollte ein solcher geschaffen werden, der es den Staaten ermöglichte, leichter miteinander in Interaktion zu treten und die internationalen Probleme zu lösen. Von Bedeutung war hierbei vor allem, daß Prozeduren dafür entwickelt wurden, wie von seiten der Mitglieder im Falle von Krisen zu verfahren sei. Dies verringerte nicht nur die Erwartungsunsicherheit, sondern sollte auch die Verknüpfung zwischen normativen Grundideen der Organisation und ihrem operativen Handeln (normativ-institutioneller Aspekt) ermöglichen.

Als von besonderer Bedeutung muß in diesem Zusammenhang die Verpflichtung der Staaten zur friedlichen Beilegung von Konflikten mittels Schlichtung angesehen werden. Dies stellt die konkrete Umsetzung der normativen Postulate des Völkerbundes in praktische politische Regeln dar. Den institutionellen Rahmen, um das Ziel der friedlichen Konfliktlösung zu erreichen, bildeten die Kompetenzen des Rates sowie jene des Ständigen Internationalen Gerichtshofes (Art. 12, 13 und 15 VBS). Allerdings wurde bereits von Zeitgenossen kritisiert, daß das Schlichtungsverfahren kaum von den Mitgliedstaaten genutzt wurde ("Arbitration has fallen into disuse")[16].

Der allgemeine Aspekt der Kooperation findet sich in allen Bereichen des Völkerbundes wieder und reicht von der Zusammenarbeit der Mitglieder im Rahmen der Organe des Bundes, wie dem Rat, der Bundesversammlung, dem Ständigen Internationalen Gerichtshof, über das Generalsekretariat bis hin zu formellen und informellen Kommissionen und Konferenzen. Diese Zusammenarbeit der Staaten war auf der einen Seite aufgrund des intergouvernementalen Charak-

---

[15] Vgl. *Francis P. Walters*, A History of the League of Nations, Oxford 1952, S. 361-376.
[16] *Francis Kellor/Antonia Hatvany*, Security Against War, New York 1924, S. 652.

ters des Völkerbundes konstitutiv für seine Leistungsfähigkeit, auf der anderen Seite wurde so auch der Versuch unternommen, Vertrauen zwischen den Mitgliedstaaten zu schaffen bzw. zu vertiefen.

E. *Bereitstellung von Information und Erhöhung der Transparenz*

Der Aspekt der Vertrauensbildung erforderte neben der häufigen Interaktion zugleich auch die Herstellung von Transparenz und ein möglichst hohes Maß an Offenheit der Mitglieder untereinander. Die gesamte Konstruktion des Völkerbundes, sowohl formell von der Satzung der Organisation her als auch informell, dienten diesem Ziel. Von zentraler Bedeutung ist hierbei der in der Völkerbundsatzung geforderte Austausch von Informationen und die damit verbundene Herstellung von Transparenz zwischen den Mitgliedstaaten. Dies gilt zum einen für den sensiblen Bereich der Rüstung, hierbei vor allem der Austausch von Informationen über die jeweiligen Streitkräfte, aber auch die wehrtechnische Industrie:

> The Members of the League undertake to interchange full and frank information as to the scale of their armaments, their military, naval and air programmes and the condition of such of their industries as are adaptable to war-like purposes. (Art.8 VBS)

Auf diese Weise sollte Transparenz in militär- und rüstungspolitischen Fragen erzielt werden. Dies gilt zum anderen auch für Informationsbeschaffung und Weitergabe an alle Mitglieder in Fragen von internationaler Bedeutung durch das Generalsekretariat des Völkerbundes (Art. 24 VBS). Dies kann als Abkehr von der als friedensgefährdend angesehenen Geheimdiplomatie und als Versuch gewertet werden, die Kooperation zwischen den Mitgliedern zu befördern.

Neben solchen formalisierten, in der Satzung festgelegten Gesichtspunkten der Kommunikation dienten vor allem die Tagungen des Rates, der Bundesversammlung und weiterer Gremien dem Informationsaustausch und trugen so auch zur Vertrauensbildung bei.

F. *Machtverteilung innerhalb des Regimes*

Zentral für die Machtverteilung innerhalb des Völkerbundes ist einerseits die Abwesenheit eines Hegemons, der Güter für die Allgemeinheit zur Verfügung stellt (z.B. Sicherheit), andererseits eine nur nominelle Gleichheit aller Mitglieder bei einer tatsächlich vorhandenen Machtasymmetrie. Das Vorhandensein von machtvollen Staaten, die die Funktionsfähigkeit des Regimes gewährleisten, muß grundsätzlich positiv bewertet werden, solange diese Macht im Sinne der Regimenormen angewandt wird.

Der Völkerbund wurde im wesentlichen von den Großmächten dominiert, die nach James Barros über ein Machtmonopol innerhalb der Organisation verfügten.[17] Allgemein läßt sich für den Völkerbund eine asymmetrische Machtverteilung auf drei Ebenen verzeichnen:

Erstens aus der Gründungsgeschichte heraus betracht, die Nicht-Mitgliedschaft von Staaten wie Deutschland und die Sowjetunion. Die Einhaltung der Normen des Völkerbundes durch diese Staaten, vor allem durch Deutschland, war jedoch konstitutiv für den Erfolg des Regimes.

Zweitens das System der Mandatsherrschaft im Auftrag des Völkerbundes, das nicht mit dem Selbstbestimmungsrecht der Völker zu vereinbaren war.

Drittens die Ungleichbehandlung zwischen den Mitgliedern des Völkerbundes hinsichtlich der (ständigen) Mitgliedschaft im Rat. Diese ständige Mitgliedschaft ermöglichte es einigen Mitgliedern in weiterreichender Weise Einfluß auf die internationalen Beziehungen zu nehmen, als dies den zeitweiligen oder gar den Nicht-Mitgliedern des Gremiums möglich war. So hatte der Rat nach Art. 4 VBS die Kompetenz, sich mit allen Fragen zu beschäftigen, die die Tätigkeit des Bundes oder den Weltfrieden berührten. Hiermit erhielt der Rat eine Generalkompetenz für alle Fragen der internationalen Beziehungen.

Die beschriebene Machtasymmetrie zwischen den Mitgliedern war zum einen unproblematisch, weil die „unterprivilegierten" dies anerkannten. Eine erste Akzeptanzkrise zeigte sich 1925, als auch Brasilien einen ständigen Sitz im Rat einforderte und mit Austritt drohte. Zum anderen, solange die machtvollen Staaten das Regime Völkerbund und die damit verbundenen Werte stärkten oder zumindest an der Erosion hinderten. Der Korfu-Zwischenfall (1923), aber auch der griechisch-bulgarische Konflikt (1925) zeigten deutlich, daß der Völkerbund nur dann handlungsfähig war, wenn die wichtigsten Mitglieder der Organisation sich auf eine Vorgehensweise einigen konnten.[18] Mit den Krisen in der Mandschurei (1931) bzw. in Abessinien (1935-1936) hatten sich machtvolle Mitglieder des Regimes ganz offenkundig außerhalb seines normativen Grundrahmens gestellt, und die anderen Mitglieder waren nicht in der Lage und willens, den Normen, aber auch den institutionellen Regularien und Prozeduren zur Durchsetzung zu verhelfen.

---

[17] Vgl. *James Barros*, The League of Nations and the Great Powers, Oxford 1970, S. 117.
[18] Ebenda, S. 118 u. 123.

G. *Veränderungen von Regimen bzw. ihr Scheitern*

Grundsätzlich ist hinsichtlich der Veränderung von Regimen die Unterscheidung zwischen Normen und Prinzipien auf der einen Seite sowie Regeln und Prozeduren auf der anderen Seite zu treffen. Veränderungen von letzteren können als Wandel innerhalb des Regimes angesehen werden und passen dieses gegebenenfalls lediglich an veränderte internationale Rahmenbedingungen an. Demgegenüber bewirken Veränderungen bei den Normen und Prinzipien eine grundsätzliche Neuausrichtung des gesamten Regimes respektive dessen Scheitern.[19] Die Veränderungen innerhalb der Regeln sowie Prozeduren des Regimes waren vergleichsweise gering und hatten praktisch keine Auswirkungen auf die Funktionsfähigkeit und die normativen Grundlagen der Organisation.

Anders sieht es jedoch bei der impliziten Veränderung der Normen sowie Prinzipien aus. Zwar blieb die Völkerbundsatzung bis zum Ende der Organisation 1946 unverändert bestehen, jedoch hatte sie seit Anfang der dreißiger Jahre so massiv an Bindewirkung für die Mitglieder verloren, daß de facto von einer Änderung ausgegangen werden kann. Mit der De-facto-Aufweichung der Völkerbundsprinzipien gemäß der chamberlainschen Maxime "special needs for special problems" wurde die langsame Veränderung des Regimes Völkerbund eingeleitet, die zu seinem letztlichen Scheitern, sowohl als Friedensordnung als auch als System der Kriegsverhinderung, führte.

H. *Die Nicht-Mitgliedschaft der USA im Völkerbund als Ursache für das Regimeversagen?*

Sowohl in der zeitgenössischen Berichterstattung als auch in späteren Untersuchungen des Völkerbundes wird sehr häufig die Nicht-Mitgliedschaft der Vereinigten Staaten als der Grund für das Scheitern des Völkerbundes angenommen. So erklärte schon der erste Generalsekretär des Völkerbundes, Sir Eric Drummond:

> If the United States could be induced in any way to become a member of the league, the future would be assured, since all countries, with the sole exception of Russia, would immediately either resume or obtain membership and remain member.[20]

Diese Einschätzung dürfte jedoch die Rolle, welche die USA im Rahmen des Völkerbundes hätten spielen können, deutlich überschätzen. Zwar war der amerikanische Präsident Wilson einer der intellektuellen und politischen Väter des Völkerbundes, jedoch waren seine Vorstellungen von einem solchen Bund nicht deckungsgleich mit der sich entwickelnden politischen Praxis. Für Wilson sollte

---

[19] Vgl. *Krasner* (Fn. 3), S. 3.

[20] Zitiert nach *Elmer Bendiner*, A Time for Angles, New York 1975, S. 232.

der Völkerbund ein Zusammenschluß demokratischer Nationen sein, der Mechanismen der Konfliktlösung und wechselseitige Sicherheitsverpflichtungen beinhaltete.[21] Hiervon war der Völkerbund stets weit entfernt.

Zwar waren die USA, dies hatte der Erste Weltkrieg gezeigt, eine militärische und wirtschaftliche Großmacht, die maßgeblich den Ausgang des Krieges beeinflussen konnte, jedoch war ihre Stellung in keiner Weise mit jener zu vergleichen, die die Vereinigten Staaten nach dem Zweiten Weltkrieg erlangen sollten. Auch war die (außen-) politische Kultur der USA zu diesem Zeitpunkt noch in keiner Weise reif für ein internationales Engagement in Friedenszeiten. Dies zeigte sich nicht nur an der Ablehnung des Versailler Vertrages – und damit auch der Völkerbundsatzung – sondern auch an der generellen isolationistischen Grundtendenz des Landes, welche bis Anfang der vierziger Jahre anhalten sollte. Ausschlaggebender für das Scheitern des Völkerbundes als eines internationalen Regimes dürfte der fehlende Wille wichtiger Mitgliedstaaten (z.B. Großbritannien und Frankreich) gewesen sein, den Normen und Prozeduren der Organisation zur Durchsetzung zu verhelfen.

Insofern hatte die Nichtmitgliedschaft der USA in der Organisation nur eine untergeordnete Bedeutung für das Regime. Zwar waren die USA formal nicht Mitglied, jedoch hatten für die amerikanische Politik die Normen – also der Kern des Regimes Völkerbund – durchaus politische Verbindlichkeit. Der Abschluß des Washingtoner Abkommens von 1922 und der Briand-Kellog-Pakt von 1928 unterstreichen, daß sich die USA implizit innerhalb des Regimes befunden haben, wenngleich sie de jure nicht Mitglied des expliziten Regimes waren. Zwar steigerten sich die amerikanischen Exporte an Italien während der Abessinien-Krise (vor allem beim Öl), jedoch wurden die Versuche Roosevelts zu einer effektiven Embargopolitik gegenüber Italien vor allem durch das Bestreben Frankreichs und Großbritanniens konterkariert, zu einem Arrangement mit Mussolini zu kommen.[22]

IV. System der Kriegsverhinderung oder Friedensordnung?

Die Zuordnung des Völkerbundes als Regime zu einer der beiden obigen Kategorien fällt schon allein aufgrund der historischen Entwicklung schwer. So gelang dem Völkerbund bekanntermaßen weder das eine noch das andere. Zwei mögliche Interpretationsgänge stehen in diesem Zusammenhang zur Verfügung:

---

21 Vgl. *G. John Ikenberry*, After Victory – Institutions, Strategic Restraint and the Rebuilding of Order after Major Wars, Princeton 2001, S. 144.

22 *Frederick S. Northedge*, The League of Nations: Its life and times 1920-1946, Leicester 1986, S. 224-225.

1. die Frage nach der ursprünglichen Absicht für den Völkerbund: wobei sich eine idealistische Schule, u.a. von Wilson vertreten, der Hoffung auf eine langfristige Friedensordnung, basierend auf dem Recht, hingab. Die realistische Schule, u.a. von Poincaré verfochten, sah im Völkerbund ein Mittel, um Deutschland von einem neuerlichen Krieg abzuhalten.

2. die Unterscheidung zwischen verschiedenen Ebenen – einer operativen und einer strategischen. Auf der operativen Ebene war das System des Völkerbundes so ausgelegt, daß es den Ausbruch von Kriegen verhindern sollte, z.B. durch Schlichtungsverfahren, aber auch durch den Versuch der Abschreckung von Friedensbrechern (Art. 12, 13 und 15 VBS). Dies stellt den an den realpolitischen Gegebenheiten orientierten Versuch dar, Frieden ohne einen zuvor erfolgten grundlegenden Wandel in den internationalen Beziehungen zu erreichen. Auf der strategischen Ebene sollte durch die Verrechtlichung der internationalen Beziehungen, den Verzicht auf Krieg als Mittel der Politik sowie durch die Schaffung von Vertrauen unter den Mitgliedstaaten eine dauerhafte Friedensordnung geschaffen werden.

So kann mit Elmer Bendiner abschließend die Problematik des Völkerbundes als ein internationales Regime mit der fehlenden Bereitschaft der Mitglieder, sich an die Normen und Regularien des Bundes zu halten bzw. diese durchzusetzen folgendermaßen zusammengefaßt werden:

> The league ideas withered and died when each nation remembered that its holy mission was to serve itself, and that all agreements, oaths, treaties and compacts are invalid when they conflict with that sacred cause.[23]

---

[23] *Bendiner* (Fn. 20), S. 406.

Friedensordnung oder Kriegsvermeidung? Der Völkerbund aus regimetheoretischer Sicht – eine weltinnenpolitische Replik

Sabine Jaberg

Der Völkerbund (1919-1946) wäre ein rein historisches Thema, stellte er nicht eine Form der Friedensgewährleistung dar, die auch heute noch aktuell ist: Schließlich gilt die Genfer Liga als Vorläufer der Vereinten Nationen. Und in beiden Einrichtungen verdichten sich unterschiedliche Friedensstrategien:[1] Frieden durch Recht, Frieden durch internationale Organisation und Frieden durch ein kollektives Sicherheitssystem, das gegenüber seinen Mitgliedern mit einer Zwangsgewalt ausgestattet ist. In ihrem Zusammenspiel führen sie zu etwas, was sich in Anlehnung an Carl Friedrich von Weizsäcker als „Weltinnenpolitik"[2] begreifen läßt, nämlich zur möglichst weitgehenden Simulation des Weltstaats unter den Bedingungen einer nach wie vor vitalen Staatenwelt. Friedensstrategische Relevanz und Aktualität dieses Ansatzes zeigen sich nicht zuletzt in den Debatten über zwei umstrittene Waffengänge der letzten Jahre: nämlich den Kosovokrieg der NATO (1999) und den Krieg der USA gegen Irak (2003).[3] In beiden Fällen richtet sich die Kritik nicht zuletzt auf die fehlende Autorisierung durch den Sicherheitsrat. Dabei geht es um mehr als bloß um eine Formalie, vielmehr verbergen sich hinter der Kontroverse um das fehlende Mandat unterschiedliche, ja gegenläufige Vorstellungen über Weltordnung: Weltinnenpolitik im Rahmen der Vereinten Nationen versus hegemoniale bzw. imperiale Strategien einer militärisch übermächtigen Weltmacht. Die folgenden Ausführungen

---

1 Vgl.: *Czempiel, Ernst-Otto*: Friedensstrategien. Eine systematische Darstellung außenpolitischer Theorien von Machiavelli bis Madariaga. Opladen; Wiesbaden: Westdeutscher Verlag, 1998. (zit.: Czempiel: Friedensstrategien.)

2 *Weizsäcker, Carl Friedrich von*: Bedingungen des Friedens [1963], in: ders.: Der bedrohte Friede. Politische Aufsätze 1945-1981. München; Wien: Carl Hanser Verlag, 1981, S. 125-137; hier: S. 131. – Vgl.: *Müller, Erwin*: „Weltinnenpolitik" – mehr als ein Wort?, in: Vierteljahresschrift für Sicherheit und Frieden (S+F), 1/1995, S. 7-12.

3 Vgl. u.a.: *Merkel, Reinhard* (Hrsg.): Der Kosovo-Krieg und das Völkerrecht. Frankfurt/M.: Suhrkamp, 2000. (Edition Suhrkamp; 2152.) *Gießmann, Hans J./Lutz, Dieter S.* (Hrsg.): Die Stärke des Rechts gegen das Recht des Stärkeren. Politische und rechtliche Einwände gegen eine Rückkehr des Faustrechts in die internationalen Beziehungen. Baden-Baden: Nomos Verlagsgesellschaft, 2003. (Demokratie, Sicherheit, Frieden; 156.)

beleuchten die Konzeption kollektiver Sicherheit und ihre Konkretion im Völkerbund. Dabei werden folgende Schritte eingelegt:

- Die Idee einer weltinnenpolitischen Betrachtung internationaler Organisationen wird näher erläutert und gegenüber benachbarten Ansätzen – Funktionalismus und Regimetheorie – kontrastiert.
- Die Konzeption kollektiver Sicherheit – als Herzstück einer Weltinnenpolitik ohne Weltstaat – wird ideengeschichtlich in der Schnittstelle und damit auch im Spannungsfeld idealistischer und realistischer Großtheorien verortet.
- Danach gerät der Völkerbund in dreifacher Hinsicht ins Blickfeld: Zum einen wird er in seinem Kernbereich als defektes Kollektivsystem beschrieben, das aber zum anderen über Ansatzpunkte für ein umfassendes Kollektivsystem verfügt. Abschließend wird eine kurze friedenspolitische Bilanz des Völkerbunds gezogen.

1. Von der Weltinnenpolitik über den Funktionalismus hin zur Regimetheorie – und wieder zurück

Bei Regimen handelt es sich nach Stephen D. Krasners klassischer Definition um nichts anderes als "implicit or explicit principles, norms, rules, and decision-making-procedures around which actors' expectations converge in a given area of international relations".[4] Folglich stellt die Regimetheorie[5] ein formales Beschreibungs- und Analyseraster zur Verfügung, das sich um die Elemente der obigen Definition organisiert (also Prinzipien, Normen, Regeln, Entscheidungsprozeduren). Demnach ließe sich der Völkerbund in doppelter Hinsicht in regimetheoretischen Kategorien erfassen: Erstens wäre es möglich, ihn in Gänze als ein der Friedenssicherung dienendes ‚Komplexregime' aufzubereiten, das seinerseits über weitere Subregime verfügt. Zweitens könnte er als organisatorisches Rückgrat für mehrere themenorientierte ‚Spezialregime' angesehen werden. Einige von ihnen wären – wie etwa das der friedlichen Streitbeilegung oder

---

[4] *Krasner, Stephen D.*: Structural Causes and Regime Consequences: Regimes as Intervening Variables, in: ders. (Hrsg.): International Regimes. Ithaca; London: Cornell University Press, 1983, S. 1-21; hier: S. 2. – Prinzipien werden dabei definiert als "beliefs of fact, causation, and rectitude", Normen gelten als "standards of behavior defined in terms of rights and obligations", Regeln bezeichnen "specific prescriptions or proscriptions for action", und Prozeduren verweisen auf "prevailing practices for making and implementing collective choice". – Ebenda.

[5] Einen kurzen Überblick über diesen Ansatz bietet: *Zangl, Bernhard*: Regimetheorie, in: Schieder, Siegfried/Spindler, Manuela (Hrsg.): Theorien der Internationalen Beziehungen. Opladen: Leske + Budrich, 2003. (UTB; 2315.) (zit.: Schieder/Spindler: Theorien der Internationalen Beziehungen.) S. 117-140.

das der kollektiven Sicherheit – originär dem Völkerbund zuzuschreiben, andere wiederum sind wie das Regime zum Minderheitenschutz nach dem Ersten Weltkrieg in friedensvertraglichen Regelungen außerhalb der Genfer Organisation entstanden, ihr danach aber zur Durchführung übertragen worden.[6]

Zwar mag es auf den ersten Blick so erscheinen, als ob Grenzen zwischen internationalen Organisationen und Regimen wegen wechselseitiger Verweisungszusammenhänge verschwömmen.[7] Dennoch müßten einige kategoriale Unterschiede geltend gemacht werden: Organisationen basieren notwendig auf einem völkerrechtlichen Vertrag,[8] Regime hingegen können auch auf politischer Übereinkunft oder entsprechender Praxis gründen. Organisationen bedürfen eines infrastrukturellen Unterbaus, der für Regime als „Institutionen [...] geringerer Materialität"[9] (Harald Müller) nicht gleichermaßen zwingend erscheint. Organisationen sind vor allem Struktur, also allgemeiner wie institutionalisierter Bezugsrahmen für Kooperation, Regime bedeuten zuvörderst Funktion, also praktizierte Zusammenarbeit in einem enger umrissenen Problemfeld.[10]

Die aufgezeigten Differenzen besitzen friedenstheoretische Relevanz. Internationale Organisationen lassen sich diesbezüglich aus zwei Großperspektiven betrachten, von denen sich der Regimeansatz – bei aller wechselseitigen Ergänzungsfähigkeit – abhebt.

Weltinnenpolitische Ansätze: In der ersten (weltinnenpolitischen)[11] Sichtweise stellte die internationale Organisation in Anlehnung an Immanuel Kant ein *„negative[s]* Surrogat"[12], also einen „behelfsmäßige[n], nicht vollwertige[n] Er-

---

6 Vgl.: Abschnitt 4. dieses Aufsatzes.

7 Organisationen können Regime ausbilden, Regime vermögen sich internationaler Organisationen zu bedienen. – Vgl.: *Müller, Harald*: Die Chance der Kooperation. Regime in den internationalen Beziehungen. Darmstadt: Wissenschaftliche Buchgesellschaft, 1993. (zit.: Müller, H.: Die Chance der Kooperation.) S. 29 f.

8 Institutionen wie die „Organisation für Sicherheit und Zusammenarbeit in Europa" (OSZE), denen eine völkerrechtliche Basis fehlt, die aber alle sonstigen Merkmale einer internationalen Organisation erfüllen, sind die Ausnahme. Sie könnten als „Quasi-Organisation" bezeichnet werden.

9 *Müller, H.*: Die Chance der Kooperation, S. 29.

10 Siehe auch unten.

11 Bei einer geographischen Begrenzung des Ansatzes müßte etwa von einer regionalinnenpolitischen Sichtweise gesprochen werden.

12 *Kant, Immanuel*: Zum ewigen Frieden. Ein philosophischer Entwurf, in: *Kants Werke.* Akademie-Textausgabe. Unveränderter photomechanischer Abdruck des Textes der von der Preußischen Akademie der Wissenschaften 1902 begonnenen Ausgabe von Kants gesammelten Schriften. Bd. 8: Abhandlungen nach 1781. Berlin: Walter de Gruyter, 1968, S. 341-386; hier: S. 357.

satz"[13] für den Weltstaat dar.[14] Dieser Lösungsansatz bemüht sich offensichtlich um Analogie zur staatlichen Ebene, wo doch zumindest mit dem demokratischen Rechtsstaat eine prinzipiell tragfähige Lösung für das Problem des ‚Kriegs aller gegen alle' gefunden ist.

Das quasi-innenpolitische Grundanliegen, das darin besteht, auf der Ebene des internationalen Systems die Beziehungen zwischen souveränen Mitgliedern mit prinzipiell gleichen Rechten und Pflichten auf Basis gemeinsamer Vereinbarungen zu regeln, zeigt sich in zwei Abstufungen: Kooperative (zwangsfreie) Sicherheitssysteme begrenzen Vereinbarungen auf die Bereiche der Gewaltprävention und der friedlichen Streiterledigung. Kollektive (zwangsbewehrte) Sicherheitssysteme sehen hingegen vor, einen Rechtsbrecher notfalls mit kollektiven Beugemaßnahmen wieder an das Recht zu weisen. Dabei liegt es geradezu in der Absicht des Systems, den potentiellen Aggressor von einem Verstoß gegen das Gewaltverbot abzuhalten: Zum einen beschränken sich entwickelte Kollektivsysteme nicht auf ihre *conditio sine qua non* in Form des binnenwirksamen Sanktionsmechanismus, sondern bemühen sich – wie das kooperative System – durch Bereitstellung von Institutionen friedlicher Streitbeilegung sowie durch Abbau gewaltfördernder Faktoren (z.B. Sicherheitsdilemma, Diskriminierung von Minderheiten) um zivilen Konfliktaustrag.[15] Zum anderen soll – und dies markiert den entscheidenden Unterschied zum kooperativen Pendant – die glaubhafte Androhung wirksamer Beugemaßnahmen das Kosten-Nutzen-Kalkül

---

13 *Duden. Fremdwörterbuch.* Hrsg. und bearbeitet vom Wissenschaftlichen Rat der Dudenredaktion. 6., überarbeitete und erweiterte Aufl. Mannheim u.a.: Dudenverlag, 1997. (Duden; 5.) S. 786 (Stichwort: Surrogat)

14 Vgl.: *Jaberg, Sabine*: Kants Friedensschrift und die Idee kollektiver Sicherheit. Eine Rechtfertigungsgrundlage für den Kosovo-Krieg der NATO? Hamburg: Institut für Friedensforschung und Sicherheitspolitik an der Universität Hamburg, 2002. (Hamburger Beiträge zur Friedensforschung und Sicherheitspolitik; 129.)

15 Demnach stünde der Sanktionsmechanismus für kollektive Sicherheit (im engen bzw. eigentlichen Sinne), während die ihn ergänzenden Elemente zur kollektiven Sicherheit (im weiten Sinne) beitrügen. Allerdings ließen sich letztere ausschließlich dann zur kollektiven Sicherheit hinzurechnen, wenn sie durch den systemintern wirksamen Sanktionsmechanismus ergänzt würden. Also: Ohne kollektive Sicherheit im engen Sinne keine kollektive Sicherheit im weiten Sinne, sondern allenfalls kooperative Sicherheit. Systemkonstruktionen, die sich auf das Zwangselement beschränkten, wären als minimalistisch bzw. reduktionistisch zu qualifizieren. Vorstellungen kollektiver Sicherheit, die den Sanktionsmechanismus notwendigerweise mit zahlreichen weiteren Elementen angereichert sehen wollen, um überhaupt von kollektiver Sicherheit reden zu können, ließen sich als maximalistisch bzw. holistisch bezeichnen. – Vgl.: *Jaberg, Sabine*: Systeme kollektiver Sicherheit in und für Europa in Theorie, Praxis und Entwurf. Ein systemwissenschaftlicher Versuch. Baden-Baden: Nomos Verlagsgesellschaft, 1998. (Demokratie, Sicherheit, Frieden; 112.) Zugl.: Münster (Westfalen), Univ., Diss., 1996. (zit.: Jaberg: Systeme kollektiver Sicherheit.) S. 144-148.

der Konfliktparteien zugunsten einer gewaltfreien Regelung beeinflussen. Das Ergreifen kollektiver Sanktionen bedeutet insbesondere dann, wenn militärische Operationen gefordert sind, gleichzeitig ein Verfehlen des obersten Systemzwecks, nämlich Gewalt durch vorausschauende Politik zu vermeiden. Aufgrund seiner immanenten Zwangsbefugnis erzielte das Kollektivsystem aber eine deutlichere Annäherung an eine Weltinnenpolitik ohne Weltstaat als das Kooperativsystem, denn das grundlegende Prinzip des Staats besteht im Gewaltmonopol.[16] Genauer betrachtet umfaßt es drei Dimensionen: den lückenlosen Besitz an relevanten Gewaltinstrumenten (materielles oder possessives Gewaltmonopol), das alleinige Recht auf Anordnung gewaltsamen Vorgehens (legitimierendes Gewaltmonopol) sowie die exklusive Befugnis zur Durchführung erzwingender Maßnahmen (exekutives Gewaltmonopol). Wie aber auch das Gewaltmonopol auf nationalstaatlicher Ebene der Einhegung durch ein ausgeklügeltes System der Gewaltenteilung und wechselseitigen Gewaltenbeschränkung bedarf, um den Gefahren der Tyrannis zu entgehen, gilt dies im Prinzip auch auf internationaler Ebene – und zwar um so mehr, je mächtiger innerhalb des Systems die Quasi-Exekutive wäre.[17]

In dieser weltinnenpolitischen Sichtweise der internationalen Organisation, mit dem Kernelement kollektiver Sicherheit, haben Regime zur Verregelung einzelner Problembereiche (z.B. friedliche Streitbeilegung, Minderheitenschutz, Abrüstung und Rüstungskontrolle) durchaus ihren Platz. Allerdings verweist Weltinnenpolitik über die Summe einzelner Regime hinausgehend auf eine dem Prinzip Staat nachgebildete Komplexstrategie der Friedensstiftung.

---

[16] Diesen Zusammenhang hat kaum jemand stärker formuliert als Max Weber: „*Staat* soll ein politischer *Anstaltsbetrieb* heißen, wenn und insoweit sein Verwaltungsstab erfolgreich das *Monopol legitimen* physischen Zwanges zur Durchführung der Ordnungen in Anspruch nimmt. [...] Wenn nur soziale Gebilde beständen, denen die Gewaltsamkeit als Mittel unbekannt wäre, würde der Begriff ‚Staat' fortgefallen sein; dann wäre eingetreten, was man [...] als ‚Anarchie' bezeichnet." – *Weber, Max*: Wirtschaft und Gesellschaft. Grundrisse der verstehenden Soziologie. Studienausgabe. 5., rev. Aufl. Tübingen: J.C.B. Mohr (Paul Siebeck), 1980, S. 29 und S. 822 (Herv. im Original).

[17] Allerdings darf die Argumentation oben im Text nicht dazu verleiten, Fragen nach Möglichkeiten friedlicher Gewaltprävention aus dem Blickfeld zu verlieren. Andernfalls drohte ein Plädoyer für kollektive Sicherheitssysteme zu dem zu geraten, was Johan Galtung als ‚kulturelle Gewalt' bezeichnet. Hierunter versteht er „jene Aspekte der Kultur, der symbolischen Sphäre unserer Welt [...], die dazu benutzt werden können, direkte oder strukturelle Gewalt zu rechtfertigen oder zu legitimieren." – *Galtung, Johan*: Frieden mit friedlichen Mitteln. Friede und Konflikt, Entwicklung und Kultur. Aus dem Englischen übersetzt von Hajo Schmidt. Opladen: Leske + Budrich, 1998. (Friedens- und Konfliktforschung; 4.) S. 341.

Funktionalistische Ansätze: Der Funktionalismus begreift sich durchaus als pragmatische Alternative zur überambitioniert erscheinenden Weltinnenpolitik. In der ersten Sichtweise des klassischen Funktionalismus gelten internationale Organisationen als institutionelles Rückgrat für einen ‚arbeitenden Frieden'[18] (*working peace*), den David Mitrany als Gegenstück zum ‚beschützten Frieden' (*protected peace*) begreift,[19] wie ihn die Idee kollektiver Sicherheit mustergültig verkörpert. Dieser Ansatz möchte nationale Autonomie weitgehend unangetastet lassen: Kooperation vollzieht sich im wesentlichen auf Expertenebene und beschränkt sich auf technische Belange. Während hier politische Fragestellungen weitestgehend ausgeblendet werden sollen,[20] hofft der Neofunktionalismus eines Ernst B. Haas[21] geradezu auf kontinuierliche Verdichtung von Kooperationsbeziehungen zu einem Integrationsprozeß hin zur politischen Union.[22] Damit schlägt diese Variante wieder den Bogen zu einer welt- bzw. regionalinnenpolitischen Sichtweise.

Anders der Regimeansatz: Er beschreitet den Weg des klassischen Funktionalismus bei gleichzeitiger Entmaterialisierung der Struktur weiter. Konsequenterweise gelten Regime auch als „Institutionen der funktionalen Selbstregulierung"[23] (Klaus Dieter Wolf). Demnach ergäbe sich stabiler Frieden weder über

---

18 Vgl.: *Mitrany, David*: A Working Peace System. Introduction by Hans J. Morgenthau. Published in Cooperation with the Society for a World Service Federation. Chicago: Quadrangle Books, 1966. (zit.: Mitrany: A Working Peace System.); *ders.*: The Functional Theory of Politics. London: London School of Economics & Political Science, 1975. (zit.: Mitrany: The Functional Theory.) – Vgl.: *Ambrosi, Gerhard Michael*: David Mitranys Funktionalismus als analytische Grundlage wirtschaftlicher und politischer Neuordnungen in Europa, in: Hagemann, Harald (Hrsg.): Zur deutschsprachigen wirtschaftswissenschaftlichen Emigration nach 1933. Marburg: Metropolis Verlag, 1997, S. 549-575.

19 Vgl.: *Mitrany*: A Working Peace System, S. 92.

20 David Mitrany schreibt über die funktionale Methode: "In no other way does it seem possible to combine national autonomy with universality. National agencies would not be supplanted; they might indeed derive fresh scope and life from functional co-ordination." – *Mitrany*: The Functional Theory, S. 122.

21 Vgl.: *Haas, Ernst B.*: Beyond the Nation-State. Functionalism and International Organization. Stanford (California): Stanford University Press, 1964.

22 Einen Überblick über funktionalistische und neofunktionalistische Ansätze bieten: *Bellers, Jürgen*: Integration, in: Woyke, Wichard (Hrsg.): Handwörterbuch Internationale Politik. 5., aktualisierte und überarbeitete Aufl. Bonn: Bundeszentrale für Politische Bildung, 1993, S. 149-155. *Conzelmann, Thomas*: Neofunktionalismus, in: Schieder/Spindler: Theorien der Internationalen Beziehungen, S. 141-168. *Senghaas-Knobloch, Eva*: Frieden durch Integration und Assoziation. Literaturbericht und Problemstudien. Stuttgart: Ernst Klett Verlag, 1969. (Studien zur Friedensforschung; 2.)

23 *Wolf, Klaus Dieter*: Die Neue Staatsräson – Zwischenstaatliche Kooperation als Demokratieproblem in der Weltgesellschaft. Plädoyer für eine geordnete Entstaatlichung des

ein starkes institutionelles Gerüst als Voraussetzung für Kooperation noch über die Simulation des Weltstaats, sondern durch Verregelung von immer mehr Problembereichen zu einem ebenso belastungsfähigen wie elastischen Kooperationsnetzwerk, dessen Fäden sich zusehends auch im Inneren der Teilnehmerstaaten verwurzeln sollen.[24] Damit reagiert der Ansatz nicht zuletzt auf die „Hartnäckigkeit, mit der Staaten ihre Existenz und den größeren Teil ihrer nationalen Kompetenzen verteidigten“[25] (Reinhard Meyers).

Auch wenn im Rahmen kollektiver Sicherheitssysteme Regimebildung möglich ist und Raum für einen arbeitenden Frieden existiert: Ihr eigentlicher Kern besteht in dem Versuch, den Staaten das Recht auf eigenmächtige Gewaltanwendung zu entwinden und dieses in die Obhut der Gemeinschaft zu überführen. Demgemäß verpflichten kollektive Sicherheitssysteme ihre Mitglieder nicht nur auf ein zumindest untereinander zu achtendes Gewaltverbot, sondern sie tendieren darüber hinaus zur Herausbildung eines überstaatlichen Gewaltmonopols – wenngleich sich diese Neigung im Einzelfall je nach Organisationsniveau unterschiedlich stark abzuzeichnen vermag.[26] Mithin müßten kollektive Sicherheitssysteme eher in weltinnenpolitischen als in funktionalistischen oder regimetheoretischen Kategorien beschrieben werden.

2. Kollektive Sicherheit – eine Konzeption im Spannungsfeld idealistischer und realistischer Theorien

Ideengeschichtlich bewegen sich kollektive Sicherheitssysteme in der Schnittstelle – und damit auch im Spannungsfeld – idealistischer und realistischer Politikansätze.

Regierens jenseits des Staates. Baden-Baden: Nomos Verlagsgesellschaft, 2000. (Weltpolitik im 21. Jahrhundert; 3.) (zit.: Wolf: Die Neue Staatsräson.) S. 158.

24 Vgl.: *Müller, H.*: Die Chance der Kooperation, S. 171. *Zürn, Michael*: Vom Nutzen internationaler Regime für eine Friedensordnung, in: Senghaas, Dieter (Hrsg.): Frieden machen. Frankfurt/M.: Suhrkamp, 1997. (Edition Suhrkamp; 2000.) S. 465-481; hier: S. 476. – Zum Verhältnis von Regimeforschung und Friedensforschung vgl.: *Efinger, Manfred*: Regimeanalyse. Impulsgeber oder Hemmschuh für die Friedens- und Konfliktforschung?, in: Antimilitarismus Information (ami), 6/1992, S. 17-22. *Rittberger, Volker*: Über die Friedensleistung internationaler Regime, in: Senghaas, Dieter (Hrsg.): Den Frieden denken. Si vis pacem, para pacem. Frankfurt/M.: Suhrkamp, 1995. (Edition Suhrkamp; 1952: Neue Folge; 952.) S. 341-362.

25 *Meyers, Reinhard*: Theorien internationaler Kooperation und Verflechtung, in: Woyke, Wichard (Hrsg.): Handwörterbuch Internationale Politik. 8., aktualisierte Aufl. Bonn: Bundeszentrale für politische Bildung, 2000. (Schriftenreihe; 404.) (zit.: Woyke: Handwörterbuch [8].) S. 419-458; hier: S. 440.

26 Vgl.: Abschnitt 2. und Abschnitt 3.3 dieses Aufsatzes.

Idealistische Komponenten: Einerseits bezeichnet Meyers kollektive Sicherheit zu Recht als „weitgespannte[s] idealistische[s] Konzept“.[27] Zu den Grundcharakteristika des Idealismus zählt er das Erkenntnisinteresse an der „Bewahrung des Weltfriedens durch Überwindung der Staatenkonkurrenz zugunsten einer internationalistisch-kosmopolitischen Weltgesellschaft oder eines Weltstaates“ sowie die Handlungsprämisse, wonach „die den anarchischen Naturzustand im Staatsinnern überwindenden Faktoren [...] sich als ordnungsstiftende Elemente auf der internationalen Ebene reproduzieren [lassen]“.[28] In dieser Perspektive erscheint ein starkes Kollektivsystem unter den Bedingungen einer lebendigen Staatenwelt als idealistische Musterlösung zur Überwindung der anarchischen Grundsituation.

Realistische Komponenten: Andererseits trägt das Konzept durchaus dem Tatbestand Rechnung, daß die Welt – in Übereinstimmung mit der realistischen Sichtweise – nach wie vor von Staaten geprägt wird: Im Rahmen des Kollektivsystems willigen die Mitglieder in die Beschränkung ihrer absoluten Souveränität ein, ohne diese jedoch wie in einem Weltstaat ganz aufzugeben. Entsprechend geht es gemeinsam mit dem Realismus davon aus, daß Staaten prinzipiell bereit sind, für „Erwerb, Erhalt, Vermehrung, Demonstration von Macht [...] notfalls [zur] militärische[n] Selbsthilfe“[29] zu greifen oder andere Formen der Gewalt einzusetzen. Auf diesen ‚realistischen‘ Tatbestand eigenbezüglicher Machtpolitik gibt das Konzept kollektiver Sicherheit mit der in Aussicht gestellten Verteidigerüberlegenheit eine ‚realistische‘ Antwort. Denn sämtliche Mitglieder sollen dem Opfer gegen den Aggressor beistehen. Das heißt: Bei einer Anzahl von *‚n‘* Mitgliedern verhielte sich die Machtverteilung zwischen dem (einen) Angreifer und den (vereinten) Verteidigern im Verhältnis von *‚1/(n-1)‘*. Je größer also die Mitgliedschaft *(‚n‘)*, desto gewaltiger die prinzipielle Überlegenheit, desto verläßlicher der erhoffte Abhaltungseffekt auf potentielle Aggressoren. Das Ergebnis kollektiver Sicherheit wäre demnach im Vergleich mit Koalitionsbildungen unter den Bedingungen internationaler Staatenanarchie nicht weniger, sondern mehr und verläßlichere ‚Abschreckung‘.[30] Evidenterweise fie-

---

27 *Meyers, Reinhard*: Das Ende des Systems von Locarno. Die Remilitarisierung des Rheinlandes in britischer Sicht, in: Les Relations Franco-Allemandes 1933-1939. Strasbourg 7-10 Octobre 1975 (1976) (Colloques Internationaux du Centre National de la Recherche Scientifique; 563.) S. 299-334; hier: S. 324.

28 *Meyers, Reinhard*: Theorien der internationaler Beziehungen (zit.: Meyers: Theorien der internationalen Beziehungen.), in: Woyke: Handwörterbuch [8], S. 416-448; hier: S. 436.

29 *Meyers*: Theorien der internationalen Beziehungen, a.a.O., S. 437.

30 Diesen Aspekt machen besonders stark: *Kupchan, Charles A./Kupchan, Clifford, A.*: Concerts, Collective Security and the Future of Europe, in: International Security, 1/1991, S. 114-161; hier: S. 125 f. – Zur Kritik an ihrer Position vgl.: *Jaberg*: Systeme kollektiver Sicherheit, S. 816-821 und S. 27.

le die Überlegenheit der Verteidiger in einem globalen Verbund noch deutlicher aus als in einem regionalen Zusammenschluß.

Allerdings verfängt sich die Systemlogik hier in der ‚Realismusfalle'. Erwin Müller identifiziert ein „objektive[s]" und ein „subjektive[s] Kardinalproblem":[31] Das objektive Kardinalproblem besteht in der nur prekären Überlegenheit der Verteidiger – und zwar auch dann, wenn das System ansonsten wie vorgesehen funktionieren würde. Drei Fälle bereiten große, wenn nicht gar unlösbare Probleme: ein übermächtiger Rechtsbrecher, eine gemeinsame Aggression eines Bündnisses gewichtiger Staaten sowie zu viele gleichzeitig stattfindende Angriffe, auf welche die Gemeinschaft reagieren müßte. Das subjektive Kardinalproblem besteht hingegen in der mangelnden Systemloyalität der Mitglieder: Denn Staaten folgen laut politischem ‚Realismus' nicht nur dem Machtprinzip, sondern sie orientieren sich auch an ihren unmittelbaren ‚Interessen' bzw. an einem für sie günstigen Kosten-Nutzen-Kalkül – und beides kann im Bedarfsfall gegen die Erfüllung bestehender Verpflichtungen sprechen. In einer solchen Konstellation setzte systemkonformes Verhalten laut Hans J. Morgenthau einen – in der realistischen Weltsicht nicht vorgesehenen – „Geist der Selbstaufopferung"[32] voraus. In seinem Sinne legt John J. Mearsheimer grundsätzlicher nach: „If states fear each other, as they do in a *realist* world, collective security cannot work."[33] (Hervorhebung S.J.) Lassen sich diese ‚realistischen' Einwände entkräften?

Objektives Kardinalproblem: Das Problem machtpolitischer Überforderung kann letztlich weder innerhalb noch außerhalb eines Kollektivsystems zufriedenstellend gelöst werden. Hier besteht allenfalls die Möglichkeit einer langfristigen Angleichung der Machtverteilung und die Hoffnung darauf, den übermächtigen Akteur konstruktiv in das Gesamtsystem einzubinden, möglicherweise sogar als Systemgaranten – dann allerdings bei der Gefahr hegemonialer oder imperialer Überformung des kollektiven Grundanliegens.

---

31 *Müller, Erwin*: Grundsatzprobleme kollektiver Sicherheit: Historische Erfahrungen und Lehren für die Zukunft, in: Lutz, Dieter S. (Hrsg.): Gemeinsame Sicherheit. Kollektive Sicherheit. Gemeinsamer Frieden. Bd. VI: Auf dem Weg zu einer neuen Europäischen Friedensordnung. Baden-Baden: Nomos Verlagsgesellschaft, 1990/91. (Militär, Rüstung, Sicherheit; 45.) S. 93-113; hier: S. 99.

32 *Morgenthau, Hans J.*: Macht und Frieden. Grundlegung einer Theorie der internationalen Politik. Deutsche Ausgabe hrsg. in Verbindung mit dem Seminar für Wissenschaftliche Politik an der Albert-Ludwigs-Universität, Freiburg i. Br. Einleitung zur deutschen Ausgabe von Gottfried-Karl Kindermann. Gütersloh: C. Bertelsmann Verlag, 1963, S. 357.

33 *Mearsheimer, John J.*: The False Promise of International Institutions, in: International Security, 3/1994-95, S. 4-49, hier: S. 29. – Zur Kritik an seiner Argumentation: *Jaberg*: Systeme kollektiver Sicherheit, S. 797-802.

Subjektives Kardinalproblem: Das Problem mangelnder Loyalität läßt sich über ein Systemdesign entschärfen, das Entscheidungs- und Handlungsfähigkeit der Gemeinschaft durch starke Institutionen maximiert und einzelstaatlichen Einfluß minimiert. Aushebeln läßt sich das Problem jedoch nicht: Denn die Errichtung solcher Institutionen, die das subjektive Kardinalproblem bewältigen, setzt dessen einmalige Überwindung insofern voraus, als die Staaten ein prinzipiell sanktionsfähiges System etablieren müssen und zwar ungeachtet der Tatsache, daß es unter Umständen auch gegen sie selbst zum Anschlag gebracht werden kann.

Dieses Spannungsfeld zwischen idealistischer Zielsetzung und realistischen Zugeständnissen läßt sich im Rahmen kollektiver Sicherheitssysteme in unterschiedlicher Weise austarieren. Dabei gilt: Je stärker und handlungsfähiger die Systeminstanzen sind, desto mehr kommt die idealistische Perspektive zur Geltung. Und umgekehrt: Je mehr den Souveränitätsvorbehalten der Nationalstaaten nachgegeben wird, desto ‚realistischer' gerät das Gesamtdesign. Zwei Bereiche sind hier von entscheidender Bedeutung: Beschlußfassung und Handlungsfähigkeit des Systems.

Beschlußfassung: Die Art und Weise, in welcher über die Handlungen des Systems bzw. seiner Mitglieder entschieden wird, kann theoretisch zwischen zwei Polen schwanken: Auf der einen Seite stünde die Option eines supranationalen Gremiums, dessen Mitglieder allein der Gemeinschaft, nicht aber mehr den Einzelstaaten gegenüber verantwortlich wären, aus denen sie stammten. Auf der anderen Seite befände sich die Option, wonach jeder teilnehmende Staat autonom darüber zu befinden hätte, wie er sich zu den bestehenden Verpflichtungen verhalten möchte. Während im ersten Fall die Grenze einer internationalen Organisation zu einem Gebilde eigener Art (unterhalb der Schwelle zum Weltstaat) überschritten würde, verharrte die zweite Option in der internationalen Staatenanarchie. Ein Mittelweg bestünde in einer intergouvernementalen Lösung, d.h. die Staaten wären in einem Entscheidungsgremium repräsentiert, wobei der Modus der Beschlußfassung zwischen dem Prinzip der (einfachen oder qualifizierten) Mehrheit und dem Prinzip der Einstimmigkeit bzw. dem Prinzip des Konsenses minus eins (also Einstimmigkeit unter Ausschluß des inkriminierten Mitglieds) schwanken könnten. Dabei käme in der ersten Spielart das ‚idealistische' Grundanliegen kollektiver Sicherheit stärker zur Entfaltung, das in der zweiten Variante auf dem ‚realistischen' Altar nationaler Souveränitätsansprüche fast vollständig geopfert würde.[34]

Handlungsfähigkeit: Im Bereich der Handlungsfähigkeit des Systems besteht ebenfalls eine enorme Spannweite an Organisationsmöglichkeiten. Diese soll

---

[34] Zu weiteren Ausdifferenzierung vgl.: *Jaberg*: Systeme kollektiver Sicherheit, S. 194-201.

mit einem Beispiel aus dem Kernbereich kollektiver Sicherheit, nämlich der Fähigkeit zur Durchführung militärisch gestützter Maßnahmen,[35] illustriert werden. Auf der einen Seite befände sich die Option, das System mit einer eigenen (stehenden) Streitmacht auszurüsten, über die eine nationalen Interessen nicht verpflichtete Instanz verfügen würde.[36] Auf der anderen Seite existierte die Möglichkeit, daß die Staaten im Bedarfsfall mit eigenem Militär stellvertretend für das System handelten. Während die erste (‚idealistische') Spielart das subjektive Kardinalproblem[37] weitestgehend gelöst hätte,[38] käme es in der zweiten (‚realistischen') Variante voll zum Tragen. Zwischen diesen beiden Extremen wären zwei Mittelwege denkbar: Zum einen bestünde die Option, dem System nur eine kleine Einheit für begrenzte Operationen (etwa zur Vertrauensstiftung durch Pufferbildung zwischen einander feindlich gegenüberstehenden Akteuren) direkt zu unterstellen. Zum anderen könnte eine Poollösung angezielt werden, in welcher die Mitglieder dem System für den Bedarfsfall Streitkräfte bereitstellen, sich jedoch die Letztentscheidung etwa in Form eines Vetorechts vorbehielten.[39]

3. Der Völkerbund – ein defektes System kollektiver Sicherheit im engen Sinne

Der Völkerbund gilt gemeinhin als Vorläufer der Vereinten Nationen, die heute das einzig unbestrittene System kollektiver Sicherheit darstellen. Dabei wird jedoch häufig übersehen, daß die zugrundeliegende Idee eines nach innen wirkenden Sanktionssystems zur Sicherheitsgewährleistung wesentlich älter ist:[40] Sie reicht zurück bis zu einzelnen Amphiktyonien des antiken Griechenlands (Delphi), führt über die Alte Eidgenossenschaft (1291-1798) und das Alte Deutsche Reich (1522/1648-1806) bis hin zum Deutschen Bund (1815-1866). Dennoch kommt dem Völkerbund in doppelter Hinsicht eine besondere Bedeutung

---

35 Als militärisch gestützt gelten Maßnahmen immer dann, wenn Streitkräfte zum Einsatz kommen. Damit reicht die Spannweite etwa von klassischen Peacekeeping-Einsätzen über die Absicherung einer Wirtschaftsblockade bis hin zu Erzwingungsmaßnahmen.

36 Vgl.: Vom Recht des Stärkeren zur Stärke des Rechts. Die Europäische Sicherheitsgemeinschaft (ESG) als Garant von Sicherheit und Frieden. Eine Studie aus dem IFSH. Hamburg: Institut für Friedensforschung und Sicherheitspolitik an der Universität Hamburg, 1993. (Hamburger Beiträge zur Friedensforschung und Sicherheitspolitik; 75.) S. 27-30 und S. 32-37.

37 Siehe oben.

38 Allenfalls reproduzierte sich das subjektive Kardinalproblem auf der Ebene des Systems, das seinerseits Gefahr liefe, wegen ungünstiger Kosten-Nutzen-Kalküle das eigentlich erforderliche Eingreifen in einen Gewaltkonflikt zu unterlassen.

39 Zur Institutionalisierung auch anderer operativer Anforderungen vgl. ausführlicher: *Jaberg*: Systeme kollektiver Sicherheit, S. 202-210.

40 Vgl.: *Jaberg*: Systeme kollektiver Sicherheit, S. 301-579.

zu: Zum einen handelt es sich erstmals um den Versuch der Errichtung eines globalen Systems. Zum anderen bringt eine Studienkonferenz der Genfer Liga (1934/45) die Differenz zwischen binnenorientierten Kollektivsystemen und außengerichteten Militärbündnissen nun auch begrifflich zum Ausdruck.[41] Gemessen am Ideal handelt es sich jedoch um ein überaus defektes System. Diese Aussage soll zunächst anhand jener Kriterien belegt werden, welche für das Kollektivsystem im engen Sinne unmittelbare Relevanz besitzen. Dies wären: Globalität, Gewaltverbot sowie Entscheidungs- und Handlungsfähigkeit.

3.1 Globalität

Die Idee kollektiver Sicherheit ist von ihrem räumlichen Geltungsanspruch her global. Denn sie möchte potentielle Gegner in einem gemeinsamen organisatorischen Rahmen zusammenführen und nicht wie das Militärbündnis voneinander trennen. Regionalität oder andere Formen geographischer Begrenztheit entpuppten sich als potentiell systemtransformierende Faktoren, welche das eigentlich binnenorientierte Kollektivsystem in ein klassisches außenorientiertes Bündnissystem zu überführen vermögen.[42] In dieser Perspektive erscheinen regionale Kollektivsysteme für Otto Kimminich „fast schon ein Widerspruch in sich selbst".[43] Zum Prinzip lückenloser Globalität duldet er nur zwei Alternativen: Die eine Option nennt er „regionale Globalität" oder „begrenzte Globalität".[44] Das bedeutet: Der betreffende Raum ist von globalen Spannungen vollkommen isoliert; d.h.: Das wesentliche Merkmal globaler Systeme, nämlich ihre Geschlossenheit, ist im regionalen System simuliert. Die andere Option bezeichnet er mit „Quasi-Globalität".[45] Das bedeutet: Das geographisch begrenzte System bezieht die Weltmacht bzw. die Weltmächte mit ein.

---

[41] Vgl.: *Bourquin, Maurice*: Report by the General Rapporteur on the Conference's Study of "Collective Security", in: ders. (Hrsg.): Collective Security. A record of the Seventh and Eighth International Studies Conferences. Paris 1934 – London 1935. Paris: International Institute of Intellectual Co-operation, 1936, S. 443-457; hier: S. 444.

[42] Vgl.: *Jaberg*: Systeme kollektiver Sicherheit, S. 230-245.

[43] *Kimminich, Otto*: Das Problem der Friedenssicherung im Völkerrecht des 20. Jahrhunderts (zit.: Kimminich: Das Problem der Friedenssicherung.), in: Picht, Georg/Eisenbart, Constanze (Hrsg.): Frieden und Völkerrecht. Mit Beitr. von J[ost] Delbrück u.a. Stuttgart: Ernst Klett-Verlag, 1973. (Forschungen und Berichte der Evangelischen Studiengemeinschaft; 27.) S. 295-400; hier: S. 328.

[44] *Kimminich:* Das Problem der Friedenssicherung, a.a.O., S. 328.

[45] *Kimminich:* Das Problem der Friedenssicherung, a.a.O., S. 328.

Von lückenloser Globalität kann im Falle des Völkerbunds keine Rede sein: Bei ständiger Fluktuation haben ihm nie mehr 57 Staaten gleichzeitig angehört.[46] Als problematisch erweist sich insbesondere die Nichtmitgliedschaft dreier Staaten. Diese Aussage gilt mit Blick auf die damals einzige Weltmacht, die Vereinigten Staaten: Zwar geht die Gründung der Genfer Liga im wesentlichen auf das Engagement des amerikanischen Präsidenten Woodrow Wilson zurück, allerdings sind die USA dann der Organisation nicht beigetreten. In Kimminichs Termini gesprochen wäre der quasi-globale Entwurf zur regional-globalen Einrichtung mit noch dazu offenen Systemgrenzen geschrumpft.[47] Denn die ursprüngliche Nichtmitgliedschaft des Deutschen Reichs und dessen nur kurze Verweildauer in der Genfer Liga (1926-1935) haben für die regionale und globale Friedenssicherung wichtige Konfliktkonstellationen aus der Gemeinschaft herausverlagert.[48] Und die Sowjetunion tritt dem Völkerbund erst 1934 bei, als sie in ihm – wie Alfred Pfeil vermutet – weniger eine antikommunistische „Koalition der Kapitalisten“[49] als vielmehr ein „antirevisionistisches Verteidigungsbündnis“[50] erblickt, um nach ihrem Angriff auf Finnland wieder ausgeschlossen zu werden (1939).

Trotz seiner faktischen Durchlöcherung teilt sich der globale Anspruch des Völkerbunds in dreierlei mit: Zum einen können ihm nach Artikel 1 seiner Satzung

---

46 Vgl.: *Weber, Hermann*: Vom Völkerbund zu den Vereinten Nationen. Bonn: Deutsche Gesellschaft für die Vereinten Nationen, 1987. (UN-Texte; 34.) (zit.: Weber, H.: Vom Völkerbund.) S. 28 f.

47 Otto Kimminich selbst spricht mit Blick auf den Völkerbund ausdrücklich von einer „regionale[n] Globalität“. – *Kimminich*: Das Problem der Friedenssicherung (Fn. 43), S. 328. – Allerdings fehlt das entscheidende Merkmal der regionalen Globalität, nämlich die Geschlossenheit des Systems gegenüber seiner Umwelt. Deshalb findet sich oben im Text der Zusatz ‚mit offenen Systemgrenzen‘.

48 Die Integration der Völkerbundsatzung in den Versailler Friedensvertrag haben mit Walther Schücking und Hans Wehberg zwei Vertreter des deutschen Pazifismus und Anhänger des Völkerbunds zur vorsichtigen Kritik veranlaßt: „Der feierlichste Vertrag, der einen jahrhundertelangen Traum der Kulturwelt erfüllen sollte, wurde somit nicht als Ergebnis gemeinsamer einträchtiger Beratungen, sondern als Diktat der Sieger der Menschheit präsentiert.“ Mit diesen Worten melden die beiden nicht nur Vorbehalte gegen „den Geist der Deutschland auferlegten Friedensbedingungen“, sondern auch gegen die Ausgrenzung zahlreicher Staaten (vornehmlich der neutralen) von den Verhandlungen an. Damit wird der für das kollektive Sicherheitssystem wichtige Grundsatz der gleichen Rechte und gleichen Pflichten beim Gründungsakt des Völkerbunds mißachtet. – *Schükking, Walther/Wehberg, Hans*: Die Satzung des Völkerbundes. 2., umgearbeitete Aufl. Berlin: Franz Vahlen, 1924. (zit.: Schücking/Wehberg: Die Satzung.) S. 27.

49 *Pfeil, Alfred*: Der Völkerbund. Literaturbericht und kritische Darstellung seiner Geschichte. Darmstadt: Wissenschaftliche Buchgesellschaft, 1976. (Erträge der Forschung; 58.) (zit.: Pfeil: Der Völkerbund.) S. 92.

50 *Pfeil*: Der Völkerbund, S. 124.

prinzipiell „[a]lle Staaten, Dominions oder Kolonien mit voller Selbstverwaltung“[51] angehören, sofern die Bundesversammlung dem Aufnahmeersuchen mit Zweidrittelmehrheit zustimmt. Dieser Grundsatz wird zum anderen durch den Sachverhalt unterstrichen, daß ihm Staaten aller Kontinente angehören.[52] Des weiteren reklamiert der Völkerbund für sich in Artikel 11 seiner Satzung den Anspruch einer globalen Ordnungsmacht:

> Ausdrücklich wird hiermit festgestellt, daß jeder Krieg und jede Bedrohung mit Krieg, *mag davon ein Bundesmitglied betroffen werden oder nicht*, eine Angelegenheit des ganzen Bundes ist, und daß dieser die zum wirksamen Schutz des Völkerfriedens geeigneten Maßnahmen zu ergreifen hat.[53] (Hervorhebung S.J.)

3.2 Gewaltverbot als normative Basis

Die Idee kollektiver Sicherheit basiert auf einer klaren Normentscheidung: Gewalt, zumindest Krieg, ist als Mittel zwischenstaatlicher Politik verboten. Hier bleibt der Völkerbund auf halbem Wege stehen: Zwar verpflichten sich die Mitglieder in Artikel 10 der Satzung dazu, „die Unversehrtheit des Gebiets und die bestehende politische Unabhängigkeit zu achten und gegen jeden äußeren Angriff zu wahren“.[54] Dennoch ist diese Bestimmung keineswegs gleichbedeutend mit der Formulierung eines generellen Kriegsverbots. Vielmehr übernehmen die Staaten lediglich „*bestimmte* Verpflichtungen [...] nicht zum Kriege zu schreiten“[55] (Hervorhebung S.J.). Nur Kriegseröffnung (bzw. militärische Repressalie) ohne vorherigen Versuch einer friedlichen Streitbeilegung bleibt nach Artikel 12 kategorisch verboten: Hier kommen die Mitglieder überein, „daß sie keinesfalls vor Ablauf einer Frist von drei Monaten nach der schiedsgerichtlichen oder gerichtlichen Entscheidung oder nach dem Bericht des Rates zum Kriege schreiten dürfen“.[56] Den Tatbestand, daß der Völkerbund neben verbotenen auch erlaubte Kriege kennt, bezeichnet Kimminich gemeinsam mit Stephan Hobe als „partielles Kriegsverbot“.[57] Thomas Michael Menk hingegen betont das verbliebene Recht zum Kriege in Form des *ius ad bellum restrictum,* mit dem er die Genfer Satzung noch auf dem Boden des klassischen europäischen Völkerrechts verhaf-

---

51 Völkerbundsatzung, von 1920 mit den Änderungen von 1921 (zit.: Völkerbundsatzung.), in: *Weber, H.*: Vom Völkerbund, S. 151-161; hier: Artikel 1.

52 Vgl.: *Weber, H.*: Vom Völkerbund, S. 179-182.

53 Völkerbundsatzung, a.a.O., Artikel 11.

54 Völkerbundsatzung, a.a.O., Artikel 10.

55 Völkerbundsatzung, a.a.O., (Präambel).

56 Völkerbundsatzung, a.a.O., Artikel 12.

57 *Kimminich, Otto/Hobe, Stephan*: Einführung in das Völkerrecht. 7., völlig überarbeitete und erweiterte Aufl. Tübingen; Basel: Francke, 2000. (UTB für Wissenschaft: Uni-Taschenbücher; 469.) (zit.: Kimminich/Hobe: Einführung in das Völkerrecht.) S. 49.

tet sieht.[58] Diese Sichtweise gewinnt vor dem Hintergrund der Formulierungen in Artikel 15 an Plausibilität: Dort behalten sich die Vertragsparteien dann, wenn „der Bericht des Rates nicht einstimmige Annahme bei denjenigen seiner Mitglieder [findet], die nicht Vertreter der Parteien sind“, sogar ausdrücklich „das Recht vor, die Schritte zu tun, die sie zur Wahrung von Recht und Gerechtigkeit für nötig erachten“.[59] Dies schließt – nach Ablauf der in Artikel 12 festgelegten Dreimonatsfrist[60] – auch das Recht zur Kriegführung ein, das zumindest für die Streitparteien, möglicherweise sogar für sämtliche Mitglieder gilt.[61]

Diese normative Lücke wird erst durch den Briand-Kellogg-Pakt (1928) geschlossen.[62] Die Unterzeichnerstaaten erklären in Artikel 1 des Vertrags, „daß sie den Krieg als Mittel für die Lösung internationaler Streitfälle verurteilen und auf ihn als Werkzeug nationaler Politik in ihren gegenseitigen Beziehungen verzichten“.[63] Der von der Staatengemeinschaft beschlossene Sanktionskrieg bleibt ebenso zulässig wie der Selbstverteidigungskrieg, denn Staaten, die die Bestimmungen des Pakts verletzen, gehen sämtlicher „Vorteile, die dieser Vertrag gewährt, verlustig“[64] – einschließlich des Schutzes, welcher die Beachtung des Kriegsverbots mit sich bringt. Eingedenk des nur ‚partiellen Kriegsverbots‘ bzw. der bedingten Kriegserlaubnis der Völkerbundsatzung kann Friedrich Berber die Bestimmungen des Briand-Kellogg-Pakts „als eine echte Umkehrung, eine ‚Revolution‘ des bisherigen Rechts“[65] bewerten. Dennoch bringt auch dieser Vertrag aus Sicht eines idealen Kollektivsystems keine optimale Lösung: Zum einen beschränkt er sich auf ein Kriegsverbot. Dies erscheint aus normativer Perspektive defizitär, wenngleich der Pakt in historisch-genetischer Sichtweise einen

---

58 Vgl.: *Menk, Thomas Michael*: Gewalt für den Frieden. Die Idee der kollektiven Sicherheit und die Pathognomie des Krieges im 20. Jahrhundert. Berlin: Duncker & Humblot, 1992. (Schriften zum Völkerrecht; 105.) Zugl.: Speyer, Hochschule f. Verwaltungswiss., Diss. 1992. (zit.: Menk: Gewalt für den Frieden.) S. 53.

59 Völkerbundsatzung, a.a.O., Artikel 15.

60 Siehe oben.

61 Vgl.: *Wehberg, Hans*: Die Völkerbundsatzung. Gemeinverständlich erläutert unter Berücksichtigung des Paktes von Locarno, des Berliner Vertrages mit Sowjetrußland usw. 2., erweiterte Aufl. Berlin: Hensel & Co, 1927, S. 93.

62 Vertrag über die Ächtung des Krieges (Kellogg-Pakt) (27.8.1928) (zit.: Briand-Kellogg-Pakt.), in: Randelzhofer, Albrecht (Hrsg.): Völkerrechtliche Verträge. Vereinte Nationen u.a. Textausgabe. 5., neubearbeitete Aufl. München: dtv, Beck, 1991, S. 395-397.

63 Briand-Kellogg-Pakt, a.a.O., Artikel 1.

64 Briand-Kellogg-Pakt, a.a.O., Präambel. – Vgl.: *Wehberg, Hans*: Krieg und Eroberung im Wandel des Völkerrechts. Frankfurt/M.; Berlin: Alfred Metzner Verlag, 1953. (Völkerrecht und Politik; 1.) S. 44 f. *Berber, Friedrich*: Lehrbuch des Völkerrechts. Bd. 2: Kriegsrecht. 2., neubearbeitete Aufl. München: C.H. Beck'sche Verlagsbuchhandlung, 1969. (zit.: Berber: Lehrbuch des Völkerrechts 2.) S. 35-40.

65 *Berber*: Lehrbuch des Völkerrechts 2, S. 36.

wichtigen Meilenstein auf dem Weg zum heute geltenden umfassenden Gewaltverbot darstellen mag.[66] Zum anderen – und dies wiegt für das damalige Kollektivsystem des Völkerbunds wesentlich schwerer – bestehen zwei Varianten der Kriegsächtung nebeneinander: das partielle Kriegsverbot der Völkerbundsatzung und das generelle Kriegsverbot des Briand-Kellogg-Pakts, das aber im Unterschied zu ersterem nicht durch das Sanktionsregime der Genfer Liga geschützt ist. Daher sieht Hermann Weber den Völkerbund zu Recht vor der unbeantworteten Frage stehen, „wie er das umfassende und universell geltende Kriegsverbot mit dem Sanktionsregime so verknüpfen konnte, daß eine lückenlose Beachtung des absolut formulierten Kriegsverbotes gewährleistet erschien".[67] Des weiteren versuchen wichtige Vertragsstaaten, sich der Fesseln, welche die Norm ihnen angelegt hat, durch gegenläufige Interpretation wieder zu entledigen. Dabei rekurrieren sie insbesondere auf das Selbstverteidigungsrecht. Denn dieses räumt ihnen die prinzipielle Möglichkeit ein, sich dem Kollektivsystem in Übereinstimmung mit seinen Regeln zu entziehen. Dabei spannen sie den Begriff der Selbstverteidigung so weit, daß er nicht nur Maßnahmen gegen einen bewaffneten Angriff, sondern die Durchsetzung auch anderer Interessen (Macht, Einfluß) umfaßt. So erklären sich sowohl die amerikanische als auch die britische Regierung zum Richter in eigener Sache und behalten sich selbst die Wahl ihrer Mittel vor.[68] Damit sprechen sie zweifelsohne den anspruchsvolleren Bestimmungen des Pakts hohn. Ja sie drohen sogar die bescheideneren Intentionen der Genfer

---

[66] Das heute geltende umfassende Gewaltverbot findet sich in Artikel 2 (Absatz 4) der UN-Charta: „Alle Mitglieder unterlassen in ihren internationalen Beziehungen jede gegen die territoriale Unversehrtheit oder die politische Unabhängigkeit eines Landes gerichtete oder sonst mit den Zielen der Vereinten Nationen unvereinbare Androhung oder Anwendung von Gewalt." – Charta der Vereinten Nationen. Vom 26. Juni 1945 (zit.: UN-Charta.), in: *Sartorius II.* Internationale Verträge – Europarecht. Textausgabe mit Anmerkungen und Verweisungen sowie einem systematischen und einem alphabetischen Inhaltsverzeichnis. Bearbeitet von Daniel-Erasmus Khan. München: C.H. Beck'sche Verlagsbuchhandlung, 40. Ergänzungslieferung 2006. (zit.: Sartorius II.) (Dokument Nr. 1.)

[67] *Weber, H.*: Vom Völkerbund, S. 53.

[68] Francis Paul Walters beschreibt das Problem: "In truth, while American opinion proclaimed that the Pact went farther than the Covenant in forbidding war, the official interpretation given by the Secretary of State led to an exactly opposite conclusion. 'Every nation', he wrote, 'alone is competent to decide whether circumstances require recourse to war in self-defence'; and it was plain that under self-defence he included the defence not only of the national territory but also of vital interests such as the Monroe Doctrine. Similarly, the British government formally announced that it regarded the maintenance of peace in 'certain regions of the world' not under British sovereignty as a necessary measure of self-defence. Since, therefore, each signatory was the sole judge of its own self-defence and [...] the way was open to military action which would not be consistent with the Covenant". – *Walters, Francis Paul*: A History of the League of Nations. Published unter the auspices of the Royal Institute of International Affairs. Bd. 1 und Bd. 2. London u.a.: Oxford University Press, 1952, S. 385 f.

Satzung zu unterlaufen, wenngleich diese mit der ausdrücklichen Akzeptanz der Monroe-Doktrin (bzw. ihr vergleichbarer Doktrinen) eine weitere Ausstiegsoption aus dem Kollektivsystem vorhält.[69]

Den Sprengsatz, welcher das Selbstverteidigungsrecht für den Völkerbund darstellt, hat Ratspräsident Aristide Briand bereits sehr früh erkannt, wenn er anläßlich des bulgarisch-griechischen Grenzzwischenfalls (1925)[70] vom „Vorwande rechtmäßiger Selbstverteidigung"[71] spricht, mit dessen Hilfe Staaten eine (gewaltsame) Einlassung in Konflikte begründen können. Dem setzt er den – seines Erachtens erbrachten – Nachweis entgegen, „daß, wenn sich ein Volk, welches sich in seiner Existenz bedroht fühlt, an den Völkerbund wendet, es sicher sein kann, daß der Rat antwortet ‚anwesend', und daß er da ist, um seine Aufgabe als Vermittler zu erfüllen".[72] Diese Ausführungen können zumindest als politisch-moralischer Appell an die Mitglieder interpretiert werden, auf jedwede Anwendung militärischer Gewalt – auch im Dienste der Selbstverteidigung – zu verzichten und strittige Angelegenheiten ausnahmslos der alleinigen Zuständigkeit der Staatengemeinschaft zu überlassen. Allerdings paßt Briands Plädoyer nicht zur Realität der Genfer Organisation: Staaten werden auf das Recht zur Selbstverteidigung (bzw. auf dessen Inanspruchnahme) ausschließlich dann bereit sein zu verzichten, wenn eine verläßliche Alternative besteht. Und die kann der Völkerbund mit seinem defekten Kollektivsystem nicht bieten.[73]

3.3 Entscheidungs- und handlungsfähiges Kollektivsystem

Entscheidungs- und Handlungsfähigkeit gehören zu den unverzichtbaren Voraussetzungen für ein Kollektivsystem, das ja aktiv auf das Verhalten seiner Mitglieder einwirken möchte. Mehrere Satzungsbestimmungen weisen einen mehr

---

69 „[...] Abmachungen über bestimmte Gebiete *wie* die Monroedoktrin, welche die Erhaltung des Friedens sicherstellen, gelten nicht als mit einer der Bestimmungen der gegenwärtigen Satzung unvereinbar." (Hervorhebung S.J.) – Völkerbundsatzung, a.a.O., Artikel 21. – Allerdings ließe sich hier darüber streiten, ob es sich um eine deskriptive Aussage in dem Sinne handelt, daß der Monroe-Doktrin (einschließlich ihrer Bereitschaft zur militärischen Intervention) eine faktische Friedenssicherungswirkung attestiert wird, oder ob die Formulierung präskriptiv zu verstehen ist, die Monroe-Doktrin also nur dann als satzungskompatibel angesehen wird, wenn und insoweit sie zur Friedenssicherung beiträgt. Im letzten Falle könnte das ‚partielle Kriegsverbot' auch für die Monroe-Doktrin geltend gemacht werden. – Zur Monroe-Doktrin vgl. u.a.: *Murphy, Gretchen*: Hemispheric Imaginings. The Monroe-Doctrine and Narratives of U.S. Empire. Durham u.a.: Duke University Press, 2005.

70 Vgl.: Abschnitt 5. dieses Aufsatzes.

71 Zit. nach: *Wehberg*: Die Völkerbundsatzung, S. 93.

72 Zit. nach: *Wehberg*: Die Völkerbundsatzung, S. 93.

73 Vgl.: Abschnitt 3.3 und Abschnitt 5. dieses Aufsatzes.

oder weniger deutlichen Bezug zur kollektiven Sicherheit (i.e.S.) auf. Ihre Vagheit eröffnet jedoch enormen Interpretationsspielraum. Am eindeutigsten sind sie noch in Artikel 16 für den Fall eines verbotenen Kriegs (bzw. einer militärischen Repressalie) formuliert: „Schreitet ein Bundesmitglied entgegen den in den Artikeln 12, 13 und 15 übernommenen Verpflichtungen zum Kriege, so wird es ohne weiteres angesehen, als hätte es eine Kriegshandlung gegen alle anderen Bundesmitglieder begangen.“[74] Eine wesentliche Crux besteht jedoch darin, daß jedes Mitglied selbst die Frage zu beantworten hat, ob ein verbotener Krieg vorliegt oder nicht. Dieser Tatbestand ist für das Kollektivsystem in doppelter Hinsicht gefährlich: Zum einen können – selbst bei aufrichtigem Bemühen – Antworten der Mitglieder auf die Frage nach dem Aggressor voneinander abweichen, so daß sie zugunsten unterschiedlicher Parteien in das Geschehen eingriffen. Zum anderen öffnet die Regelung Raum für interessengeleitete Interventions- oder Nichtinterventionspolitik. Der Sprengsatz dieses Problems für das Kollektivsystem wird durch einen Richtlinienbeschluß der Bundesversammlung (4. Oktober 1921) nachträglich verringert, aber keineswegs entschärft:[75] Er bestätigt zwar das den Mitgliedern zustehende Recht zur Feststellung eines Bruchs der Völkerbundsatzung. Gleichzeitig eröffnet er die Möglichkeit zur Erstellung eines Gutachtens durch den Rat der Genfer Organisation, das die Mitglieder zwar nicht bindet, ihnen jedoch Orientierung gibt.

Grundsätzlich steht dem Völkerbund bei Satzungsbruch gemäß Artikel 16 das gesamte Spektrum ziviler wie militärischer Maßnahmen zur Verfügung, denen jedoch unterschiedlicher Stellenwert zukommt: Obwohl ein verbotener Waffengang als ‚Kriegshandlung gegen alle anderen Bundesmitglieder‘[76] angesehen wird, stellt für diese allein die Einleitung nichtmilitärischer Maßnahmen gegen den Aggressor zwingendes Gebot dar. Artikel 16 verpflichtet die fried- und rechthaltenden Staaten dazu, „unverzüglich alle Handels- und Finanzbeziehungen zu ihm abzubrechen, ihren Staatsangehörigen jeden Verkehr mit Staatsangehörigen des vertragsbrüchigen Staates zu untersagen und alle finanziellen, Handels- und persönlichen Verbindungen zwischen den Staatsangehörigen dieses Staates und jedes anderen Staates [...] abzuschneiden“.[77] Hingegen müssen die Mitglieder nicht notwendig militärische Gegenmaßnahmen einleiten. Der Charakter als kollektives Sicherheitssystem wird in diesem Kontext somit weit-

---

[74] Völkerbundsatzung, a.a.O., Artikel 16.

[75] Vgl.: Die von der zweiten Bundesversammlung in der 21. und 30. Plenarsitzung am 27. September und 4. Oktober 1921 angenommenen Richtlinien, in: *Schücking/Wehberg:* Satzung, S. 610-613. – Zur Kommentierung vgl.: Ebenda, S. 619 f.

[76] Siehe oben.

[77] Völkerbundsatzung, a.a.O., Artikel 16. – Das oben skizzierte Problem bei der Feststellung des Aggressors bleibt jedoch bestehen.

gehend durchbrochen, da es sich hier lediglich um das *Recht* zum Beistand, aber nicht mehr um eine diesbezügliche *Pflicht* handelt.

Vor diesem Hintergrund stellt sich ein weiteres Problem: Genau in seinen Kernbereichen ist das Kollektivsystem sehr schwach gehalten.[78]

Entscheidungsfähigkeit: Der Völkerbund besitzt zwei politische Gremien, deren Kompetenzen nicht klar voneinander abgegrenzt sind: Denn sowohl die Bundesversammlung als auch der Bundesrat werden nach Artikel 3 bzw. Artikel 4 mit dem Auftrag ausgestattet, „über jede Frage, die in den Tätigkeitsbereich des Bundes fällt oder die den Weltfrieden berührt",[79] zu befinden. Allerdings erhält der Rat eine höhere Anzahl an wichtigen Aufgaben ausdrücklich zugewiesen (z.B. im Bereich der friedlichen Streitbeilegung und der Abrüstung).[80] Während der Bundesversammlung sämtliche Mitgliedstaaten angehören, sind im Bundesrat nur einige Staaten vertreten: Dabei gehören ihm ursprünglich (vier) ‚alliierte und assoziierte Hauptmächte' als ständige Mitglieder an, die um vier nichtständige Vertreter ergänzt werden. Im Laufe der Zeit hat sich die Verteilung zwischen ständigen und nichtständigen Sitzen zugunsten letzterer verschoben.

Als problematisch für die Entscheidungsfähigkeit des Kollektivsystem erweist sich vor allem das Einstimmigkeitserfordernis gemäß Artikel 5, welches nur unwesentlich dadurch eingeschränkt wird, daß die Anzahl der „in der *Tagung* vertretenen Bundesmitglieder"[81] (Hervorhebung S.J.) als Bezugsgröße gilt. Das bedeutet: Jedes einzelne (anwesende) Mitglied kann durch Veto das Zustandekommen eines Beschlusses verhindern. Ausnahmen betreffen zum einen die Entscheidung über einen Bericht des Rats zur friedlichen Streitbeilegung: Hier herrscht zwar nach Artikel 15 auch das Konsensprinzip, allerdings unter Ausschluß der Parteien. Dies ist insofern wichtig für das Kollektivsystem (i.e.S.), als sich die Bundesmitglieder dazu verpflichten, „gegen keine Partei, die sich dem Vorschlag fügt, zum Kriege zu schreiten".[82] Mithin kann keiner der Konfliktbe-

---

78 Vgl.: Abschnitt 2. dieses Aufsatzes.

79 Völkerbundsatzung, a.a.O., Artikel 3 und Artikel 4.

80 Vgl.: *Schücking/Wehberg:* Satzung, S. 312-322.

81 Wörtlich heißt es: „Beschlüsse der Bundesversammlung oder des Rates erfordern Einstimmigkeit der in der Tagung vertretenen Bundesmitglieder, es sei denn, daß in den Vorschriften dieser Satzung oder den Bestimmungen des gegenwärtigen Vertrages ausdrücklich ein anderes vorgesehen ist." – Völkerbundsatzung, a.a.O., Artikel 5. – Ausnahmen betreffen jedoch weniger die Funktion kollektiver Sicherheit als vielmehr die Organisation des Völkerbunds. – Vgl. auch: *Jaberg:* Systeme kollektiver Sicherheit, S. 441-445.

82 Im vollen Wortlaut: „Wird der Bericht des Rates von denjenigen seiner Mitglieder, die nicht Vertreter der Parteien sind, einstimmig angenommen, so verpflichten sich die Bundesmitglieder, gegen keine Partei, die sich dem Vorschlag fügt, zum Kriege zu schreiten." Wird die so definierte Einstimmigkeit verfehlt, „behalten sich die Bundesmitglieder das

teiligten die Schutzwirkung, welche von einem einstimmig gefaßten Beschluß für den Staat ausgeht, der den Empfehlungen folgt, aus eigenem Vermögen aufheben. Zum anderen bedarf der Antrag auf Ausschluß eines Mitglieds laut Artikel 16 der Einstimmigkeit „aller anderen im *Rate* vertretenen Bundesmitglieder“[83] (Hervorhebung S.J.). Hier müssen zwar abweichend von der Regel nicht nur die anwesenden, sondern sämtliche dem Rat angehörenden Staaten zustimmen – aber wiederum unter Ausklammerung des Repräsentanten des inkriminierten Mitglieds.

Handlungsfähigkeit: Das Kollektivsystem des Völkerbunds bleibt in einer Situation, welche ein machtvolles Einschreiten gegen einen Satzungsbruch erfordert, durchgängig schwach gehalten: Von einer handlungsfähigen Streitmacht kann keine Rede sein. Im Bedarfsfalle ist der Bundesrat lediglich dazu „verpflichtet, den verschiedenen beteiligten Regierungen *vorzuschlagen*, mit welchen Land-, See- und Luftstreitkräften jedes Bundesmitglied für sein Teil zu der bewaffneten Macht beizutragen hat, die den Bundesverpflichtungen Achtung zu verschaffen bestimmt ist“[84] (Hervorhebung S.J.). Nicht einmal eine Art Generalstabsausschuß ist vorgesehen. Die Mitglieder sind nach Artikel 16 nur zur Gewährung eines Durchzugsrechts für die Streitkräfte eines jeden Bundesmitglieds gehalten, das sich an einer militärischen Kollektivmaßnahme beteiligt. Damit fällt der Völkerbund noch stärker als die Vereinten Nationen[85] hinter das Organisationsniveau kollektiver Sicherheit zurück, das der Deutsche Bund (1815-1866) erreichte: Er kannte immerhin ein Kontingentheer, einen Oberfeldherrn, einen Militärausschuß, eine (beratende) Bundesmilitärkommission sowie einige Bundesfestungen.[86]

Für den Fall ökonomischer Sanktionen sichern sich die Völkerbundsmitglieder im gleichen Artikel immerhin wechselseitige Unterstützung zu, um „Verluste und Nachteile auf das Mindestmaß herabzusetzen“.[87] Damit reagieren sie auf

---

Recht vor, die Schritte zu tun, die sie zur Wahrung von Recht und Gerechtigkeit für nötig erachten“. – Völkerbundsatzung, a.a.O., Artikel 15.

83 Völkerbundsatzung, a.a.O., Artikel 16.

84 Völkerbundsatzung, a.a.O., Artikel 16.

85 Nach Artikel 43 (Absatz 1) ihrer Charta verpflichten sich die Mitglieder der Vereinten Nationen, „zur Wahrung des Weltfriedens und der internationalen Sicherheit dadurch beizutragen, daß sie nach Maßgabe eines oder mehrerer Sonderabkommen dem Sicherheitsrat auf sein Ersuchen Streitkräfte zur Verfügung stellen [...]“. Und laut Artikel 47 (Absatz 3) der Charta ist der Generalstabsausschuß „unter der Autorität des Sicherheitsrats für die strategische Leitung aller dem Sicherheitsrat zur Verfügung gestellten Streitkräfte verantwortlich“. – UN-Charta, a.a.O., Artikel 43 und Artikel 47. – Allerdings sind die genannten Sonderabkommen bislang nicht zustande gekommen.

86 Vgl.: *Jaberg:* Systeme kollektiver Sicherheit, S. 392 f.

87 Völkerbundsatzung, a.a.O., Artikel 16.

den Tatbestand, daß infolge wirtschaftlicher Interdependenzen Sanktionen nicht nur den Adressaten, sondern auch die Urheber schwer schädigen können.[88] Allerdings fehlt eine Art Solidaritätsfonds, der das Versprechen zum Ausgleich von Verlusten in verläßlicher Weise absichern würde.

Eine weitere Sanktionsmöglichkeit besteht im Ausschluß eines „Mitglied[s], das sich der Verletzung einer aus der Satzung entspringenden Verpflichtung schuldig macht".[89] Ein solcher Schritt mag sich zwar aus der Überzeugung der Völkerbundstaaten ableiten, wonach die Mitgliedschaft in der Genfer Liga eine „Ehre"[90] darstelle, die mit Verstoß gegen die eingegangenen Verpflichtungen verwirkt sei. Allerdings unterminiert die Ausschlußoption den globalen Anspruch kollektiver Sicherheit, der eher danach verlangt, den Aggressor zügig (notfalls auf dem Wege kollektiver Sanktionen) in die Gemeinschaft fried- und rechthaltender Staaten zurückzuholen, als ihn unübersehbar aus ihr auszugrenzen.

Alles in allem handelt es sich somit um ein konkretes Systemdesign, das sich weit vom Ideal kollektiver Sicherheit entfernt, während nationale Souveränitätsvorbehalte kaum eingeschränkt werden. Es bleibt daher stärker der ‚realistischen' Sichtweise verhaftet. Von einer idealistisch ausgerichteten Weltinnenpolitik, der es über die Kriegsvermeidung hinausgehend um eine dem Nationalstaat nachempfundene Strategie der Friedensstiftung geht, kann hier im Kernbereich kollektiver Sicherheit nicht die Rede sein.[91] Und sogar dieser Minimalbefund muß noch weiter relativiert werden: Denn die Kehrseite des nur partiellen Kriegsverbot ist die bedingte Kriegserlaubnis.[92] Bereits die Grundarchitektur des Völkerbunds verwehrt es ihm absehbar, die Sicherheit seiner Mitglieder gegen einen zielstrebig handelnden Aggressor zu garantieren.[93] Daher vermag das Urteil Eberhard Kolbs kaum zu überraschen:

> Auch nach 1918 verlief die Außenpolitik ganz überwiegend in den Bahnen nationalstaatlicher Machtpolitik und einer sie abstützenden bilateralen und multilateralen Bündnispolitik wie vor 1914.[94]

---

88 Vgl.: *Hasse, Rolf:* Theorie und Politik des Embargos. Köln: Institut für Wirtschaftspolitik an der Universität zu Köln, 1973. (Untersuchungen; 25.) (zit.: Hasse: Theorie und Politik des Embargos.)

89 Völkerbundsatzung, a.a.O., Artikel 16. – Zum Abstimmungsmodus siehe oben.

90 Völkerbundsatzung, a.a.O., (Präambel).

91 Diese Aussage wird nur leicht relativiert durch die Elemente kollektiver Sicherheit im weiten Sinne, die auf friedliche Streitbeilegung und Gewaltprävention zielen. – Vgl.: Abschnitt 4. dieses Aufsatzes.

92 Vgl.: Abschnitt 3.2 dieses Aufsatzes.

93 Unterhalb einer solchen Garantie hat er jedoch einiges bewirkt – vgl.: Abschnitt 5. dieses Aufsatzes.

94 *Kolb, Eberhard:* Der Frieden von Versailles. München: Verlag C.H. Beck, 2005, S. 55.

Zu den alterhergebrachten Formen internationaler Diplomatie zählen die eher an das europäische Mächtekonzert erinnernden Konkurrenzinstitutionen zum Kollektivsystem des Völkerbunds, nämlich Oberster Rat als Folgeeinrichtung des Obersten Kriegsrats sowie die später eingesetzte Pariser Botschafterkonferenz, in welchen die Hauptmächte unter sich bleiben.[95]

4. Der Völkerbund – ausgewählte Ansätze für ein kollektives Sicherheitssystem im weiten Sinne

Auch wenn die Möglichkeit zur binnengerichteten Sanktion gegen einen Rechtsbrecher den Kern eines jeden kollektiven Sicherheitssystems darstellt, wird dieses im Völkerbund durch weitere der Gewaltprävention dienende Elemente abgestützt, die auch ohne ihre Rückbindung an eine funktionierende Erzwingungsgewalt friedensstrategische Wirkung entfalten können. Während Verfahren friedlicher Streitbeilegung zivile und kostengünstigere Alternativen zum militärischen Konfliktaustrag zur Verfügung stellen sollen, zielen andere Elemente auf den Abbau gewaltfördernder Faktoren. Hier sollen zwei exponierte Bereiche – Abrüstung bzw. militärische Vertrauensbildung sowie Minderheitenschutz – exemplarisch betrachtet werden.

4.1 Friedliche Streitbeilegung und „peaceful change“

Rechtliche wie diplomatische Verfahren friedlicher Streitbeilegung können mit Blick auf ihre Einleitung, ihre Durchführung und ihre Ergebnisanerkennung entweder fakultativ oder obligatorisch sein. Je stärker der obligatorische Charakter alle drei Bereiche durchzieht, desto besser für das Kollektivsystem.

Beim Völkerbund zeigt sich der (angestrebte) obligatorische Charakter friedlicher Streiterledigung am deutlichsten in der Formulierung zur Einleitung des Verfahrens. Zumindest der Versuch einer gewaltfreien Bereinigung kriegsträchtiger Konflikte ist für die Parteien verpflichtend. So heißt es in Artikel 12: „Alle Mitglieder kommen überein, daß sie, falls sich zwischen ihnen eine Streitigkeit erhebt, die einen Bruch herbeiführen könnte“, dieselbe einem der vorgesehenen Verfahren „unterbreiten werden“.[96] Drei Optionen finden hier Erwähnung: Schiedsgerichtsbarkeit, das gerichtliche Verfahren oder Prüfung durch den Rat. In dieser Ausdifferenzierung spiegelt sich das Bestreben wider, einen der Streitsubstanz angemessenen Lösungsweg einzuschlagen. So sollen justitiable Angelegenheiten – wie etwa die Interpretation von Verträgen, die Auslegung von völ-

---

[95] Vgl.: *Pfeil:* Der Völkerbund, S. 65-69. *Heideking, Jürgen:* Areopag der Diplomaten. Die Pariser Botschafterkonferenz der alliierten Hauptmächte und die Probleme der europäischen Politik 1920-1931. Husum: Matthiesen, 1979. (Historische Studien; 436.)

[96] Völkerbundsatzung, a.a.O., Artikel 12.

kerrechtlichen Normen – einem schiedsgerichtlichen bzw. dem gerichtlichen Entscheid zugeführt werden. Zu diesem Zwecke wurde der Völkerbundrat gemäß Artikel 14 mit dem „Entwurf eines Planes zur Errichtung eines ständigen internationalen Gerichtshofes“[97] betraut. Für nichtjustitiable Konflikte hingegen legt die Satzung eher die Befassung des Rats nahe. Allerdings endet nur der Weg über ein Schiedsgericht oder den Ständigen Internationalen Gerichtshof mit einem die Parteien bindenden Ergebnis. In Artikel 13 verpflichten sich die Mitglieder, „die ergangenen Entscheidungen nach Treu und Glauben durchzuführen“.[98] Im Falle einer Zuwiderhandlung ist der Rat immerhin dazu verpflichtet, Maßnahmen vorzuschlagen, um die Wirkung des Urteils sicherzustellen – anordnen kann er sie jedoch nicht. Der Weg über den Bundesrat nach Artikel 15 erreicht keine vergleichbare Wirkung: Zum einen fehlt im Satzungstext eine ausdrückliche Verpflichtung zur Umsetzung seiner Vorschläge. Zum anderen tritt die Kriegsschutzwirkung des Berichts für die sich ihm fügenden Parteien ausschließlich dann ein, wenn dieser einstimmig angenommen wird. Andernfalls behalten sich die Bundesmitglieder alle Schritte vor, die sie „zur Wahrung von Recht und Gerechtigkeit für nötig erachten“.[99]

Anders als etwa die UN-Charta[100] sieht die Völkerbundsatzung zumindest zaghafte Ansätze eines „*peaceful change*“ im Sinne „rechtliche[r] Möglichkeiten einer Abänderung bestehenden Rechts“[101] (Berber) vor. In Artikel 19 steht: „Die Bundesversammlung kann von Zeit zu Zeit die Bundesmitglieder zu einer Nachprüfung der unanwendbar gewordenen Verträge auffordern, deren Auf-

---

97 Völkerbundsatzung, a.a.O., Artikel 14. – Dieser Gerichtshof hat dann zwischen 1923 und 1939 22 Urteile erlassen und zwischen 1922 und 1935 27 Rechtsgutachten verfaßt. – Vgl.: *Berber, Friedrich:* Lehrbuch des Völkerrechts. Bd. 3: Streiterledigung, Kriegsverhütung und Integration. 2., neubearbeitete Aufl. München: C.H. Beck'sche Verlagsbuchhandlung, 1977. (zit.: Berber: Lehrbuch des Völkerrechts 3.) S. 60.

98 Völkerbundsatzung, a.a.O., Artikel 13.

99 Völkerbundsatzung, a.a.O., Artikel 15.

100 Für die Behebung des Defizits der Vereinten Nationen im Bereich des „*peaceful change*“ haben sich insbesondere engagiert: *Clark, Grenville/Sohn, Louis B.:* World Peace through World Law. Two Alternative Plans. 3., erweiterte Aufl. Cambridge/Mass.: Harvard University Press, 1966.

101 *Berber:* Lehrbuch des Völkerrechts 3, S. 140. – Ernst-Otto Czempiel wendet sich ausdrücklich gegen Berbers Formulierung: „[Es] erscheint [...] als wenig sinnvoll, den Problemkreis des ‚peaceful change‘ als ‚rechtliche Möglichkeiten der Abänderung bestehenden Rechts‘ zu definieren. Das Völkerrecht kann den hier bestehenden Konfliktlösungsbedarf konstatieren, ihn auch [...] dekretieren. Seine Deckung kann jedoch nur politisch bewirkt, nicht durch Völkerrecht erzwungen werden. Die Prozesse des ‚peaceful change‘ gehören daher in den Kontext der Internationalen Organisation, auch in den der Macht.“ – *Czempiel:* Friedensstrategien, S. 102.

rechterhaltung den Weltfrieden gefährden könnte".[102] Als unanwendbar gilt gemäß der Definition eines eingesetzten Juristenkomitees ein Vertrag dann, „wenn der im Augenblicke des Abschlusses bestehende Zustand in der Folgezeit, sei es in materieller, sei es in moralischer Hinsicht, so radikale Veränderungen erlitten hat, daß es außerhalb des Bereiches vernünftiger Möglichkeiten liegt, den Vertrag anzuwenden".[103] Damit soll der Völkerbund, wie auch Schücking und Wehberg konstatieren, „keine Politik von heute auf morgen treiben, sondern von langer Hand solche Zustände vorbereiten, daß ein gefährlicher Konflikt gar nicht entstehen kann".[104] Allerdings sind die einschlägigen Bestimmungen sehr schwach gehalten: Denn die Versammlung kann die Mitglieder nicht zu einer Änderung des Rechtszustands anhalten, geschweige denn diese aus eigenem Vermögen herbeiführen.[105]

4.2 Abrüstung und Vertrauensbildung

In der anarchischen Grundsituation des internationalen Systems, in der Staaten einander auf gleicher Ebene ohne den verläßlichen Schutz einer übergeordneten Instanz begegnen, sehen sie sich einem „Sicherheitsdilemma"[106] (John Herz) ausgesetzt, in welchem das eigenvorsorgliche Streben nach einem wirksamen Schutz vor gegnerischen Angriffen insbesondere durch Aufbau eigener Streitkräfte genau jene Kriegsgefahren heraufbeschwört, vor denen es eigentlich schützen sollte. Auf dieser Ebene setzen Abrüstung und militärische Vertrau-

---

102 Völkerbundsatzung, a.a.O., Artikel 19.

103 Zit. nach: *Schücking/Wehberg:* Satzung, S. 662.

104 *Schücking/Wehberg:* Satzung, S. 662.

105 Obwohl Artikel 19 keinerlei Einschränkungen vorsieht, haben die Siegermächte die vom Deutschen Reich vehement geforderte Anwendung des „*peaceful change*" auf die Pariser Vorortverträge hartnäckig verweigert. – Vgl.: *Weber, H.:* Vom Völkerbund, S. 78.

106 John H. Herz definiert das Sicherheitsdilemma wie folgt: „Das Dilemma entspringt einer grundlegenden Sozialkonstellation, derzufolge eine Vielzahl miteinander verflochtener Gruppen politisch letzte Einheiten darstellen, d.h. nebeneinander bestehen, ohne in ein noch höheres Ganzes integriert zu sein. Wo und wann immer eine solche ‚anarchische' Gesellschaft existiert hat, ergab sich [...] eine Lage, die sich als ‚Sicherheitsdilemma' bezeichnen läßt. Gruppen oder Individuen, die in einer derartigen, eines Schutzes ‚von oben' entbehrenden Konstellation leben, müssen um ihre Sicherheit vor Angriffen, Unterwerfung, Beherrschung oder Vernichtung durch andere Gruppen und Individuen fürchten, eine Besorgnis, die sich aus der Sachlage selbst ergibt. Und in einem Streben nach Sicherheit vor solchen Angriffen sehen sie sich gezwungen, immer mehr Macht zu akkumulieren, nur um der Macht der anderen begegnen zu können. Diese wiederum macht die anderen unsicherer und zwingt sie, sich auf ‚das Schlimmste' vorzubereiten." – *Herz, John H.:* Idealistischer Internationalismus und das Sicherheitsdilemma (1950), in: ders.: Staatenwelt und Weltpolitik. Aufsätze zur internationalen Politik im Nuklearzeitalter. Hamburg: Hoffmann und Campe, 1974. (Kritische Wissenschaft) S. 39-56; hier: S. 39.

ensbildung an, indem sie Bedrohungspotentiale mindern und Bedrohungswahrnehmungen entdramatisieren.

Der prinzipiellen Vorteilhaftigkeit der „Herabsetzung der nationalen Rüstungen"[107] zeigen sich die Völkerbundstaaten in Artikel 8 durchaus bewußt. Allerdings folgt die Einschränkung auf dem Fuße: Denn es geht um eine Abrüstung „auf das Mindestmaß [...], das mit der nationalen Sicherheit [...] vereinbar ist".[108] Die wichtigste Veränderung, welche die Genfer Satzung gegenüber dem *status quo ante* bewirkt, sind geringfügige Einschränkungen am Definitions*monopol* der Staaten über das zur Aufrechterhaltung ihrer nationalen Sicherheit erforderliche Maß an Streitkräften. Denn eine Institution – nämlich der Rat – entwirft die Abrüstungspläne, welche dann den Regierungen zur Prüfung und endgültigen Entscheidung vorgelegt werden. Letztlich können aber die Staaten jeden Plan des Rats ablehnen, und fast alle Regierungen haben dann auch erklärt, daß Rüstungsbeschränkungen ohne Gefährdung der nationalen Sicherheit nicht möglich seien.[109]

Für eine abrüstungsfeindliche Haltung liefert eine weitere Textpassage des achten Artikels eine zusätzliche Legitimierung, da die Abrüstungspläne „unter Berücksichtigung der geographischen Lage und der besonderen Verhältnisse eines Staates"[110] entworfen werden müssen. Einem abrüstungsunwilligen Staat dürfte der Verweis auf irgendeine Besonderheit seiner sicherheitspolitischen Lage wohl nicht sonderlich schwerfallen. Damit vermag er relativ problemlos die Vorgaben der Satzung in Übereinstimmung mit deren Wortlaut zu unterlaufen. Noch unverbindlicher als die Verpflichtungen zur Abrüstung fallen jene zur Kontrolle privater Rüstungsindustrien sowie zur Überwachung des Handels mit Waffen und Munition aus. Ohne jegliche Vorbedingung unterliegen die Bundesmitglieder lediglich einer umfassenden Informationspflicht „über den Stand ihrer Rüstung, über ihr Heer-, Flotten- und Luftschiffahrtsprogramm und über die Lage ihrer auf Kriegszwecke einstellbaren Industrien".[111] Hier findet sich der Grundgedanke der Vertrauensbildung durch Herstellung von Transparenz – wenn auch nur zaghaft – wieder. Wirksame Überprüfungsmechanismen fehlen jedoch. Nach dem Scheitern des in der Satzung vorgesehenen Wegs zur Abrü-

---

107 Völkerbundsatzung, a.a.O., Artikel 8.

108 Völkerbundsatzung, a.a.O., Artikel 8. – Der Artikel kennt eine weitere Einschränkung, denn auch die „Erzwingung internationaler Verpflichtungen durch gemeinschaftliches Vorgehen" muß möglich bleiben (ebenda). Allerdings läßt sich hieraus kein Verbot vollständiger Abrüstung ableiten, da eine lückenlose Entmilitarisierung verbotenen wie erlaubten Kriegen wirksam vorbeugen würde.

109 Vgl.: *Schücking/Wehberg:* Satzung, S. 398.

110 Völkerbundsatzung, a.a.O., Artikel 8.

111 Völkerbundsatzung, a.a.O., Artikel 8.

stung haben innerhalb des Völkerbunds vereinzelte – eher symbolische – Initiativen zur Einfrierung der Rüstungshaushalte sich um die Wahrung des abrüstungspolitischen Grundgedankens bemüht. Auch die 1932 einberufene Abrüstungskonferenz bleibt ohne substantielle Ergebnisse.[112]

4.3 Minderheitenschutz

Den Staaten steht es innerhalb kollektiver Sicherheitssysteme frei, auch innere Angelegenheiten dem gemeinschaftlichen Rechtsschutz zu überantworten. Besondere Bedeutung kommt dabei potentiell grenzüberschreitenden Problemlagen zu, die sich zumindest zu regionalen Konfliktkonstellationen aufbauen können. Als eskalationsanfällig erweist sich dabei die Diskriminierung von Minderheitengruppen insbesondere dann, wenn sich ein anderer Staat zum Schutzpatron dieser Gruppe aufschwingt.

Auch die Völkerbundstaaten zeigen sich der skizzierten Problematik bewußt. Zwar markiert der zwischen den alliierten und assoziierten Mächten einerseits und Polen andererseits geschlossene Vertrag (1919), dessen Regelungen nachfolgenden Verträgen bzw. Deklarationen Pate gestanden haben, den Ausgangspunkt des Minderheitenschutzregimes. Allerdings werden die eingeräumten Rechte unter die Garantie des Völkerbunds gestellt, die dieser auch in einer eigenen Erklärung annimmt:[113] Dabei umfassen die Vereinbarungen individualrechtliche Diskriminierungsverbote (z.B. Schutz von Leben und Freiheit, Rechtsgleichheit, Religionsfreiheit) ebenso wie identitätsentfaltende Kollektivrechte, die der einzelne nur dann wahrnehmen kann, wenn sie der Minderheit als Gruppe zugestanden werden (z.B. Recht auf Selbstverwaltung, Recht auf einen angemessenen Anteil am öffentlichen Budget).

Das Verfahren zur Überwachung der Einhaltung zugestandener Rechte entwickelt sich aber erst auf Grundlage des Tittoni-Rapports (1920).[114] Zum Kern des Kontrollregimes entwickelt sich das Petitions- bzw. Präliminarverfahren, das der

---

[112] Zur Gesamtproblematik vgl.: *Mutz, Reinhard:* Die Abrüstungsfrage zwischen den Weltkriegen, in: Aus Politik und Zeitgeschichte (ApuZ), B 5/1969, S. 3-23.

[113] Vgl.: *Balogh, Arthur von:* Der internationale Schutz der Minderheiten. München: Südost-Verlag Adolf Dresler, 1928. (zit.: Balogh: Der internationale Schutz.) *Bartsch, Sebastian:* Minderheitenschutz in der internationalen Politik. Völkerbund und KSZE/OSZE in neuer Perspektive. Opladen: Westdeutscher Verlag, 1995. (Studien zur Sozialwissenschaft; 163.) (Bartsch: Minderheitenschutz.) *Gütermann, Christoph:* Das Minderheitenschutzverfahren des Völkerbundes. Berlin: Duncker & Humblot, 1979. (Schriften zum Völkerrecht; 63.) (zit. Gütermann: Das Minderheitenschutzverfahren.)

[114] Vgl.: Der Tittoni-Rapport vom 22/10/20, in: *Gütermann:* Das Minderheitenschutzverfahren, S. 338-340.

förmlichen Befassung durch den Bundesrat vorgeschaltet ist.[115] Christoph Gütermann wertet den Minderheitenschutz in zutreffender Weise als „essentielle[n] Baustein des Systems der kollektiven Sicherheit".[116] Sebastian Bartsch erläutert diesen Sachverhalt:

> Das 1919 entworfene Minderheitenschutzsystem zielte somit auf die Konsolidierung der Staaten Mittelost- und Südosteuropas, und diese wiederum wurde als eine wesentliche Voraussetzung der Sicherung des internationalen Friedens [...] angesehen. Der Völkerbund [...] sollte bilaterale Konflikte und unilaterale Interventionen vermeiden, Minderheitenfragen aus den zwischenstaatlichen Konkurrenz- und Konfliktverhältnissen herauslösen und Staaten mit einem besonderen Interesse an externen Minderheiten aus dem Minderheitenschutz heraushalten.[117]

Zum eigentlichen Sprengsatz entwickelt sich insbesondere die extreme Ungleichverteilung von Rechten und Pflichten, welche die Unterwerfung unter ein internationales Kontrollregime auf Dauer eher als Brandmal denn als Gütesiegel erscheinen läßt.[118] Ausgerechnet die Großmächte, die auf ihrem Territorium lebenden Minderheiten besondere Schutzrechte vorenthalten, fungieren als Wächter über solche Staaten, die – teils bereitwillig (Ungarn, Bulgarien), teils widerstrebend (z.B. Polen, Rumänien, Jugoslawien)[119] – Rechte zugestanden haben. Obwohl in die Genfer Liga eingebunden, erweist sich das Minderheitenschutzregime auch als Ausdruck einer Herrschaftsordnung, die eher der Logik des Europäischen Konzerts folgt als den Kollektivgedanken widerspiegelt.[120]

5. Licht und Schatten – die friedenspolitische Bilanz des Völkerbunds

Die Entwicklung des Völkerbunds scheint der grundsätzlichen Kritik Ernst-Otto Czempiels recht zu geben, wonach „die friedensstrategische Leistung Internationaler Organisationen nicht nur nicht an die kollektive Gewaltanwendung gebunden, sondern um so stärker ist, je mehr sie sich davon entfernt".[121] Besonders

---

[115] Christoph Gütermann zählt für die Zeit zwischen 1921 und 1939 insgesamt rund 950 Petitionen, von denen etwa 550 angenommen worden sind. – Vgl.: *Gütermann:* Das Minderheitenschutzverfahren, S. 345.

[116] *Gütermann:* Das Minderheitenschutzverfahren, S. 32.

[117] *Bartsch:* Minderheitenschutz, S. 68 f.

[118] Vgl.: *Balogh:* Der internationale Schutz, S. 266-269.

[119] Vgl.: *Bartsch:* Minderheitenschutz, S. 73-85.

[120] Vgl.: *Baumgart, Winfried:* Vom Europäischen Konzert zum Völkerbund. Friedensschlüsse und Friedenssicherung von Wien bis Versailles. Darmstadt: Wissenschaftliche Buchgesellschaft, 1974. (Erträge der Forschung; 25.) *Elrod, Richard B.:* The Concert of Europe: A Fresh Look at an International System, in: World Politics, 2/1976, S. 159-174. *Jervis, Robert:* From Balance to Concert. A Study of International Security Cooperation, in: World Politics, 1/1985, S. 58-79.

[121] *Czempiel:* Friedensstrategien, S. 129.

gelobt wird der Völkerbund gemeinhin als „Arbeitsgemeinschaft für soziale, wirtschaftliche und andere Fragen"[122] (H. Weber). Auch bei der Konfliktbewältigung entfaltet der Völkerbund seine Stärken im wesentlichen unterhalb der Schwelle zur kollektiven Sicherheit. Dieser Beitrag soll aber nicht gering geredet werden. Immerhin 35 der von Quincy Wright aufgelisteten 66 politischen Dispute, mit denen sich Gremien des Völkerbunds beschäftigt haben, sind in Übereinstimmung mit der Satzung beigelegt worden.[123] Ihnen wird damit auch weitergehendes Eskalationspotential genommen. Einige Konflikte, an deren Bewältigung die Genfer Liga mit jeweils unterschiedlichen Instrumentarien mitwirkt, sollen kurz skizziert werden.

- Im Konflikt zwischen Finnland und Schweden um die Åland-Inseln (1920)[124] stellt der mit der Sache befaßte Juristenausschuß fest, daß die Inselbewohner ihrer Nationalität nach zu Finnland gehören, dem die Souveränität zukomme. Allerdings müsse es den Bewohnern der Inseln bestimmte Garantien unter anderem hinsichtlich der Erhaltung der schwedischen Sprache in den Schulen geben und zur Revision des Abkommens über die Nichtbefestigung der Ålandinseln (1856) bereit sein. Nicht nur Finnland, sondern auch das mit dem Ergebnis unzufriedene Schweden haben dann den, auch Elemente des „*peaceful change*" enthaltenden Lösungsvorschlägen des Rats zugestimmt. Folglich hat der Völkerbund einen Konflikt entschärft, der aufgrund seiner Vermischung von Interessen- und Identitätsfragen durchaus eskalationsträchtig gewesen ist.

- Anläßlich eines Schußwechsels an der griechisch-bulgarischen Grenze (1925),[125] dem auch ein griechischer Soldat unter weißer Fahne zum Opfer fällt, rücken griechische Truppen auf bulgarisches Gebiet vor. Der Rat fordert die Parteien zu einem Rückzug ihrer Truppen innerhalb von sechzig Stunden auf, der unter Kontrolle französischer, britischer und italienischer Militärattachés fristgerecht vollzogen wird. Hier läßt sich durchaus von klassischem Peacekeeping bzw. Monitoring reden. Außerdem legt eine Untersuchungskommission die Höhe des zu leistenden Schadensersatzes fest und regt künftige vertrauensbildende Maßnahmen an (größere Distanzen bei den Grenzposten). Trotz beiderseitiger Kritik (unterschiedlichen Inhalts) akzeptieren die Streitparteien den auf Grundlage der Untersuchungsergebnisse erstellten Ratsbericht.

---

[122] *Weber, H.:* Vom Völkerbund, S. 86. – Vgl.: Ebenda, S. 86-127.

[123] Vgl.: *Wright, Quincy:* A Study of War. With a Commentary on War since 1942. 2. Aufl. Chicago; London: The University of Chicago Press, 1965, S. 646 (Tabelle 41).

[124] Vgl.: *Schücking/Wehberg:* Satzung, S. 470 f. *Walters:* A History, S. 103-105.

[125] Vgl.: *Wehberg:* Die Völkerbundsatzung, S. 75 f. *Walters:* A History, S. 311-315.

- Im Konflikt zwischen Peru und Kolumbien um den Besitz der auf kolumbianischem Boden gelegenen Siedlung Lecticia (1932/33),[126] die zuerst von Freischärlern und anschließend von regulären Truppen Perus besetzt wird, bewirkt der Rat – begünstigt durch den Sturz des peruanischen Diktators – eine kampflose Räumung des Gebiets. Danach kümmert sich der Völkerbund treuhänderisch um den Prozeß der Friedenskonsolidierung: Eine kleine Kommission übernimmt für ein Jahr die Verwaltung des Distrikts, den sie nach Ablauf dieser Frist an den rechtmäßigen Souverän Kolumbien zurückgibt.

- Im militärisch ausgefochtenen Konflikt zwischen Paraguay und Bolivien um das Gran-Chaco-Gebiet (1932-1935)[127] scheitern zwar Versuche zur friedlichen Streitbeilegung, allerdings versteht sich der Völkerbund hier zur Aktivierung der kollektiven Sicherheit (i.e.S.) in Form eines beide Seiten betreffenden Waffenembargos – wobei Bolivien nach seiner Zustimmung zum Bericht der Bundesversammlung aus der Sanktion entlassen wird. Auch wenn die unmittelbaren Auswirkungen auf den Konfliktverlauf nur schwer einzuschätzen sind: Vermutlich haben Schwierigkeiten bei der Beschaffung von Kriegsmaterial letztlich doch zur Erschöpfung der Parteien bzw. zum ‚Ausbluten' des Konflikts beigetragen, obwohl das Embargo nicht lückenlos befolgt worden ist.

Dort, wo jedoch machtvolleres Eingreifen insbesondere gegen größere Staaten gefordert gewesen wäre, hat der Völkerbund nicht die nötige Abschreckungs- bzw. Durchschlagskraft entfaltet: Mit dem japanisch-chinesischen Mandschurei-Konflikt (1931-1933) hat sich die Gemeinschaft ebenso wie mit der italienischen Aggression gegen Abessinien (1934-1936) und mit dem spanischen Bürgerkrieg (1936-1939) nur zögerlich bzw. halbherzig befaßt. Die militärische Besetzung des Rheinlands (1936) – laut Versailler Vertrag „als feindliche Handlung gegenüber den Signatarmächten [...] und [...] Versuch der Störung des Weltfriedens"[128] (Artikel 44) zu deklarieren – nimmt der Völkerbund gar widerstandslos

---

[126] Vgl.: *Pfeil:* Der Völkerbund, S. 125. *Walters:* A History, S. 536-540.

[127] Vgl.: *Hasse:* Theorie und Politik des Embargos, S. 60 f. *Meyer-Lindenberg, Hermann:* Gran Chaco-Konflikt, in: *Schlochauer, Hans-Jürgen* (Hrsg.): Wörterbuch des Völkerrechts. Begründet von Karl Strupp, unter Zusammenarbeit mit Herbert Krüger u.a. in Verbindung mit der Deutschen Gesellschaft für Völkerrecht. Bd. 1. Berlin: Verlag Walter de Gruyter, 1960, S. 702-704. *Walters:* A History, S. 526-536.

[128] Der Friedensvertrag von Versailles, in: Der Friedensvertrag von Versailles nebst Schlußprotokoll und Rheinlandstatut sowie Mantelnote und deutsche Ausführungsbestimmungen. Neue durchgesehene Ausgabe in der durch das Londoner Protokoll vom 30. August 1924 revidierten Fassung. Berlin: Verlag Reimar Hobbing, 1925, S. 14-240; hier: Artikel 44.

hin. Auch mit den Aggressionen des Deutschen Reichs gegen Österreich (1938) und die Tschechoslowakei (1938/39) beschäftigt sich die Genfer Organisation ebensowenig wie später mit dem Angriff auf Polen (1939). Lediglich nach dem Überfall der Sowjetunion auf Finnland (1939) macht der Völkerbund von seinem Kollektivsystem Gebrauch und schließt den Aggressor aus seinen Reihen aus – wenn auch unter Mißachtung seiner eigenen Vorgaben.[129]

Allerdings: Das Versagen in diesen Konflikten ist kein Alleinstellungsmerkmal des Völkerbunds. Weder Polen noch die Tschechoslowakei sind durch die Defensivbündnisse mit Frankreich wirksam vor den Aggressionen des Deutschen Reichs geschützt worden. Auch der Ausstieg aus dem Kollektivsystem zugunsten einzelstaatlich verfolgter Appeasementpolitik hat den Zweiten Weltkrieg nicht verhindert. Vor diesem Hintergrund vermag das Kollektivsystem zwar nicht als Friedensgarant in dem Sinne zu dienen, daß allein seine Errichtung die Abwesenheit kriegerischer Gewalt stets und ausnahmslos gewährleisten könne. Allerdings stellt es im Vergleich mit anderen Ordnungsformen die am wenigsten unzulängliche Methode der Friedensstiftung und Sicherheitsgewährleistung dar. Anders als hegemoniale oder imperiale Modelle, bei denen ein übermächtiger Akteur die Welt – notfalls unter Einschluß militärischer Mittel – nach seinen Vorstellungen leitet bzw. formt, bietet das Kollektivsystem immerhin die Chance, konfrontative Beziehungsmuster im internationalen System dauerhaft zu überwinden. Und je stärker das Kernelement der binnenwirksamen Sanktionsgewalt durch Regime der Gewaltprävention und der friedlichen Streitbeilegung umhegt wird, je mehr Raum auch für einen „arbeitenden Frieden" (Mitrany) zur Verfügung steht, desto eher könnte auch das Kollektivsystem seiner immanenten friedensstrategischen Ambivalenz entfliehen, notfalls mit „Gewalt für den Frieden" (Menk) eintreten zu müssen. Diese Perspektive darf nicht leichtfertig riskiert werden – auch nicht und gerade nicht angesichts neuer Unsicherheiten. Mit gutem Grund warnt der Bericht einer hochrangig besetzten Expertengruppe zur UN-Reform (2004) davor, das in der Charta der Vereinten Nationen installierte Kollektivsystem zu beschädigen: Dem in der Figur ‚antizipatorischer Selbstverteidigung' enthaltenen Anspruch der USA auf eigenmächtige Gewaltanwendung hält der Bericht entgegen,

> dass in dieser Welt voll mutmaßlicher potentieller Bedrohungen die Gefahr für die globale Ordnung und die Norm der Nichtintervention [...] einfach zu groß ist, als dass einseitige Präventivmaßnahmen im Unterschied zu kollektiv gebilligten Maßnahmen, als

---

[129] Zwar ist der Antrag auf Ausschluß ohne Gegenstimmen angenommen worden, allerdings haben nicht – wie in Artikel 16 gefordert – alle im Rat repräsentierten Mächte ihre Zustimmung erteilt. Nur sieben der damals vierzehn Ratsmitglieder haben überhaupt an der Abstimmung teilgenommen. – Vgl.: Abschnitt 3.3 dieses Aufsatzes.

> rechtmäßig akzeptiert werden könnten. Einen zu gestatten, so zu handeln, bedeutet, es allen zu gestatten.[130]

Damit steht nichts weniger auf dem Spiel als das bisher erreichte Niveau der Zivilisierung internationaler Beziehungen.

[130] Eine sicherere Welt: Unsere gemeinsame Verantwortung. Bericht der Hochrangigen Gruppe für Bedrohungen, Herausforderungen und Wandel (2004). (A/59/565.) S. 62, Pkt. 191.

Die Vereinten Nationen als Konstituierung der Völkerrechtsgemeinschaft – wäre Locarno heute möglich?

Andreas Haratsch

I. Einleitung

Auch 80 Jahre nach Abschluss des Locarno-Paktes[1] suchen die Staaten noch immer nach Antworten auf die gleichen Fragen: Wie können Kriege verhindert und wie kann Frieden dauerhaft gesichert werden? Um eine Antwort auf diese Fragen zu geben, sind unmittelbar nach dem Zweiten Weltkrieg und rund zwanzig Jahre nach dem Locarno-Pakt die Vereinten Nationen im Juni 1945 gegründet worden. Ausweislich der Präambel der Charta der Vereinten Nationen ist es ihr Ziel, „künftige Geschlechter vor der Geißel des Krieges zu bewahren".[2] Angesichts dieser Zielrichtung und des globalen Anspruchs der Vereinten Nationen liegt bei einer Rückschau auf die in Locarno geschlossenen Abkommen[3] die Frage nicht fern, ob heute vergleichbare regionale friedenssichernde Übereinkünfte überhaupt möglich wären.

Wenn in der Überschrift des Beitrags am Ende ein Fragezeichen erscheint, ist nicht ganz eindeutig, worauf es sich bezieht. Wird allein nach einer Antwort darauf gesucht, ob mit den Verträgen von Locarno vergleichbare völkerrechtliche Abkommen heute noch zulässig wären, oder ist bereits die Prämisse in Zweifel zu ziehen, dass die Vereinten Nationen die Völkerrechtsgemeinschaft konstituieren? Sicher ist, dass beide Fragestellungen eng miteinander verknüpft sind. Zunächst soll auf die Frage der Konstitutionalisierung des Völkerrechts eingegangen werden.

---

1 League of Nations Treaty Series Vol. 54, S. 290.

2 Präambel der Charta der Vereinten Nationen vom 26.6.1945, BGBl. 1973 II S. 431.

3 Der Locarno-Pakt besteht aus insgesamt fünf, dem Schlussprotokoll der Locarno-Konferenz vom 16.10.1925 beigefügten Verträgen, 1. dem Vertrag zwischen Deutschland, Belgien, Frankreich, Großbritannien und Italien, 2. dem Schiedsabkommen zwischen Deutschland und Belgien, 3. dem Schiedsabkommen zwischen Deutschland und Frankreich, 4. dem Schiedsvertrag zwischen Deutschland und Polen sowie 5. dem Schiedsvertrag zwischen Deutschland und der Tschechoslowakei.

II. Konstituierung der Völkerrechtsgemeinschaft

Ein Staat besitzt regelmäßig eine Verfassungsurkunde, die das staatliche Gemeinwesen konstituiert. Überträgt man diesen Ansatz auf das Völkerrecht, ist zu untersuchen, ob die Charta der Vereinten Nationen eine Art Verfassungsurkunde darstellt, welche die Völkerrechtsgemeinschaft konstituiert. Zu fragen ist zudem, ob die solchermaßen konstituierte Völkerrechts- oder internationale Gemeinschaft über rechtliche Handlungsmöglichkeiten verfügt, um die Grundwerte durchzusetzen, um derentwillen sie besteht.[4]

1. Formelle Elemente einer internationalen Verfassungsordnung

Die Befürworter der These vom Bestehen einer internationalen Gemeinschaft[5] weisen in institutioneller Hinsicht nicht zuletzt auf die Organstrukturen der Vereinten Nationen hin und erkennen darin Ansätze eines Organisationsrechts einer verfassten, Hoheitsfunktionen ausübenden Ordnung und Organe einer – womöglich sogar rechtsfähigen[6] – internationalen Gemeinschaft. Die bisherige Außenpolitik der Staaten wird so zu einer „Weltinnenpolitik" der internationalen Gemeinschaft.[7]

a) Die legislative, exekutive und judikative Funktion der Vereinten Nationen

Im Bereich der Rechtsetzung auf internationaler Ebene fehlt es an sich an einem zentralen Rechtsetzungsorgan. Herkömmlich sind es die Staaten, die auf völkerrechtlicher Ebene rechtsetzend tätig werden, sei es, indem sie völkerrechtliche Verträge abschließen, sei es, indem sie Völkergewohnheitsrecht erzeugen oder sei es durch die Anerkennung allgemeiner Rechtsgrundsätze (vgl. Art. 38 Abs. 1 lit. a-c IGH-Statut[8]).[9] Doch ist in den letzten Jahren zu beobachten, dass der Sicherheitsrat auf der Grundlage von Kapitel VII der UN-Charta immer wieder als „Ersatz-Gesetzgeber" tätig wird.[10] Dies betrifft etwa die Einrichtung inter-

---

4 In diesem Sinne auch *Christian Tomuschat*, Die internationale Gemeinschaft, Archiv des Völkerrechts [AVR] 33 (1995), S. 1 (8).

5 Vgl. etwa *Robert Uerpmann*, Internationales Verfassungsrecht, Juristenzeitung [JZ] 2001, S. 565 ff.; *Andreas L. Paulus*, Die internationale Gemeinschaft im Völkerrecht, 2001; *Tomuschat* (Fn. 4), AVR 33 (1995), S. 1 ff.

6 So etwa *Paulus* (Fn. 5), S. 423.

7 Ganz in diesem Sinne nennt *Klaus Dicke*, Weltgesetzgeber Sicherheitsrat, Vereinte Nationen [VN] 2001, S. 163, die Bedrohung durch den internationalen Terrorismus in der Folge des 11.9.2001 ein „weltinnenpolitisches Problem".

8 Statut des Internationalen Gerichtshofs i.d.F. vom 26.6.1945, BGBl. 1973 II S. 505.

9 *Paul C. Szasz*, The Security Council Starts Legislating, American Journal of International Law [AJIL] 96 (2002), S. 901 (901).

10 Dies vorausgesehen hat *Tomuschat* (Fn. 4), AVR 33 (1995), S. 1 (12).

nationaler Strafgerichtshöfe, wie das Jugoslawien-[11] und das Ruanda-Tribunal[12], die der Sicherheitsrat qua Resolution ins Leben gerufen hat, zunehmend aber auch den Bereich des materiellen Völkerrechts.[13] Beispielhaft hierfür steht die Resolution 1373 vom 28. September 2001[14], die abstrakt-generelle und für die Mitgliedstaaten verbindliche Regelungen bezüglich des Verbots der Unterstützung terroristischer Aktivitäten aufstellt und dabei über bis dahin völkervertraglich vereinbarte Pflichten hinausgeht.[15] Die Resolution 1540 vom 28. April 2004[16] enthält ebenfalls generell-abstrakte Regelungen und gibt den Staaten auf, dafür Sorge zu tragen, dass Massenvernichtungswaffen nicht in die Hände von nicht-staatlichen Akteuren gelangen.[17] Aber auch wenn die Vereinten Nationen – anders als in den genannten Fällen – nicht unmittelbar selbst Völkerrechtsnormen hervorbringen, kommt ihnen insofern eine bedeutende Rolle bei der Schaffung völkerrechtlicher Regeln zu, als sie, etwa durch die International Law Commission[18], den Prozess der Kodifikation von Völkerrecht vielfach in Gang setzen und organisieren.[19]

Im Bereich der internationalen Friedenssicherung besitzt der Sicherheitsrat auch eine exekutive Funktion. Er kann zur Durchsetzung des Völkerrechts die Parteien eines internationalen Konflikts bindende Anordnungen erlassen, die er notfalls auch mit militärischer Gewalt durchzusetzen vermag.[20] Dabei nimmt der Sicherheitsrat sogar das Recht in Anspruch, über den Kreis der Mitglieder der

---

11 Vgl. die Errichtung des Internationalen Strafgerichtshofs für das frühere Jugoslawien, S/RES/827 vom 25.5.1993 und S/RES/1166 vom 13.5.1998.

12 Vgl. die Errichtung des Internationalen Strafgerichtshofs für Ruanda, S/RES/955 vom 8.11.1994.

13 *Uerpmann* (Fn. 5), JZ 2001, S. 565 (567).

14 S/RES/1373.

15 Dazu *Jurij Daniel Aston*, Die Bekämpfung abstrakter Gefahren für den Weltfrieden durch legislative Maßnahmen des Sicherheitsrats – Resolution 1373 (2001) im Kontext, Zeitschrift für ausländisches öffentliches Recht und Völkerrecht [ZaöRV] 62 (2002), S. 262 ff.; *Dicke* (Fn. 7), VN 2001, S. 163; *Szasz* (Fn. 9), AJIL 96 (2002), S. 901 (902 ff.); kritisch *Thomas Bruha*, Gewaltverbot und humanitäres Völkerrecht nach dem 11. September 2001, AVR 40 (2002), S. 383 (392).

16 S/RES/1540 vom 28.4.2004.

17 Dazu eingehend *Rüdiger Wolfrum*, Der Kampf gegen die Verbreitung von Massenvernichtungswaffen: Eine neue Rolle für den Sicherheitsrat, in: Klaus Dicke u. a. (Hrsg.), Weltinnenrecht, Liber amicorum Jost Delbrück, 2005, S. 865 (874 ff.).

18 Die International Law Commission (ILC) wurde ins Leben gerufen durch eine Resolution der Generalversammlung; vgl. A/RES/174 (II) vom 21.11.1947.

19 Vgl. dazu jüngst *Eckart Klein*, Die Vereinten Nationen und die Entwicklung des Völkerrechts, in: Helmut Volger (Hrsg.), Grundlagen und Strukturen der Vereinten Nationen, 2007, S. 21 (23 ff.).

20 *Tomuschat* (Fn. 4), AVR 33 (1995), S. 1 (13 f.); *Uerpmann* (Fn. 5), JZ 2001, S. 565 (568).

Vereinten Nationen hinaus, auch Dritte in den Anwendungsbereich seiner bindenden Entscheidungen einzubeziehen oder gar gegen Drittstaaten gerichtete Zwangsmaßnahmen zu erlassen.[21] Diese exekutive Funktion des Sicherheitsrats bleibt wie auch seine legislative Funktion allerdings immer beschränkt auf den in Kapitel VII der UN-Charta umrissenen Kompetenzbereich. Und selbst dort bestehen aufgrund der Möglichkeit eines Vetos durch die fünf ständigen Ratsmitglieder gemäß Art. 27 Abs. 3 UN-Charta beträchtliche Effektivitätseinbußen.[22] Eine umfassende, die Staatengemeinschaft bindende Legislative und Exekutive fehlt im universellen Völkerrecht, da es sich zu weiten Teilen (immer noch) um ein Koordinations- und Kooperationsrecht gleichgeordneter Staaten und nicht um Subordinationsrecht handelt.[23]

Im Hinblick auf die Judikative verfügt die internationale Gemeinschaft über eine Reihe internationaler Gerichte. Zu nennen ist hierbei auf der Ebene der Vereinten Nationen vor allem der Internationale Gerichtshof (IGH). Einschränkend ist freilich festzuhalten, dass nach Art. 34 Abs. 1 IGH-Statut allein Staaten als Parteien vor dem IGH auftreten können. Akte von Organen der Vereinten Nationen können vor dem IGH nicht angefochten werden und sind mithin keiner umfassenden Rechtmäßigkeitskontrolle unterworfen.[24] Sie können allenfalls im Rahmen eines Gutachtenverfahrens gemäß Art. 96 UN-Charta i.V.m. Art. 65 IGH-Statut oder inzident Gegenstand einer Rechtmäßigkeitsprüfung durch den IGH sein. Dies führt vor allem bei rechtsverbindlichen Sicherheitsratsbeschlüssen über Sanktionsmaßnahmen, die sich gegen Einzelpersonen richten, so genannten „smart" oder „targeted sanctions", zu schmerzlichen Lücken im Individualrechtsschutz.[25] Weiterhin handelt es sich nicht um eine obligatorische

---

21 S. etwa S/RES/83 vom 27.6.1950; S/RES/827 vom 25.5.1993; vgl. auch *Tomuschat* (Fn. 4), AVR 33 (1995), S. 1 (17); *Torsten Stein/Christian von Buttlar*, Völkerrecht, 11. Aufl. 2005, Rn. 898 ff.; kritisch *Daniel Thürer*, UN Enforcement Measures and Neutrality. The Case of Switzerland, AVR 30 (1992), S. 63 (82).

22 Siehe auch *Bardo Fassbender*, Zwischen Staatsräson und Gemeinschaftsbindung. Zur Gemeinwohlbindung des Völkerrechts der Gegenwart, in: Herfried Münkler/Karsten Fischer (Hrsg.), Gemeinwohl und Gemeinsinn im Recht, 2002, S. 231 (266).

23 *Uerpmann* (Fn. 5), JZ 2001, S. 565 (568).

24 Vgl. dazu *Mehrdad Payandeh*, Rechtskontrolle des UN-Sicherheitsrates durch staatliche und überstaatliche Gerichte, ZaöRV 66 (2006), S. 41 (49 f.); *Nils Meyer-Ohlendorf*, Gerichtliche Kontrolle des Sicherheitsrates der Vereinten Nationen durch den IGH, 2000, S. 203 ff.

25 Dazu eingehend *Stefanie Schmahl*, Effektiver Rechtsschutz gegen „targeted sanctions" des UN-Sicherheitsrats?, Europarecht [EuR] 2006, S. 566 (568 ff.); vgl. auch *Andreas Haratsch*, Die Solange-Rechtsprechung des Europäischen Gerichtshofs für Menschenrechte – Das Kooperationsverhältnis zwischen EGMR und EuGH –, ZaöRV 66 (2006), S. 927 (942).

Gerichtsbarkeit, d. h. kein Staat ist gezwungen, sich der Gerichtsbarkeit des IGH zu unterwerfen.

b) Die behauptete Höherrangigkeit des internationalen Verfassungsrechts

Formelles Kennzeichen von Verfassungsrecht ist regelmäßig seine Höherrangigkeit gegenüber anderen Normen einer Rechtsordnung.[26] Mit dem Konzept zwingender Völkerrechtsnormen scheint sich eine Normenhierarchie im Völkerrecht herauszubilden.[27] Ein völkerrechtlicher Vertrag, der gegen eine zum *ius cogens* zählende Norm verstößt, ist nichtig.[28] Gegen die Existenz von Verfassungsrecht auf völkerrechtlicher Ebene spricht freilich, dass die mit einem höheren Rang ausgestatteten Normen nicht vollständig deckungsgleich sind mit den als „materielle Verfassungsbestimmungen" der Völkerrechtsgemeinschaft identifizierten Rechtssätzen. So kommt etwa den völkerrechtlich gewährleisteten Menschenrechten nicht in vollem Umfang die Qualität von *ius cogens* zu.[29] Zudem wird es vielfach an dem für den formalen Verfassungsbegriff wesentlichen Ableitungszusammenhang zwischen dem „einfachen Völkerrecht" und den zwingenden Normen des „Völkerverfassungsrechts" fehlen. Auch setzt das dem zwingenden Recht immanente Abweichungsverbot den höheren Rang gegenüber anderen Rechtsnormen nicht logisch voraus, vielmehr kann es sich stattdessen auch um eine Methode der Auflösung von Normenkonflikten handeln.[30]

Auch der UN-Charta selbst wird ein höherer Rang gegenüber anderen völkerrechtlichen Normen zugesprochen. Dies kann zum einen damit begründet werden, dass die sich konstituierende Staatengemeinschaft Macht auf die Organisation dieser Gemeinschaft, also die Vereinten Nationen, übertragen hat und das Recht der UN-Charta demzufolge die oberste Schicht des Völkerrechts darstellt. Zum anderen kann auf Art. 103 UN-Charta verwiesen werden, der festlegt, dass die Verpflichtungen aus der Charta Vorrang besitzen gegenüber wider-

---

26 *Peter Unruh*, Der Verfassungsbergriff des Grundgesetzes, 2002, S. 80 ff.; *Stefan Kadelbach/Thomas Kleinlein*, Überstaatliches Verfassungsrecht. Zur Konstitutionalisierung im Völkerrecht, AVR 44 (2006), S. 235 (241).

27 Vgl. *Martin Nettesheim*, Das kommunitäre Völkerrecht, JZ 2002, S. 569 (576); zweifelnd allerdings *Christian Walter*, Constitutionalizing (Inter)national Governance – Possibilities for and Limits to the Development of an International Constitutional Law, German Yearbook of International Law [GYIL] 44 (2001), S. 170 (201), sowie *Kadelbach/Kleinlein* (Fn. 26), AVR 44 (2006), S. 235 (251 ff.).

28 Vgl. Art. 53 Satz 1 und Art. 64 des Wiener Übereinkommens über das Recht der Verträge (WVK) vom 23.5.1969, BGBl. 1985 II S. 926.

29 Vgl. dazu *Eckart Klein*, Menschenrechte und Ius cogens, in: Jürgen Bröhmer u. a. (Hrsg.), Internationale Gemeinschaft und Menschenrechte, Festschrift für Georg Ress, 2005, S. 151 (156); *Haratsch* (Fn. 25), ZaöRV 66 (2006), S. 927 (940).

30 Vgl. *Klein* (Fn. 29), S. 151 (152, 163).

sprechenden Verpflichtungen aus anderen internationalen Übereinkünften. An diesem Vorrang haben auch bindende Beschlüsse von Organen der Vereinten Nationen, also etwa des Sicherheitsrats, teil.[31] Er erstreckt sich jedoch nicht auf völkergewohnheitsrechtliche Regeln und Völkerrecht in Form von allgemeinen Rechtsgrundsätzen. Zudem ist zweifelhaft, ob es sich bei Art. 103 UN-Charta tatsächlich um die Anordnung eines hierarchischen Vorrangs der Charta vor anderen Völkerrechtsnormen handelt oder nicht doch, wofür vieles spricht, um eine bloße Kollisionsregel für auf gleicher Stufe stehendes Völkervertragsrecht.[32]

2. *Materielle Elemente einer internationalen Verfassungsordnung*

Auch Elemente einer sich allmählich herausbildenden materiellen wertgebundenen Verfassungsordnung können auf internationaler Ebene identifiziert werden.[33] Hierzu zählen das völkerrechtliche Gewaltverbot (Art. 2 Ziff. 4 UN-Charta), das Interventionsverbot (Art. 2 Ziff. 7 UN-Charta), die Gewährleistung der Menschenrechte[34], der Schutz der Umwelt[35], aber womöglich auch die völkerrechtliche Grundentscheidung für den freien Handel im Rahmen der WTO.[36] Im Mittelpunkt des „Gemeinwohls“ der Völkerrechtsgemeinschaft steht dabei letztlich immer der Schutz des einzelnen Menschen, sein Schutz vor kriegerischer Gewalt, vor Verletzungen seines Lebens, seiner Freiheit und Würde.[37]

3. *Die Unvollkommenheit der internationalen Verfassungsordnung*

Auch wenn der Befund nicht eindeutig, ja teilweise sogar widersprüchlich ist, scheint doch ein Prozess hin zu einer Konstitutionalisierung der Völkerrechtsordnung in Gang gekommen zu sein.[38] Beim derzeitigen Stand des Völkerrechts kann aber allenfalls von einer „*constitutio imperfecta*“ gesprochen werden, die

---

31 *Rudolf Bernhardt*, in: Bruno Simma (Hrsg.), The Charter of the United Nations, 2. Aufl. 2002, Art. 103 Rn. 9, 16; *Theodor Schilling*, Der Schutz der Menschenrechte gegen Beschlüsse des Sicherheitsrats, ZaöRV 64 (2004), S. 343 (350).

32 So auch *Kadelbach/Kleinlein* (Fn. 26), AVR 44 (2006), S. 235 (249).

33 Vgl. *Brun-Otto Bryde*, Konstitutionalisierung des Völkerrechts und Internationalisierung des Verfassungsrechts, Der Staat 42 (2003), S. 61 (68 ff.); *Kadelbach/Kleinlein* (Fn. 26), AVR 44 (2006), S. 235 (244 ff.).

34 Vgl. dazu *Fassbender* (Fn. 22), S. 231 (258 ff.).

35 Dazu *Fassbender* (Fn. 22), S. 231 (260 f.).

36 So etwa *Uerpmann* (Fn. 5), JZ 2001, S. 565 (571).

37 *Heike Krieger*, Der Sicherheitsrat als Hüter der Menschenrechte: Grund und Grenzen seiner Kompetenz, Die Friedens-Warte 81 (2006), S. 107 (107); *Fassbender* (Fn. 22), S. 231 (261 f.).

38 Vorsichtiger *Nettesheim* (Fn. 27), JZ 2002, S. 569 (577), der aber immerhin einen Prozess der Materialisierung und Institutionalisierung des Völkerrechts erkennt, ebd., S. 578.

(noch) große Defizite aufweist; positiv gewendet und prospektiv betrachtet, haben wir es mit einer „*constitutio in statu nascendi*" zu tun. Die Struktur des Sicherheitsrates, dessen fünf ständige Mitglieder verbindliches Handeln dieses Organs unmöglichen machen können, ist aus Sicht einer verfassungsrechtlichen Ordnung gewiss defizitär, da sie in bestimmten Fällen die Gleichheit der der internationalen Verfassung unterworfenen Rechtssubjekte stört. Zudem fehlt es den Vereinten Nationen an eigenen Kräften zur Durchsetzung der vom Sicherheitsrat getroffenen Anordnungen. Zur Durchsetzung selbst verbindlicher Beschlüsse bleibt die internationale Gemeinschaft weiterhin auf die Staaten angewiesen. Der Anspruch der UN-Charta, „Weltverfassung" zu sein, ist vor allem nur schwer vereinbar mit der fehlenden demokratischen Grundierung der Vereinten Nationen sowie mit dem Fehlen einer rechtsstaatlichen Maßstäben entsprechenden Rechtskontrolle.[39]

III. Locarno und die Vereinten Nationen

Die Frage, ob „Locarno" heute möglich wäre, erscheint hypothetisch. Sie spielt gewiss nicht darauf an, dass die Verträge aus dem Jahr 1925 bis heute niemals formell aufgehoben worden sind.[40] Vielmehr ist einer Untersuchung wert, ob vergleichbare vertragliche Vereinbarungen im Zeitalter der Vereinten Nationen rechtlich unbedenklich wären.

1. Vertragliche Nichtangriffsversprechen

Vertragliche Zusicherungen der territorialen Unverletzlichkeit der bestehenden Grenzen sowie Nichtangriffsversprechen, wie sie in Art. 1 und Art. 2 Abs. 1 des Locarno-Paktes[41] vereinbart worden sind, sind auch heute unproblematisch zulässig, entsprechen sie doch dem völkerrechtlichen Gewaltverbot, welches in Art. 2 Ziff. 4 UN-Charta seinen ausdrücklichen Niederschlag gefunden hat. Anders als damals – das damalige Völkerrecht, insbesondere die Völkerbundsatzung waren hinsichtlich der Frage der Friedenssicherung lückenhaft[42] – be-

---

39 *Klein* (Fn. 29), S. 151 (160).

40 Gleichwohl ist davon auszugehen, dass die Verträge heute nicht mehr in Kraft sind; vgl. dazu *Werner Morvay*, Locarno Treaties (1925), in: Rudolf Bernhardt (Hrsg.), Encyclopedia of International Law [EPIL], Vol. III, 1997, S. 242 (244).

41 Gemeint sind hier und im Folgenden jeweils die Bestimmungen des Vertrags zwischen Deutschland, Belgien, Frankreich, Großbritannien und Italien; vgl. o. Fn. 3.

42 *Morvay* (Fn. 40), EPIL, Vol. III, 1997, S. 242 (244).

sitzen derartige vertragliche Vereinbarungen heute jedoch rein deklaratorischen Charakter.[43]

2. *Regelungen hinsichtlich des Einsatzes militärischer Gewalt*

Weitaus mehr Sprengstoff – im wahrsten Sinne des Wortes – bergen vertragliche Vereinbarungen, die auf die Zulässigkeit des Einsatzes militärischer Gewalt abzielen. Soweit Art. 2 Abs. 2 Ziff. 2 und 3 des Locarno-Paktes auf militärische Aktionen verweist, die auf der Grundlage der Völkerbundsatzung vom Rat oder der Versammlung beschlossen worden sind, ist hier – unterschiebt man die Grundlage der Charta der Vereinten Nationen – kein Konfliktpotential enthalten. Auch der Sicherheitsrat der Vereinten Nationen kann heute auf der Grundlage von Kapitel VII der UN-Charta den Einsatz militärischer Gewalt erlauben.[44] Schwieriger ist hingegen die Frage der Zulässigkeit militärischer Gewaltanwendung aufgrund des Selbstverteidigungsrechts zu beurteilen, die in Art. 2 Abs. 2 Ziff. 1 des Locarno-Paktes angesprochen ist. Zwar stellt Art. 51 UN-Charta heute klar, dass der Einsatz bewaffneter Gewalt in Ausübung des Selbstverteidigungsrechts völkerrechtlich gerechtfertigt ist, doch bezeichnet der Locarno-Pakt auch präventive Verteidigungsschläge in bestimmten Fällen als zulässig. Dies soll gelten bei einem „flagranten Verstoß" gegen die Bestimmungen des Versailler Vertrags über die Entmilitarisierung des Rheinlandes (Art. 42 und 43), sofern dieser Verstoß keine provozierte Angriffshandlung darstellt und wegen der Zusammenziehung von Streitkräften in der demilitarisierten Zone eine sofortige Aktion notwendig macht. Es handelt sich dabei wohl nicht um ein vertraglich vereinbartes und vom Eintritt bestimmter Voraussetzungen abhängiges eigenständiges *ius ad bellum* – dies wäre heute wegen des Ius-cogens-Charakters des Gewaltverbots[45] ohnehin unzulässig –, sondern vielmehr um eine vertragliche Auslegung der begrifflichen Voraussetzungen des Selbstverteidigungsrechts. Als „Angriffshandlung", die gewaltsame Gegenmaßnahmen erlauben soll, wird ein Verstoß gegen Art. 42 und 43 des Versailler Vertrags definiert. Die Wiederbewaffnung einer demilitarisierten Zone wäre freilich, legt man die heutige Rechtslage zugrunde, nicht ohne weiteres als „bewaffneter Angriff" im Sinne von Art. 51 UN-Charta anzusehen. Es könnte sich jedoch um die Vorbereitung eines unmittelbar bevorstehenden Angriffs handeln. Heftig umstritten ist, inwieweit das heute geltende Völkerrecht Maßnahmen der

---

43 Vgl. *Jörg Manfred Mössner*, Non-Aggression Pacts, in: EPIL Vol. III, 1997, S. 596 (599).

44 Vgl. dazu *Michael Bothe*, in: Wolfgang Graf Vitzthum (Hrsg.), Völkerrecht, 3. Aufl. 2004, 8. Abschn. Rn. 24; *Theodor Schweisfurth*, Völkerrecht, 2006, 9. Kap. Rn. 277.

45 IGH, Urt. vom 27.6.1986, *Nicaragua*, International Court of Justice Reports 1986, S. 14 (100); *Stephan Hobe/Otto Kimminich*, Einführung in das Völkerrecht, 8. Aufl. 2004, S. 310; *Wolff Heintschel von Heinegg*, in: Knut Ipsen, Völkerrecht, 5. Aufl. 2004, § 15 Rn. 51; *Schweisfurth* (Fn. 44), 9. Kap. Rn. 272; *Stein/von Buttlar* (Fn. 21), Rn. 774.

präventiven Selbstverteidigung erlaubt.[46] Nach der berühmten „*Caroline*-Formel“ setzen präventive Maßnahmen voraus „[that the] necessity of that self-defence is instant, overwhelming, leaving no choice of means, and no moment for deliberation“.[47] Die vertragliche Vereinbarung im Locarno-Pakt spricht lediglich davon, dass eine „sofortige Aktion notwendig“ erscheinen muss.

Würden heute Staaten im Vertragswege besondere Voraussetzungen festschreiben, deren Eintritt eine Berufung auf das Recht der Selbstverteidigung ermöglichen soll, wäre dies nicht per se völkerrechtswidrig. Selbst wenn man von einem „Gewaltanwendungslegitimierungsmonopol“ des Sicherheitsrates ausginge,[48] ist es den Staaten gleichwohl nicht untersagt, selbst oder auch gemeinsam mit anderen die begrifflichen Voraussetzungen des Selbstverteidigungsrechts auszulegen.[49] Dies ist in der Systematik der Ausübung des Selbstverteidigungsrechts, wie es in der Satzung der Vereinten Nationen niedergelegt ist, sogar notwendig vorausgesetzt. Maßnahmen der Selbstverteidigung, die ein Mitgliedstaat trifft, sind nach Art. 51 Satz 2 UN-Charta dem Sicherheitsrat zwar unverzüglich anzuzeigen; sie sind jedoch nicht von einer Feststellung des Sicherheitsrats abhängig, dass ein Fall der Selbstverteidigung vorliegt.[50] Dies bedeutet, dass der angegriffene Staat zunächst selbst beurteilen können muss, ob die Voraussetzungen vorliegen. Dabei setzt er sich immer der Gefahr aus, irrig die Voraussetzungen bejaht zu haben. Eine Einigung auf eine bestimmte Auslegung der Voraussetzungen und Grenzen des Selbstverteidigungsrechts kann auch in Form einer vertraglichen Absprache getroffen werden, solange damit keine Ausweitung des Anwendungsbereichs des Selbstverteidigungsrechts einhergeht. Der Gehalt solcher Vertragsbestimmungen ist dabei im Wege einer UN-Charta-konformen Auslegung zu ermitteln. Art. 51 UN-Charta limitiert das gewohnheitsrechtlich anerkannte Selbstverteidigungsrecht ausdrücklich auf den Fall des „bewaffneten Angriffs“.[51] Eine vertragliche Ausweitung des Anwendungsbereichs dieses Rechtfertigungsgrundes ist daher keinesfalls zulässig.

---

[46] Dazu *Horst Fischer*, in: Ipsen (Fn. 45), § 59 Rn. 29 f.; *Schweisfurth* (Fn. 44), 9. Kap. Rn. 292 ff., 328 ff.; *Stein/von Buttlar* (Fn. 21), Rn. 824 ff.

[47] Vgl. *John Bassett Moore*, Digest of International Law, 1906, S. 412 ff. – Siehe dazu *Werner Meng*, The Caroline, in: Rudolf Bernhardt (Hrsg.), EPIL Vol. I, 1992, S. 537 f.

[48] *Michael Bothe/Bernd Martenczuk*, Die NATO und die Vereinten Nationen nach dem Kosovo-Konflikt, Vereinte Nationen 1999, S. 125 (129); ähnlich *Udo Fink*, Verfassungsrechtliche und verfassungsprozeßrechtliche Fragen im Zusammenhang mit dem Kosovo-Einsatz der Bundeswehr, JZ 1999, S. 1016 (1019).

[49] Vgl. *Bothe/Martenczuk* (Fn. 48), Vereinte Nationen 1999, S. 125 (129).

[50] *Stein/von Buttlar* (Fn. 21), Rn. 798.

[51] *Bruno Simma*, NATO, the UN and the Use of Force: Legal Aspects, European Journal of International Law [EJIL] 10 (1999), S. 1 (3); *Fischer* (Fn. 46), § 59 Rn. 28.

Die im Locarno-Pakt in Art. 4 vereinbarte kollektive Beistandspflicht ist hingegen ausdrücklich an eine vorherige Feststellung des Völkerbundrates geknüpft, dass ein Fall der Selbstverteidigung vorliegt (Art. 4 Abs. 2). Nur sofern ein flagranter Verstoß gegen Art. 2 des Paktes vorliegt, ist – ohne vorherige Feststellung des Völkerbundrates – sofort Beistand zu leisten. In jedem Fall verpflichten sich die Paktstaaten, nach Maßgabe von einstimmigen Empfehlungen des Rates zu handeln. Fraglich ist, ob letzteres gemäß Art. 103 UN-Charta heute immer noch zulässiger Inhalt eines völkerrechtlichen Vertrages sein könnte, da darin eine Abweichung von Art. 51 UN-Charta zu sehen sein könnte. Das Recht der individuellen und kollektiven Selbstverteidigung besteht nach Art. 51 UN-Charta nämlich nur so lange, bis der Sicherheitsrat die erforderlichen Maßnahmen getroffen hat, wobei ein Einstimmigkeitserfordernis allerdings nicht vorgesehen ist. Hierin liegt jedoch keine unzulässige Ausweitung des Selbstverteidigungsrechts, sondern dessen vertragliche Einengung. Entsprechendes gilt für die in Locarno paktierte Klausel, wonach das Recht der kollektiven Selbstverteidigung, sofern kein „flagranter Verstoß“ vorliegt, von einer vorherigen Feststellung des Völkerbundrates abhängig sein soll. Auch hier wird der Anwendungsbereich des kollektiven Selbstverteidigungsrechts vertraglich verengt. Dies ist unbedenklich, da nach völkerrechtlichen Grundsätzen keine Pflicht zur Ausübung des individuellen oder kollektiven Selbstverteidigungsrechts besteht.

IV. Fazit

Letztlich ist festzuhalten, dass die Freiheit der Staaten, sich zulässigerweise auf Voraussetzungen der Anwendung bewaffneter Gewalt zu einigen, sich unter der Ägide der Charta der Vereinten Nationen im Vergleich zur Völkerbundära verringert hat. Das allgemeine Gewaltverbot, das als zwingendes Recht gilt, erlaubt weder die vertragliche Vereinbarung eines „*ius ad bellum*“ noch eine vertragliche Ausweitung des Selbstverteidigungsrechts. Der Idee der Vergemeinschaftlichung, die in der Gründung der Vereinten Nationen Ausdruck gefunden hat, ist das Anliegen der Mäßigung staatlicher Machtausübung wesensimmanent.[52] Insofern besteht kein Widerspruch zwischen den in Locarno verabredeten regionalen friedenssichernden Regelungen und der Zielrichtung der UN-Charta.

Die Charta der Vereinten Nationen mag aus heutiger Sicht die Völkerrechtsgemeinschaft konstituieren, sie kann aber nicht den Anspruch erheben, eine umfassende oder gar lückenlose internationale „Vollverfassung“ zu sein. Der Prozess der Konstitutionalisierung des Völkerrechts ist bei weitem noch nicht an seinem Ende angelangt. Es gilt künftig einerseits die Durchsetzungsmechanis-

52 Zutreffend *Klein* (Fn. 29), S. 151 (154).

men des Völkerrechts weiter zu stärken. Damit muss andererseits aber auch eine Stärkung und Effektivierung der rechtsstaatlichen Kontrollmöglichkeiten hinsichtlich der Durchsetzungsakte einhergehen. Die Bändigung staatlicher Macht darf nicht mit der Schaffung eines ungebändigten „Leviathans" auf internationaler Ebene erkauft werden. Solange diese Desiderate bestehen – und vermutlich auch darüber hinaus –, bleibt die internationale Gemeinschaft und bleiben die Vereinten Nationen auf ergänzende Initiativen regionaler Friedenssicherung angewiesen.

Verzeichnis der Autoren und Herausgeber

Dr. Marten Breuer, wiss. Mitarbeiter am Lehrstuhl für Staats-, Völker- und Europarecht der Universität Potsdam.

Professor Dr. Andreas Haratsch, Lehrstuhl für Deutsches und Europäisches Verfassungs- und Verwaltungsrecht, FernUniversität Hagen.

Dr. Jan Irlenkäuser, wiss. Mitarbeiter am Institut für Politische Wissenschaft der Christian-Albrechts-Universität zu Kiel.

Dr. Sabine Jaberg, Führungsakademie der Bundeswehr, Fachbereich Sozialwissenschaften, Hamburg.

Dr. Christoph Jahr, wiss. Mitarbeiter am Lehrstuhl für Neueste Geschichte des Instituts für Geschichtswissenschaften der Humboldt-Universität zu Berlin.

Professor em. Dr. Peter Krüger, Lehrstuhl Geschichte der Neuzeit II (19. und 20. Jahrhundert), Philipps-Universität Marburg.

Professor Dr. Burkhard Schöbener, Professur für Öffentliches Recht, Völker- und Europarecht, Universität zu Köln.

Professor em. Dr. Heinhard Steiger, Professur für Öffentliches Recht, Völkerrecht und Europarecht, Justus-Liebig-Universität Gießen.

Dr. Norman Weiß, wiss. Mitarbeiter im MenschenRechtsZentrum der Universität Potsdam.

STUDIEN ZUM ÖFFENTLICHEN RECHT, VÖLKER- UND EUROPARECHT

Herausgegeben von Prof. Dr. Eckart Klein

Band 1 Ulrike Suchsland-Maser: Menschenrechte und die Politik multilateraler Finanzinstitute. Eine Untersuchung unter völkerrechtlichen Gesichtspunkten an den Beispielen der Weltbank, des Währungsfonds und regionaler Entwicklungsbanken. 1999.

Band 2 Jean Angelov: Grundlagen und Grenzen eines staatsbürgerlichen Informationszugangsanspruchs. 2000.

Band 3 Norman Weiß: Objektive Willkür. Zu einem Prüfungskriterium im Verfahren der Urteilsverfassungsbeschwerde. 2000.

Band 4 Eva Tanuschev: Entwicklung, Stand und Perspektiven eines freien Personenverkehrs in Europa. 2001.

Band 5 Heiner Baab: GATT und WTO im Recht der USA. Die Integration des Völkervertragsrechts in die Rechtsordnung der USA am Beispiel der GATT-Abkommen und der WTO-Übereinkommen. 2001.

Band 6 Malte Graßhof: Die Vollstreckung von Normenkontrollentscheidungen des Bundesverfassungsgerichts. Ein Beitrag zum Verhältnis zwischen Bundesverfassungsgericht und Gesetzgeber. 2003.

Band 7 Christof Berthold: Die Europäische Politische Gemeinschaft (EPG) 1953 und die Europäische Union (EU) 2001. Eine rechtsvergleichende Betrachtung. 2003.

Band 8 Felix Bark: Das gemeinschaftsrechtliche Defizitverfahren. Reformansätze und ihre rechtlichen Umsetzungsmöglichkeiten. 2004.

Band 9 Astrid Ihns: Entwicklung und Grundlagen der europäischen Rechtsangleichung. 2005.

Band 10 Stefanie Klein: Recht zu erben - Pflicht zu teilen. Das Grundrecht Angehöriger auf Nachlaßteilhabe. Zugleich ein Beitrag zur Dogmatik des Verfassungserbrechts. 2006.

Band 11 Matthias Schlotmann: Interessenvertretung bei der Europäischen Kommission. Am Beispiel des Rechtsetzungsverfahrens im Bereich der Umweltpolitik. 2006.

Band 12 Claudia Kissling: Die Interparlamentarische Union im Wandel. Rechtspolitische Ansätze einer repräsentativ-parlamentarischen Gestaltung der Weltpolitik. 2006.

Band 13 Marten Breuer / Norman Weiß (Hrsg.): Das Vertragswerk von Locarno und seine Bedeutung für die internationale Gemeinschaft nach 80 Jahren. Ergebnisse eines interdisziplinären Rundtischgesprächs. 2007.

www.peterlang.de

FSC
www.fsc.org
MIX
Papier | Fördert gute Waldnutzung
FSC® C083411

Kolibri 360 GmbH
Ferdinand-Jühlke-Straße 7
99095 Erfurt, Deutschland
produktsicherheit@kolibri360.de

Druck:
CPI Druckdienstleistungen GmbH
im Auftrag der
Kolibri 360 GmbH
Ferdinand-Jühlke-Str. 7
99095 Erfurt